织田信长的统一天下之梦

信长掌控战略与流通要地，建立雄伟的安土城，颁布乐市乐座令，鼓励商业与贸易，还积极行使外交权，吸收西洋文化，做出了一副超越天皇的“天下人”的姿态。

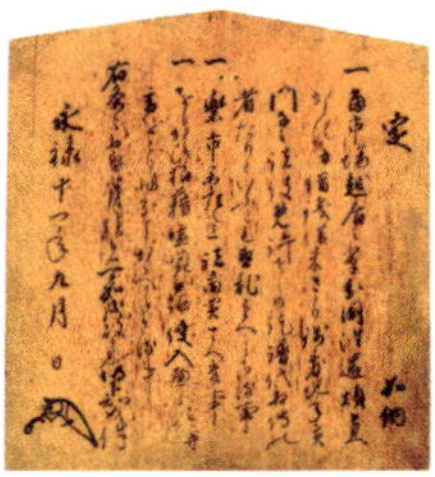

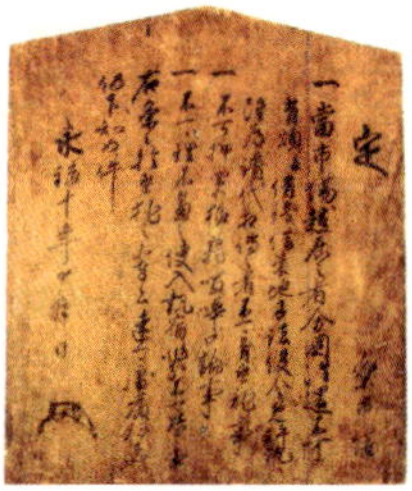

▲ 安土城依山而建，山顶是天主（天守阁），也是信长的起居处，天皇居所比天主位置低，象征着信长超越皇权的野心（大阪城天守阁藏）

► 信长的乐市乐座令（左边是永禄十一年，右边是永禄十年的告示牌）

▲ 土佐光吉《源氏物语图屏风》，金碧障壁画（以金箔为底，以青绿颜色为主）（大都会艺术博物馆藏）

黄金的文化

不论信长还是秀吉，都曾多次将黄金、白银等各种高价物品分发、赠送给天皇、公家、大名、家臣甚至俳优和相扑手等人。这是一个由金银推动的时代。掌权者利用这一现象，把大量的金银集中到自己手中，彰显了政权强大的经济实力，也体现了桃山文化绚烂、豪华的审美倾向。

秀吉的黄金茶室 （复原版，MOA 美术馆藏）

▲ 菊桐纹莳绘提子 （大都会艺术博物馆藏）
▼ 丰臣期金箔押桐纹方形饰瓦 （大阪市中央区出土，大阪历史博物馆展示）

秀吉的东亚霸主之梦

秀吉继承信长的路线，不仅在日本国内建立了统一政权，还想将霸权扩张至海外，但未能如愿。侵朝战争的失利给丰臣政权埋下了巨大隐患。

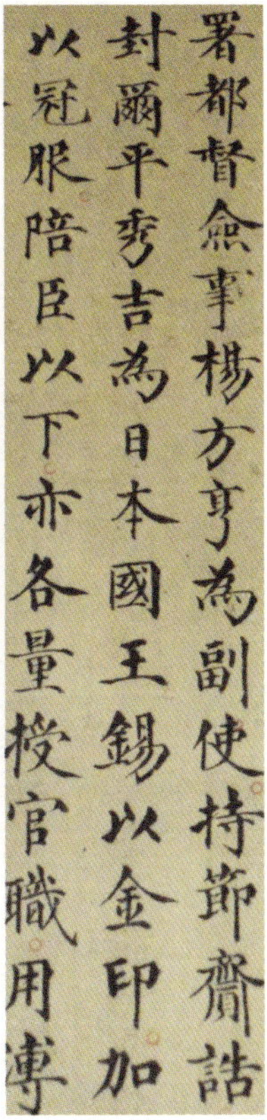
署都督僉事楊方亨為副使持節齎誥
封爾平秀吉為日本國王錫以金印加
以冠服陪臣以下亦各量授官職用溥

▲ 文禄之役中的一幕——密集的日本兵船从左方海上登陆，攻打釜山镇（《釜山镇殉节图》，韩国陆军博物馆藏）

▼ 明皇帝敕谕“诰封尔平秀吉为日本国王”（日本国立历史民俗博物馆藏）

▲《洛中洛外图屏风》上杉本，米泽藩藩主上杉家代代流传之物，据传为狩野永德之作，由织田信长赠予上杉谦信 （米泽市上杉博物馆藏）

战国末期的市井生活

从战国时代到江户时代出现了一系列以“洛中洛外图”为名的屏风绘，描绘了京都市区（洛中）与郊外（洛外）的风景与民俗，一般是一对屏风，各六扇。

▲ 武卫（斯波邸）门前的斗鸡 （摘自《洛中洛外图屏风》上杉本右半第六扇）

◄ 祇园会 （摘自《洛中洛外图屏风》上杉本右半第三扇）

讲谈社
日本的历史

07

HISTORY
OF JAPAN

织丰政权与江户幕府

战国时代

[日] 池上裕子 著 何晓毅 译

文汇出版社

新经典文化股份有限公司
www.readinglife.com
出　品

講談社・日本の歴史07

織豊政権と江戸幕府

“横看成岭侧成峰”

——日本人书写的日本历史

2014年，理想国出版十卷本的“讲谈社·中国的历史”中文版，引起中国读者广泛关注：有人敬佩成立已达百年的讲谈社打造学术精品的底蕴与担当，有人惊叹日本史学家对中国历史理解的深度与广度。

阅读过这套丛书的读者，体味到“从周边看中国”的观念刺激与知识冲击，继而衍生出对日本历史的好奇与兴趣。如今，新经典文化推出十卷本的“讲谈社·日本的历史”，既与前述“讲谈社·中国的历史”成双，也契合了中国读者积聚多年的阅读趣味和需要。

放眼国际史学界，“日本历史”是重要的热点之一。从东方视角观之，因独特的地缘及紧密的文化纽带，日本史与周边国家的历史互相交织，自然而然成为各国观照自身的镜鉴；以西方立场视之，从古代神秘的“黄金岛”传说到现代经济腾飞的神话，无不触发西方人的探秘欲望与破译冲动。因此，日本历史研究的热潮，无论在东方还是西方均经久不衰。

以中国为例，从3世纪末的《三国志》到20世纪初的《清史稿》，历代正史专设日本传凡十七篇，时间跨度超过一千五百年，是研究日本历史不可或缺的原始史料群。加之，日本古代多以汉文撰写史书，依托此种得天独厚的史料解读优势，以周一良等主编的“中日文化交流史大系”为标志，中国史学家的研究在中日关系史及中日文化交流史领域别开生面，颇有建树。然而，中国史学家少有人通晓日本古代“和文”系统文献，如古代的宣命体、中世的武士文书、近世的候文等，因其解读难度大，所以迄今尚无一部获得公认的日本史丛书问世。

再举欧洲的例子，在英语读书界最受追捧的无疑是马里乌斯 · B. 詹森（Marius B. Jansen）等人主编的“剑桥日本史”（*The Cambridge History of Japan*）。这套集多国史学精锐撰写的六卷本，在西方史学理论框架下梳理日本历史脉络，无论其宏观视域还是研究方法，尤其是对政治史、社会史的叙述视角，都有颇多可取之处。然而，西方史学家的短板也同样存在。如第四卷至第六卷叙述近现代四百余年历史，而远古至中世数千年历史仅占全套书一半篇幅，薄古厚今的倾向明显；又如第一卷《古代日本》（*Ancient Japan*）拘泥于“成文史”的史观，将叙述重点置于弥生晚期以后，对日本历史黎明期的无土器时代、绳纹时代一笔带过。

总之，中国的日本史研究与欧美的日本史研究，属于“旁观者”书写的日本历史，虽各有建树，但存在不足。那么，作为“当事人”的日本史学家，他们书写的日本历史，又会具有什么特色呢？正如苏轼《题西林壁》中的诗句：“横看成岭侧成峰，远近高低各不同。”面对名为“日本历史”的“山”，倘若从中国望去是“峰”，站在西方看到的是“岭”，那么映现在立足于本土的日本史学家眼中的，又是何种“山容”呢？

大凡了解日本图书现状的读者都知道，历史题材受到的关注从未减弱。这方面笔者有亲身体验，但凡关涉圣德太子、鉴真、阿倍仲麻吕、最澄、圆仁等历史人物，每次演讲的听众动辄数百上千，报纸专栏、杂志特辑、系列丛书等的稿约应接不暇。正因为有众多历史爱好者旺盛的需求，日本大型出版社均有底气倾力打造标志性的日本历史丛书。此次新经典文化译介的“讲谈社·日本的历史”，便是代表日本史学界水准的学术精品。

该丛书原版共二十六卷，中文版萃取其中十卷，大致展示弥生时代至明治时期约两千年的日本历史进程。大而观之，第一卷《王权的诞生》叙述弥生时代至古坟时代，第二卷《从大王到天皇》聚焦古坟时代至飞鸟时代，第三卷《律令国家的转变》起自奈良时代、迄于平安时代前期，第四卷《武士的成长与院政》重点置于平安时代后期，第五卷《源赖朝与幕府初创》大抵等同镰仓时代断代史，第六卷《〈太平记〉的时代》跨越南北朝时代与室町时代，第七卷《织丰政权与江户幕府》聚焦战国时代，第八卷《天下泰平》侧重于江户时代前期，第九卷《开国与幕末变革》框定江户时代后期，第十卷《维新的构想与开展》铺叙明治维新时期迈入近代化的进程。

前述中国学者周一良等主编的“中日文化交流史大系”与美国学者詹森等主编的“剑桥日本史”，邀约各领域专家共同执笔，因而能确保历史脉络的连贯性及叙述层面的完整性。与此相较，中文版“讲谈社·日本的历史”各卷均为单人独著，各卷时段难免偶有重叠，每位著者叙述重点不一，但这将最大限度发挥著者“术业有专攻”的优势。日本史学界专业壁垒森严，史学家大多博通不足而深耕有余，浸淫擅长领域，积淀十分深厚，对相关史料掌控无遗，对学界动态紧追不懈，这既是日本史学界的严谨风格，也是这套丛书的一大看点。

这套丛书呈现的是日本人书写日本历史的成果，既不是从中国侧视的“峰”，亦非西方人横看的“岭”，置身此山的日本人，虽然未必能俯瞰延绵起伏的山脉，纵览云雾缭绕的山势，但可以肯定的是，他们作为“当事人”，比任何“旁观者”更能对溪流的叮咚、山谷的微风、草木的枯荣感同身受。比如在第二卷《从大王到天皇》中，“治天下大王”的“治”字读作“治（シラス）”久成定论，著者则将其训读为“治（オサム）”，二者间微乎其微的差异，绝非外国学者所能体味。而著者对此的解读是：前者“强调统治者拥有绝对性的统治权”，后者“强调互酬性……的统治权”，从而定性大王具有“以人身依附关系为纽带的原始性统治权”，区别于具有“以绝对君权和国家机器为后盾的强制性统治权”的天皇。关于大王称号的前缀“天下”，在著者细致入微的考证下，此“天下”与中国语境中蕴含“德治”与“天命”要素的“天下”观迥异，是指在众神群居的“高天原”之下，王权中心的所在地，与排斥“天命”且“万世一系”的天皇观一脉相承。诸如此类，抽丝剥茧地推演日本历史的内在机理，是该丛书的又一大亮点。

相对于其他学科，日本史学界给人的印象较为刻板、固守传统，连臭名昭著的“皇国史观”也尚存一席之地，右翼学者炒作的新历史教科书便属此类。然而，“讲谈社·日本的历史”带给我们的是开放式、客观性、国际化的史学新风。还是以第二卷《从大王到天皇》为例，朝鲜半岛南部曾有一个小国林立的地区，名为加罗，日本史书《日本书纪》称该地为“任那”，大和朝廷在那里设有“日本府”。长期以来，日本史学界偏信《日本书纪》，认为任那是大和朝廷的屯仓，也有朝鲜学者愤而反驳此观点，双方论战火药味甚浓。本卷著者持论公允，指出加罗地区虽然存在倭人势力，但尚未沦为日本的殖民地，而“任那”一词暴露了“日本古代国家的政治立场”，所以史学家不应使用该词。在墨守成规的日本史学界，这些看似微弱的声音，实如惊天霹雷，让我们看到现代日本史学家的良知与果敢，值得我们赞赏。

前面说过日本史学家“博通不足而深耕有余”的特点，穷尽史料、追根问底是其优势，局限性则体现在研究古代史的绝不涉猎中世史、近世史，攻日本史的鲜少涉足中国史、朝鲜史，总体而言多在日本框架下研究日本史。然而，“讲谈社·日本的历史”向读者呈现出些许不落窠臼的气象，从“从世界史和现代角度看王权诞生”（第一卷）、“东亚世界中的倭国”（第二卷）、“国际秩序构想的转变”（第三卷）等章节标题可见，一些著者不再局限于在日本列岛之内观照日本历史，而是从东亚乃至世界的联系中洞察日本历史的脉搏，剖析文明发展的机制。虽然上述气象还比较微弱，但也是这套丛书令人耳目一新之处。

《题西林壁》下联有云：“不识庐山真面目，只缘身在此山中。”置身此山的日本史学家，能够在至近距离凝视日本历史之“山”，可以鼻闻花草之芬芳，耳听虫鸟之啼鸣，眼观云雾之聚散，手触泉水之冷暖——一切都是那么自然、真实、细腻、神奇，深耕之下或许还能发现地下的根须、山中的矿石、溪流的水源，这是日本史学家与生俱来、得天独厚的优势。但正因为置身此山，未必能看清庐山真容。比如日本古代历史以“和汉”两条主脉交织而成，近代以来则形成“和洋”交叠的结构，而这套丛书呈现的基本上是“和”之一脉，甚至对国外同行的研究成果也有所忽略。然瑕不掩瑜，此不赘言。

临近尾声，笔者突然想起禅僧青原惟信的珠玑之语：参禅之初，看山是山；禅有悟时，看山不是山；禅中彻悟，看山仍是山。这说的是参禅的三重境界，化用到本文主题，中国人侧观、西方人横看、日本人仰视的“山”，属于第一境界；领悟到山有岭峰之姿、高低之相、远近之别，大抵迈入第二境界。何谓第三境界呢？或许等我们凝聚众人之眼，阅遍千姿万态，才能彻悟“山”之真容吧！

最后附言几句：大概因为笔者是“讲谈社·中国的历史”日文原版的作者之一，又曾强烈建议早日推出“讲谈社·日本的历史”中文版，这两套精品丛书的策划人杨晓燕女士嘱我写一篇序言。自忖国内日本史专家人才济济，还轮不到笔者这般资历尚浅、学养未丰之辈担纲作序。但念及“讲谈社·日本的历史”足可填补国内日本史学界的一块空白，身为行内一员有责任和义务为之推介，故不揣浅薄，勉草一文塞责。是为序。

浙江大学日本文化研究所

王勇

辛丑槐月吉日

写于武林桃花源

前言

本卷记述从永禄十一年（1568）织田信长抵京，到庆长二十年（1615，元和元年）大坂夏之阵丰臣家灭亡，其间大约五十年的历史。在这段时间里，织田信长因本能寺之变覆灭；丰臣秀吉官至关白，统一天下；德川家康成为征夷大将军，开启江户幕府。本卷将以这三个人的事迹为中心，尽可能详尽地论述他们统一天下、完成霸业的全过程。另外，对他们为何能实现霸权、社会如何变化等问题，也尽可能加以探讨。

象征这五十年的关键词是“天下统一”，给人的印象也是一个实现了“和平”的时代。但实际上，这个时代与之前上百年同样，也是一个充满长期战争和大量杀戮的时代。几十万人成为战争的牺牲品，疯狂的杀戮甚至波及朝鲜半岛。但是，因为我们所受的教育是只要中央政权能统一国家，统治范围能延伸到国内的每个角落，就是好政权，就值得评价，所以我们会在无意识中把结束战乱、统一国家的这三个人尊奉为英雄，站在他们的立场上，用胜利者的思维去评价历史。我们甚至把他们看作进步与正义的化身，轻视并认为与他们敌对的一方是误判历史潮流的愚者。奋起抵抗但以失败告终的一揆[1]众、被侵略者残杀的大量朝鲜人、血染战场的众多士兵等，在此期间，到底有多少人命丧黄泉？别忘了所谓的英雄是用沾满鲜血的双手掌握了权力，不要丢失被统治者的视角——笔者希望用这种基本观点来看这个时代。

但是，仅仅列举英雄的残虐并没有多少实际意义。他们的出现，给处于转折点的社会指出了明确的进步方向，大大改变了社会体制，改变了人们的生活方式。其影响延续至今日的社会。如此壮举何以成为可能，他们又做了什么？这些都是我们应该重新探讨的问题。

有一首从江户时代流传至今的狂歌说："织田捣年糕，羽柴团年糕，德川坐着吃年糕"，形象地表现了他们三人的所作所为。在众多战国大名中，织田信长是最初明确提出统一天下的目标、最早付诸实践并向着目标一路迈进的大名。他为实现目标而设计的政策被丰臣秀吉继承，秀吉是信长政策最忠实的继承人。德川家康几乎全面继承了秀吉所创造的基本统治制度，到了晚年则专注于设计能让德川政权长期维持的政治体制。

笔者想特别强调的一点是，织田信长在他统一天下的政权构想中，最初的目标是掌握流通和都市（长远目标是掌握外贸和外交权）。不可否认，早已有人指出并高度评价过这种掌握

---

1 一揆，有组织的武装起义、武装暴动。

在推进统一大业时的巨大作用，是先见之明。但是也仅仅到此为止。这是因为受到了这样一种观点的局限，即将这个时代置于近世中央集权封建制（幕藩制）社会的形成期。从这一观点出发，强大且专制的统一政权为何能成立、封建制的各种关系又如何形成等问题被作为探讨研究的核心，而探讨时的关键词则是“检地”（土地丈量）和以“石高制[1]”为基础的“知行制”。这一观点本身并没有错，但因为过于重视这些关键词，流通问题就被放到了次要地位。之所以如此，也是因为封建制和石高制以农民自给自足的经济为基础，所以一般认为掌握权力的一方肯定会采取政策维持这一经济基础，并想方设法把流通控制在为石高制服务的范围内。

但是，笔者并不认为从织田信长到德川家康的掌权者都是如此。笔者认为他们采取了促进流通和贸易、扩大商人活动范围的政策。这不仅是为了强化自己的财政基础和军事力量，其本身就是一项与石高制并立的、国策级别的政策，是政权构想的重要支柱。只有这样认为，我们才能超越一直以来从政策层面上评价信长政权的做法，将信长与秀吉所发动的战争、以安土城为代表的城池和城下町建设、关所撤销、乐市政策、秀吉强烈的独占贸易[2]志向和征服大明计划以及外交政策都放到一

---

1 石高制，日本战国末期至江户时代，不按面积而按法定标准收获量来表示（或逆算）封地或份地面积的制度。高，日语表达方式，指数量、金额、钱数。
2 贸易，本卷的“贸易”均指与外国的商品交易。

条一贯的主线上加以说明。

这是因为，在平定国内各种势力的过程中，他们与贸易商人、贸易商品、传教士、基督徒[1]等人和事物的接触增多，敏感地意识到了国际关系的问题。他们认识到，统一政权的构想不可能回避与国内流通问题直接相关的贸易和外交问题。室町幕府主导的名为日明贸易的国际关系已经破裂，君临东亚世界的大明势力已经开始衰落。葡萄牙、西班牙等欧洲势力已经开始进入亚洲，他们以强大的国家政权为后台，在亚洲建立殖民地，排挤一直以来主宰中继贸易的倭寇和琉球，掌握了主导权，在日本的贸易活动中占据了越来越大的比重。为了将来以武力征服日本，热衷于传播基督教和扩大基督教势力范围的传教士们登陆日本，大量招募信徒。

传统的以中国、天竺（印度）和日本为中心的世界观开始崩溃，以佛教和儒教为中心的思想体系也受到冲击。在对抗新出现的世界、新出现的宗教和思想的同时，正视大明开始衰落的现实，日本必须摸索自己今后在东亚世界的位置，并构筑新的外交战略。秀吉通过捏造自己是“日轮之子”来主张自己的正统性，同时从神道教中寻找日本的独特性，向世界主张日本与儒教的中国、佛教的印度、基督教的其他国家不同，是一个独特的“神国”。这是一个国际关系的变化不仅影响到统一政

1 此时来日的多为耶稣会士，即天主教徒。

权的特性和政策，甚至对国家意识也产生巨大影响的时代。

除上述问题之外，统一政权还要直面如何整合武士身份、如何统治存在自治组织的村镇等问题。“检地”和“石高制”就是应对上述两个问题的策略。而至于村镇，统一政权是否否定了自室町时代以来的自治传统，并将其吸收为末端的统治机构——在这个问题上一般存在争议，但笔者认为村镇的自治基本上得到了继承，并没有被否定。笔者认为向来被视作严厉统治象征的“村请制”是对前代的继承。但是他们采取了一些策略，比如解除农民的武装、向农民灌输专注于农耕的身份意识，并将他们限制在石高制的范围以内。最近有人似乎想把当时的掌权者说成是村落和穷人的大救星，但秀吉直到临死前都很害怕农民起义，始终在与村镇的自治意识对抗。两者之间存在尖锐的矛盾。在这一观点的基础上，本书将把权力的逻辑作为统治的逻辑来看待。

目 录

第一章

天下布武

第一节 | 信长上洛[1]

拥戴义昭上洛

永禄十一年（1568）七月，织田信长将朝仓义景庇护下的足利义昭迎到美浓。九月七日，他终于动身上洛。此时是信长三十五岁的秋天。他以拥戴义昭为将军、再兴室町幕府为名义，率领尾张、美浓、伊势[2]各地的大军经琵琶湖东岸南下。敌对的江南[3]战国大名六角承祯（义贤）、义治父子不战败退，本城观音寺城被信长接收。

二十六日，信长进入京都，但为了攻打三好三人众[4]的城寨，他继续挥军西进，跨越桂川，攻陷山城胜龙寺城（今京都府长冈市），然后又进军摄津，攻陷芥川城（今大阪府高槻市）和越水城（今兵库县西宫市），打退了三好三人众。盘踞在池田城（今大阪府池田市）的池田胜正献上人质投降。由此，信长控制了京都的西大门，于十月十四日携义昭返回京都。十月十八日，义昭终于如愿以偿地坐上第十五代将军之位，并出任

---

1 上洛，“洛”为京都代称。上洛即上京，到京都去。
2 尾张，今爱知县西部。美浓，今岐阜县南部。伊势，今三重县的大部分地区。
3 江南，近江南部。今滋贺县南部。近江相当于今滋贺县。
4 三好三人众，特指三好长庆家臣三好长逸、三好政康、石成友通三人。

从四位下、参议左近卫权中将。

战国乱世由此迎来最大的转机。这并不是说信长名副其实地复活了中央政权——幕府和将军，而是说他在摸索构筑新政权的同时，以统一天下为明确目标不断前进——这样一种战国大名权力挺进京都一事本身具有意义。有一种不同的观点认为，信长上洛最初的目的是复兴幕府和朝廷权威、用自己的力量来维持幕府体制，而并非要建立独立的政权（至少在天正三年以前如此）。确实，此时信长实现了幕府形式上的复兴。但笔者认为信长真正的目的并不在此。为了说明这点，让我们把历史的指针往回拨一下。

将军及上洛的意义

首先让我们来看看将军和上洛对战国大名来说具有何种意义。

实际上，信长初次上洛是在此前的永禄二年二月，当时只带了很少的人。时间是桶狭间之战的前一年，信长连尾张一国都还没有完全平定。他为何在这样一个时间点上洛，其目的并不明确。据《信长公记》（信长的臣下太田牛一所著信长传记）记载，当时信长游览了京都、奈良、堺等地，拜会了第十三代将军足利义辉。从两个月后以及六年前曾两次上洛的越后长尾景虎（上杉谦信）的行动来看，《信长公记》的记述应该基本无误。

足利义辉在前一年的冬天结束了近江朽木谷的亡命生活，

足利义昭木像（等持院藏）

回到京都，但细川等管领家已经失去统治能力，三好长庆正在着手创建自己的独立政权，所以足利义辉的权力基础非常脆弱。因此，他试图模仿室町时代各国守护驻京拱卫将军那样，让战国大名上洛来支持自己的政权。足利义昭后来也是这种想法。作为一个没有自己直属部下、没有常备军力的战国时期将军，这也是无奈之举。所以他一直催促各国大名上洛。

永禄二年，长尾景虎拜见足利义辉，表示愿意效忠。足利义辉非常感激，也对长尾景虎寄予很大期待。但是长尾景虎也和其他战国大名一样，更加看重本国的安全，没有在京长居的余力。于是将军命令互相敌对的大名和解。他的逻辑是：大名因为互相争斗而不能长时间离开自己的领地，所以只要他们和解，就可以全体上洛、效忠将军。

将军的这一行动并非完全没有意义。诸大名大概会回答说，虽然想听从将军的命令，但无奈敌人挑起战争，所以不得不应战。他们并非故意无视将军，只要于己有利，大名们也有意响应将军的召唤。毕竟，他们也需要大义名分来正当化自己发动战争、侵略别国的行为。而在他们的认识里，能给自己提供这种大义名分的便是将军和朝廷。比如说，长尾景虎就因为向将军表示效忠而获得了正当化其出兵关东和信浓（川中岛）行为的“御内书[1]”，而他上洛的最大的目的就在于此。织田信长家虽然坐拥那古屋等城寨，但从门第上看也不过是一个守护代[2]的家臣，是从其父亲织田信秀一辈才开始发家的。所以信长上洛，目的大概也是为了和将军搞好关系，正当化自己对尾张的统治。

织田信长像 图中有天正十一年的诗文（狩野元秀绘，长兴寺藏）

尽管如此，也不能说战国大名们想要维持室町幕府和守护体制。长尾景虎和织田信长已经从守护家篡夺了领国的

1 御内书，原本为将军的私人信函，后来成为公式文书。

2 守护代，到任国代行守护职务的代官。守护，镰仓、室町幕府的官职之一。本为朝廷任命统治诸侯国的官吏，因为是世袭，后逐渐进化成大名，称守护大名。

统治权，对室町时代的体制来说，他们本身就是一种异质的存在。重要的是依靠自己的力量实现对领国的统治——这一点与其他时代不同，是战国时代的特征之一。然而事实上，在凭实力夺取之后，或者在夺取的过程中，很多人还是会从与朝廷、将军的联系当中寻找正当性，甚至向朝廷索要官位（而不是相反）。与此同时，还产生了不想给予敌人这种正当性和名分、想要夺走甚至独占的意向。因此，战国大名为了不失去与中央政权和权威的联系，就变得对中央政局非常敏感，从不怠慢收集相关情报。这是很多战国大名的共同特征。

志托麒麟

在这一类大名中，信长是第一个不单致力于辅佐将军和复兴室町幕府体制、还抱有建立自己统一政权（虽然想法还非常不成熟）的梦想并成功上洛的大名。此外，武田信玄也与信长抱有相近的梦想，具体体现在这样几点上：娶公家[1]之女为妻，与本愿寺、一向一揆[2]勾结、为连通日本海而攻打信浓，后又试图征服骏河、趁信长上洛时加紧平定骏河、扩充

1 公家，泛指天皇与朝廷，后引申为朝廷整体。武家政权成立以后，一般将朝臣称作公家，与武家相对。

2 一向一揆，战国时期以“一向宗”（净土真宗本愿寺派）门徒和百姓、地方豪族为中心发动的民众武装。

水军、试图西上，等等。他后来成为反信长同盟的核心，也并不仅仅是响应义昭的请求。他与以守住领国为主要目标的浅井和朝仓不同。但信玄还是起步晚了，而且他的地理位置与信长相比也非常不利。

以“麟”字为原型的信长花押（出自吉川弘文馆刊《国史大辞典》第二卷）

但是，信长拥戴义昭上洛时，不管是义昭和包括上杉谦信（景虎）在内的很多大名，还是朝廷和寺社（寺院和神社），谁都没有注意到信长的真正意图，他们都认为信长上洛就是为了帮助将军复兴幕府。信长也这样标榜自己。但笔者之所以认为他的真实意图不在于此，主要是考虑到他在上洛前的两个行动。我们只有将他上洛前后的行动放在同一条行动脉络中去观察，才能看出其合理性。下面笔者就将论述这一点。

永禄八年（1565）五月十九日晨，以三好长庆养子三好义继为首的三好三人众和松永久秀率兵袭击室町御所，十三代将军足利义辉在乱战中被杀，其弟奈良兴福寺一乘院的门迹觉庆[1]被幽禁。足利义辉被杀的结果是在长达三年的时间里幕府没有将军。此时信长身上发生了重大变化。据佐藤进一考证，织田信长一改原来的花押，开始使用以麒麟的“麟”字草体为原型设计的花押。其后直到信长去世，这个花押的

1 觉庆，足利义昭法号。门迹，由出家的皇族、贵族担当住持的寺院，或指该寺院的主僧。

形状都基本没有变化。麒麟是中国人想象中的动物，被认为只有盛世才会出现。因此有人推测信长正是抱着追求盛世的政治理念开始使用这个花押，另外足利义辉被谋弑的事件对他也有影响。笔者也认同这一观点。笔者认为，正是以这件事为契机，信长决心上洛并开始自己统一天下的大业。

同时，觉庆在足利义辉近臣细川藤孝、一色藤长的帮助下成功出逃，翌年二月还俗，改称足利义秋（永禄十一年改名义昭）。他通过吉田神社的吉田兼右与朝廷秘密联系，四月二十一日获封从五位下左马头官位。他的目的在于昭告世间自己有意就任将军。然后他向上杉谦信、武田信玄、岛津等全国各地的大名发出御内书，希望他们出兵帮助自己上洛，但大名们都不可能离开自己的领国。只有信长早早回应说若有需要随时奉陪，甚至在永禄九年七月与义秋明确约定下个月行动。但结果谁也没动，义秋只能寄身于越前一乘谷的朝仓义景门下。

此时三好三人众为了对抗足利义秋，试图拥立足利义荣（其父为第十二代将军足利义晴［义辉和义秋之父］之弟足利义维）为第十四代将军。义荣于永禄九年从阿波出发前往摄津，又于同年十二月二十八日被朝廷任命为与义秋同样的从五位下左马头。翌年，他向朝廷做工作，望其授予自己将军之位，但没有成功。直到永禄十一年二月八日，义荣才被任命为第十四代征夷大将军。这样看来，义昭和信长上洛时的敌人就是义荣和三好三人众。

永禄十年（1567）八月十五日，信长攻陷美浓稻叶山城（今岐阜市），驱逐斋藤龙兴，完全掌握了美浓国，实现了其父织田信秀的夙愿。他将此处地名改为岐阜，又将自己的居城从尾张小牧山搬迁过来。天皇向成了尾张和美浓两国大名的信长送去最高级别的赞辞："今度国国属本意由，武勇之长上，天道之感应，古今无双之名将"，期待他能恢复两国中原本属于天皇家的领地（缴纳年贡[1]）。转达天皇旨意的女房奉书[2]也希望他献上诚仁亲王的元服费用和御所的修理费用并恢复其领地。其实就是想要钱。因为信长曾在永禄九年四月向天皇献上过骏马、大刀和钱三千疋（三十贯文[3]），所以天皇方面大概也对他抱有期待。另外，关于天皇此时的文书，有一种解释说其中包含着对信长平定全国并恢复全国天皇家领地的命令。这恐怕并非异想天开。

当年十一月，信长将自己的决心又悄悄向前推进了一步。他开始使用一枚刻有"天下布武"字样的印章。"天下布武"就是表明要用武力统一、统治天下。拥戴义昭只是实现这一目标的手段。他在心中发誓要用自己的武力平定天下，同时也想清楚了利用义昭的益处——笔者认为印文中就包含着这样的意图。

---

1 年贡，日本历史上租税的形式之一，原本是田租，按人头征收，战国末期发展为按村征收，主要支付手段是米。

2 女房奉书，天皇亲信女官传达天皇和院的旨意，用假名书写的文书。室町时代后期成为传达敕命的主要文书。

3 贯文，钱的计量单位，一千枚一文钱等于一贯。

然而，并不是只要宣称拥戴义昭就能得到所有人的主动帮助，保证沿途平安。信长在永禄五年已经与三河的德川家康结成同盟，减少了西进时的后顾之忧（特别应该指出的是，这一同盟关系非常坚固且有效，对两者的政权建立做出了巨大贡献）；信长还与武田信玄议和，也与上杉谦信交好，还劝说这两个人和解。他与江北的浅井长政结为同盟，把自己的妹妹阿市（小谷之方）嫁给他，还拉拢奈良兴福寺的僧兵和国人[1]、与三好三人众对立的松永久秀和江南的国人，答应将来给予他们恩赏。他与松永父子交换誓约书，结为同盟。就这样，信长精心地为上洛做准备。不过，虽然他亲自劝说江南大名六角承祯、六角义治父子，他们还是与三好三人众结成了反信长同盟。

既不当副将军，也不当管领

奈良兴福寺多闻院的英俊在其《多闻院日记》中记录说，信长上洛带来了前所未有的巨大成果，“山城、摄津、河内、丹波、江州”暂时表示服从。但仅根据这一记述便认为信长飞速平定了畿内近国[2]是错误的。此次上洛时发生的战争，是拥戴

---

1 国人，泛指地方武士豪族。意指守护以下的地方领主。与“国众”基本同义。
2 畿内近国，指都城京都附近的几个国。畿内指山城、大和、河内、和泉、摄津五国，近国指伊贺、伊势、志摩、尾张、三河、近江、美浓。日本律令制将全日本分为六十六个令制国（外加壹岐、对马两岛），并按各国与京都的距离划分为畿内、近国、中国、远国。

足利义昭的信长军与杀害十三代将军、拥立十四代将军（于义昭上洛时病死）的三好三人众之间的战争。所以信长只不过是攻陷了包括六角的观音寺城在内的三好三人众据点，并将其势力驱逐出城而已。信长与他们的战争在这之后还将一直持续。

但是，许多没有与三好三人众勾结的大名和国人都出仕将军，而且，不管其统治形式如何，他们从来的统治范围——从一郡到一国——都得到了承认（安堵[1]）。信长的平定只是这个意义上的平定，还不能说是完全掌握了五国的武士和村镇。但即便如此，这对信长来说也是具有重大意义的成果。正因为拥戴足利义昭，这些人才会出仕。公家[2]、寺社也是如此。若只以军事镇压为目标，必定会遭到相当激烈的抵抗，是无法达到这种效果的。这正是信长当时的弱点，也是他不得不拥戴义昭的最大理由。但是，正是通过这一步棋，信长掌握了对这些人、对其统治地区和京都发号施令的大权，再来只要除掉义昭即可。这是信长下一步要做的事。

看不出这一点的义昭，对信长拥戴自己为将军一事至为感激，甚至想封信长为副将军或管领[3]作为奖赏，还对信长许诺，只要他愿意，可以给他近江、山城、摄津、和泉、河内

---

1 安堵，中世幕府或领主基于君臣关系，对土地所有权、领有权、执行权等权利的承认和确认。

2 公家，指代代侍奉日本朝廷的贵族和上级官员，一般官位在三位以上且世袭。但这里泛指以天皇为核心的朝廷和贵族。

3 管领，室町幕府中仅次于将军的最高职位，辅佐将军司掌政务。

“天下布武”的印章（讲谈社资料中心提供图片）

五国的知行[1]。但信长拒绝了。据说他希望把和泉的堺和近江的大津、草津变成自己的直辖领，并设置代官。这种说法虽然出自后世的军记物语，但事实上信长在第二年就将这些地区置于自己的统治之下了。笔者认为这才是这一时期信长政权构想的特征所在（参见第二章第三节）。信长拒绝了副将军、管领和守护，也没有担任任何朝廷官职。

第二节　将军与信长——打错算盘的双头政治

新筑室町御所

信长没有进入幕府机构，保持了独立的立场。但是，正因为有将军，信长才能把京都和畿内收入囊中。而将军也正因为有信长做后台，才保持了自己的地位。所以两者之间是一种互

1 知行，指日本中世与近世领主对领地和领民的统治支配权。

补关系。但同时，在政治实权到底由谁来掌握这一点上，两者之间从一开始就存在对立。下面就让我们具体看看这种关系的两面。

信长上洛那一年的年底，三好三人众开始反击，于永禄十二年（1569）正月四日攻入京都。被信长从美浓驱逐的斋藤龙兴也加入了这一阵营。他们火烧胜军山城，在栗田口等地放火，五日开始进攻义昭居住的六条本圀寺。交战开始后，双方都死伤惨重。三好三人众虽然最终被击退，但他们在京都内外肆虐了三天，充分表明反信长势力不可轻视。

为了确保义昭的安全，信长决定在义辉御所的遗址上为义昭修筑新御所，并于二月二日开始砌石墙。城馆四周环绕着护城河，里面是石墙，被公家山科言继称作“武家御城”，西边的石墙竟有 8 米之高，坚固程度远超义辉原来的御所。昭和五十年（1975），京都市在修筑地铁时发掘出了城馆遗迹。遗址南侧护城河宽达 26 米，北侧护城河也有 8.5 米宽。石墙所用石材中有大量石佛、石五轮塔、石碑、石灯笼等与宗教有关的物品，有些石佛的脖子还被砸断了。将这些物品当作单纯的石材使用，从中可以感受到当时的风潮。从那以后，也经常可以从城寨的石墙中看到同样情形。

工程动员了尾张、美浓、伊势、近江、伊贺、若狭、山城、丹波、摄津、河内、大和、和泉、播磨等地的大量人力，并从洛中洛外[1]召集了大量铁匠、木匠等匠人。利用朝廷名义向武士及其下属发布命令，集中人力砌筑城馆，表明信长的统治权已经触及权力中心，而这也正是信长所追求的。另外，信长也没有忘记以自己的方式造声势，吸引人们的注意力。为了从管领家细川氏的宅邸里搬运一块名叫藤户石的巨石，放到自家院子里，他亲自指挥人们用绸缎包裹巨石，并装点各种花束，绑上粗大绳索，锣鼓喧天地进行搬运。从那之后，信长和秀吉经常用这种方法造势，甚至到了江户时代还有人效仿。另外，他还把慈照寺（银阁寺）一块名为九山八海的巨石以及洛中洛外的大量名石名木集中起来，于四月十四日搬运到足利义昭的新筑室町御所，还在御所周围给义昭的家臣们新建了宅邸。接着，他又着手修缮天皇居所，任命日乘朝山、村井贞胜为奉行（执行人）。这也意味着信长改造了京都。

殿中掟[2]

新筑义昭御所，一来是为了保障义昭的安全，二来也是为了信长自己。对信长当时采取的统治方式——通过将军义昭掌握京都及畿内近国——来说，如果义昭本人的安全受到威胁，

1 洛外，指京都市中心的周边地区，市中心叫“洛中”，洛外又分为“洛北”“洛南”“洛西”“洛东”四个区域。

2 殿中掟，有关足利义昭御所的规定。掟，成规、规章、法令、戒律等。

便意味着信长的统治缺乏稳定性。修缮天皇居所，也是因为天皇及公家对信长有利用价值，所以有必要整备其居所和基础设施。但是，所有这些活动，都被限制在不对信长的政权构想造成负面影响的范围内。

在新筑室町御所之前，信长于一月十四日制定了九条殿中掟，十六日又追加了七条，并让义昭承认。最早的九条中有四条是将军的亲信、公家、番众[1]等人拜见和问候将军时的规定。第九条规定各寺院的坊官、山门徒众、医师、阴阳师等人不得随意拜访将军，足轻[2]、猿乐[3]若无将军的命令也不得随意来访。这显然是要限制义昭与社会各阶层的联系。第五条到第八条是有关诉讼的规定。

五、诉讼时，未经正规手续不得向将军告密；

六、将军在征求奉行众的意见时（应听从他们的意见），不得自行判断善恶；

七、审理和判决日期依照惯例；

八、诉讼结果由专人通报，他人不得随意公开。

1 番众，在幕府中值班守护将军及御所的人。

2 足轻，下级兵卒或杂役人。

3 猿乐，一种自平安时代发展出来的艺能，以模仿或言语艺术为主的表演。这里指的是猿乐师。

应注意，信长并没有想否定幕府的审判权。这是因为幕府的判决仍在一定程度上发挥着作用，官衙和奉行人积累了丰富的法律、判例以及审判经验，也有很多人期待由幕府来处理各种纠纷。在历史悠久、权力关系错综复杂的洛中洛外，新来的信长不可能有处理各种纠纷的经验和能力。既然幕府的判决权不可能被否定或吸收，那么对信长来说，上策就是保证将军不在时也能以官衙和奉行人为中心行使审判权，且这种权限不会被义昭随意扭曲，能够正常发挥作用。因此，信长才规定了审判日程、审判结果由专员通报以及采纳奉行人意见等审判制度，目的就是防止义昭随意判决。

上述殿中掟规定了幕府内的秩序与手续，与之相对，追加的部分则规定了与幕府政策相关的基本法。第一条为“严禁随意侵害寺社本所[1]领内当知行地之事”。这说明幕府和信长采取了对寺社、天皇以及公家领地中当知行（实际统治并征收年贡等税役的状态）之地实行承认领有（安堵）的方针。也就是说禁止任何人在无正当理由的情况下强夺和占领这些土地。第七条规定，对该类当知行地的认定要以提交保证书为前提来执行。第四条是“严禁不合理的催促”，也是与所领[2]统治有关的问题，禁止无正当权利者强行征收年贡和公事[3]，或者在违反惯

1 本所，日本庄园制下名义上庄园的领主、权益人。

2 所领，领主、地主私有并行使统治权的土地。

3 公事，日本中世时对除年贡外各项杂税、力役的统称。

例的时期、以违反惯例的方法征收。这样看来，第三条“禁止斗殴争吵之事”似乎也是针对所领纷争的规定，但是因为后面又说应依据法律惩处争吵斗殴、参与者同罪，等等，所以似应将其看作独立的喧哗[1]停止令。

上述法令是审判的依据，与殿中掟及其追加条款关系紧密。幕府和义昭都只能遵守信长制定的这些法令。虽然不论在政治形态还是审判方式等方面，信长都还不得不依赖幕府，但义昭却没有操纵幕府的力量，实际上还是信长控制着一切。而这一开始就是信长的目的。

幕府以应仁之乱为分水岭走向衰落，到了 15 世纪末，经历过以明应政变为标志成立的细川政权及其激烈的权力斗争、天文年间的一向一揆和法华一揆、三好政权的成立及衰落等动乱，寺社逐渐失去了对领有土地的控制。尽管如此，靠蚕食寺社领土起家的武士阶层变动也很激烈，每次政权交替都伴随着知行人的变更。话说回来，即便是在同一块土地上也交织着不同人的权利，从过去到现在，各种人都在主张自己的各种权利。所以畿内近国的人们都期待着出现一个能够认定土地的正当权利人并保障其实际统治的政权。要想建立政权，解决这个问题就成了当务之急。为了应对这一问题，信长和幕府采取了“当知行安堵”（承认土地实际统治者的所有权）的政策。因为

1 喧哗，吵架、打架斗殴及私下的武装械斗。

信长和幕府历来都采取这一政策，所以两者之间基本没有矛盾。下面就让我们来看看具体情况。

“当知行安堵”政策

让我们以京都仁和寺的所领承认（安堵）为例。

现贵门迹领散布于各地及其领界境内等事，遵照当知行的内容，可全部领知。将军旨意如此，传达事项如上。

永禄十一　　　　　　　　（松田）秀雄（花押）

十月九日

御室御门迹杂掌　　　　　（松田）赖隆（花押）

这是幕府奉行人遵将军之命下达的室町幕府奉行人联署奉书。它表示，仁和寺所领包括寺院境内的土地和散布于各处的土地，对其中实际受控制（当知行）的部分，承认仁和寺的领知权。此即所谓“当知行安堵”。从前拥有但当下并未实际控制的土地则不包括在内。信长也随即下发同样内容的朱印状。

现贵门迹领散布于各地及其领界境内等事，遵将军之命，领知无误。

永禄十一　　　　　　　　　　弹正忠

十月九日　　　　　　　　　　信长（朱印）

御室御门迹杂掌

成多喜御房

有“遵将军之命”一文，说明先有遵照将军之命下达的幕府奉行人联署奉书，然后才有信长下发的朱印状。像这样，同日发出一式两份的寺社本所领“当知行安堵”文书，是这一时期知行政策的特征。当时此类文书被发给许多寺社本所。因为需要此类文书的人认识到将军和幕府是依靠信长的力量而存在，所以在收到幕府文书的同时，也希望得到信长的保证。这种朱印状就象征着这种保证。另外，信长也通过下发朱印状，向世人昭示自己权力的独立性。

但是，如果评价信长是一个采取革新政策的革命者，或者旧体制的破坏者，那么他为何又采取了姑息旧势力的政策呢？对这个问题，人们一般解释为畿内近国的各种旧势力仍然强大，所以信长不得不妥协，另外他也觉得利用他们对自己比较有利。也就是说，将其解释为信长进行了违背自己本意的政策转变。但是，在统治尾张和美浓的时候，信长也对己方武士和没有敌对行为的寺社实行了“当知行安堵”政策。畿内的大部分寺社和天皇、公家对信长上洛都没有采取敌对态度，反而以朝廷为首表示了热烈欢迎，所以信长采取的“当知行安堵”政策只不过是原有政策的延续，并非在此时进行了政策转变。因此我们应该认为，信长在土地政策问题上，并没有彻底否定和埋葬旧势力。在这一点上，他也没有与义昭和幕府的政策产生对立。上述殿中掟附加条款的第一条也仅是确认了这一政策并以明文表述。而且，这一政策在信长于天正元年（1573）驱逐义昭后也没有改变，“当知行安堵”状也继续发布。

木下秀吉[1]的违乱停止命令

“当知行安堵”政策并没有对散落在各地的小面积土地逐一做实地调查，确认是谁在实际管辖，也没有对寺社的境内土地以及界线（四至）进行确认。这些行为都只有依靠检地才能实现，而信长在这个阶段还未进行检地。所以“当知行安堵”依据的是所有者自己的申报、主张以及提交的佐证材料，还要提交材料属实的保证书。殿中掟追加条款第七条就反映了这一情况。

但是，因为当时没有土地台账，所以即使得到了“当知行安堵”，还是会发生土地纠纷。某年的七月十日，信长家臣木

1 木下秀吉，即后来的丰臣秀吉，木下藤吉郎秀吉、羽柴秀吉也是指同一人。

下藤吉郎秀吉给义昭近臣一色藤长写了这样一封信：

> 有关多贺枇杷庄内大喜多之当知行地[1]，汝应即刻停止侵占。既有将军之命及朱印状，汝应早早醒悟。谨以言上。

在这之前，大喜多拿到室町幕府的奉行人联署奉书（“御下知”）和信长的朱印状，接受了“当知行安堵”，却遭一色违乱（侵占），于是向秀吉告状。秀吉认为大喜多的申诉正当合理，便命令一色停止违乱。一色很有可能是从义昭处得到了对多贺枇杷庄内所领的分封（宛行[2]，也有可能是“安堵”），所以才发生纠纷。在这种情况下，正因为大喜多接受了“当知行安堵”，可以向上控诉自己权利受到侵害，结果权利得到保护，违乱也被命令停止。但如果没有接受“安堵”，肯定就不会这样。这说明，以“将军之命及朱印状”为依据的“当知行安堵”具有实际效力。这也是因为有秀吉这样能命令停止违乱、执行“安堵”政策的人。

再来看一个京都市西北部松尾社的例子。松尾社于永禄十二年六月提交保证书，接受了对“松尾社领山城国境内及河上、田富、山林等诸散在之地”的“当知行安堵”。但是，元龟三年（1572），义昭却把这些土地分封给了自己的亲信上野

1 当知行地，现行控制、所有的领地。
2 宛行，分封、给予领地或俸禄。

羽柴秀吉像（光福寺藏）

秀政。上野秀政任命住在松尾社附近的国人革岛秀存为代官征收年贡等物，于是松尾社通过秀吉的家臣蜂须贺正胜，请求秀吉制止违乱。松尾社提交了义昭及各代将军的文书，证明该土地属于自己。秀吉查看文书后承认了松尾社的诉求。松尾社还想要信长的朱印状，秀吉也答应从中斡旋。

义昭奖赏自己的家臣是很自然的行为，但用于奖赏的土地应该是“当知行安堵”以外的土地，而他违反了这一原则，也就是说违反了已成为幕府法的殿中掟追加条款第一条。另一方面，秀吉对两起案件的裁判都依据这第一条。所以义昭自己也不得不遵从。

虽然秀吉在这一时期的正式官职和权限都不是很明确，但能确定他有向信长报告寺社的诉讼和请愿、发行信长朱印状副本的权限。另外还有执行信长决定的权限和某种判决权。丹羽长秀和佐久间信盛等人也拥有上述权限，信长通过他们对京都和山城等地区实行统治，发挥独立的行政机构功能。这种职能既不是来自于义昭原本有权任命的守护职等幕府官职，也不是来自于义昭的任命。

相对的，义昭身边虽然也有各种亲信和奉行人组织，却没有能实际行使行政权和警察权的组织和人才。他也没有畿内近国守护的任命权。义昭的家臣明智光秀虽有才干，但在被信长重用后具有了双重属性。幕府和将军的政治权力虽然包括“当知行安堵”权和诉讼审判权，但这些权力都不能单独行使，必须要有信长的朱印状。“当知行安堵”的申请人和诉讼人都希望得到信长的朱印状。这样一来，他们自然就逐渐了解到，向幕府申诉还不如向信长及其家臣申诉更有实际效果。信长确实振兴了将军家，也复兴了幕府，但是正如上文所述，他从一开始就对将军和幕府的权力设限，并将自己置于其体制之外。因此，信长并不是想通过复活幕府及其守护体制来达到统治全国的目的。我们虽然不能忽视，为了在短时期内将畿内近国置于自己治下，信长有必要利用将军和幕府，但义昭必然很快便会感到束手束脚，意识到自己被别人架空。他采取了各种手段对抗信长，希望强化自己的权力基础，像前文中那样分封亲信之人领地就是其中之一，但是因为多与“当知行安堵”原则矛盾，时常遭到信长一方的否定。

信长的领土扩张政策

信长上洛后归入其势力范围的土地只有畿内近国内的一小部分，除此之外的土地都只有依靠实力征服。

信长在临上洛前攻下了伊势北部，制服了当地有名的国人神户氏，并送三男信孝为其养子。永禄十二年八月，他又出兵南伊势，攻打大名北畠具教占据的大河内城（今三重县松阪市）。于十月完成征服后，送次男茶筅丸（信雄）为其养子，篡夺了北畠家。在进攻期间，信长命令泷川一益火烧了长期作为北畠家大本营的多气（同县美杉村），破坏了田丸城等城寨。应该注意的是，此时信长已经开始施行破城（城割、城破）政策。

信长在上洛途中，占领了伊贺国上野城，并指派胞弟织田信包为上野守。因为伊贺国原守护家仁木实际上已接受信长所派泷川一益的劝降，所以出兵伊贺只不过是为了宣告世人。但是伊贺国的大部分国人实际上并没有服从信长。

上述行动代表了信长的领土扩张策略，即第一阶段先派使者向一国的守护家或相当于守护家的当地实权人物送劝降书，同时提出授予其“当知行安堵”状以及分封新领地等条件。接受劝降的一方为了表示服从和忠心，便择机亲自拜见信长，出仕并执臣服之礼。然后信长承认（安堵）他们的统治权或分封土地。

大和国的松永久秀也属于这种情况。松永久秀于永禄十一年十月四日前往拜见义昭和信长，于是其对大和一国的支配权得到了承认。但是大和国并没有因此被松永久秀和信长完全掌握。因为有相当一部分的国人并不愿意臣服于松永久秀。在此情况下，信长迅速向大和派出两万大军，攻击那些国人居住的城郭。此时信长派出的是义昭的部下细川藤孝和自己的家臣佐久间信盛等人，将那些反抗松永久秀的地方势力定性为不仅是信长、也是义昭（将军）的敌人。此举非常巧妙。但是，即便如此，他也没有实行彻底的讨伐作战，而是在攻下几座国人的城池、掌握奈良后便撤军。先设法令对方臣服，不行再以武力攻取。法隆寺等势力表示臣服时，信长便要求其缴纳高额礼钱作为臣服礼仪之一。这与向堺等地征收矢钱[1]一样。是否缴纳此类金钱，成为衡量是否臣服的一个重要标志。另外，对于那些表示臣服并接受了所领承认或分封的势力，则会在修筑城寨和御所等建筑时对其所领知行征收知行役（一种兵役），以此确认每个武士、每座寺社与自己之间的服属关系。

委任“天下之仪”的逻辑

信长与义昭关系的恶化已经不可回避，表面化也只是时间的问题。永禄十二年十月，信长在平定伊势后上洛，第七天却突然又回到岐阜。对此，《多闻院日记》中有“信长因与上意（义昭）有争执，故回领地了”的记载，说明信长与义昭之间的对立已经风传到大和国。听说信长突然回到岐阜，天皇非常吃惊，竟专

1 矢钱，是室町时代及战国时代幕府或诸国大名征收的军费，向村落征收时按土地面积计算和征收，向城市征收时以房屋数量计算、征收，两者标准不同。

门派敕使前往岐阜询问其理由，无疑说明了事态的异常。

从这件事也能看出，天皇因信长的行动而一喜一忧，总是注意不去惹恼他，毫无左右其行为的能力。另外，认为信长的政治行动和权限来自于天皇的委任这种看法也是不正确的。当时的天皇和朝廷几乎没有什么实质上的政治权力。即便有时看起来像是有权力，那也只是武家政权出于自身需要而让他们扮演了这种角色。所以天皇与朝廷自然会按武家政权的期待进行表演，并因此得以存续。这也意味着，直到这个时期，武家政权也没能摆脱天皇和朝廷，成立独立的政权。

信长对义昭步步紧逼。元龟元年（1570）正月二十三日，他向日乘上人和明智光秀下达了以下五项条款，并迫使义昭承认。

一、向诸国发送御内书时，必须告知信长其内容，并附上信长副书。

二、至今下达的将军义昭之命全部作废，经考虑后重新起草。

三、若欲恩赐、褒奖（向义昭）尽忠之辈，但无所领，可据上意从信长分领赏赐。

四、因天下万事已托付于信长，故不论何人何事，可不问上意，以信长之意处置。

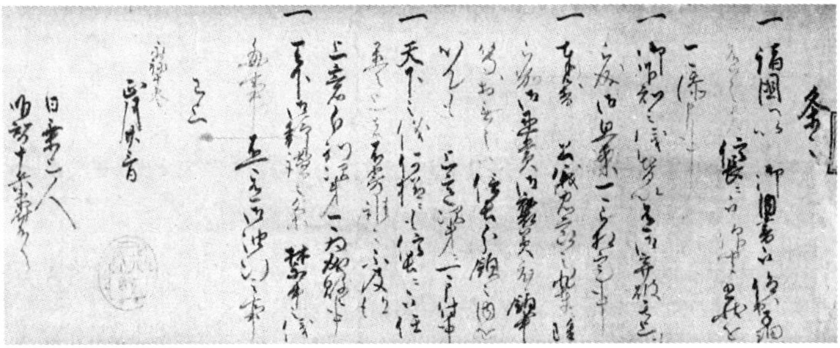

五条文书　上面盖有天下布武的章（御茶水图书馆成篑堂文库藏）

五、天下已太平，尽忠天皇之事，不得怠慢。

其中最应该关注的是第四条，它明确指出，天下的统治权已经归于信长，所以他对任何事都可以不请示将军、自行决定。这才是信长的最终目标。但也应注意到，信长的权限仍然来自于“天下万事托付于信长”，也就是说其逻辑在于信长接受了将军的委任。信长此时仍需要义昭。后来的丰臣秀吉则把将军换成天皇，自任为关白，采用了接受天皇委任的逻辑。

信长将义昭的所有行动都置于自己的监控之下，无论是寄信给诸国还是恩赐家臣都不能单独进行。比如关于第一条，就有毛利辉元接受右卫门督一职时的例子。信长写信给毛利，告诉他将有义昭的御内书送达，最后要求他今后继续尽忠。毛利辉元虽然以收到御内书为荣，并单纯地为之高兴，但也没有忘记在回信时说“承您美言”，对信长表示感谢。这才是信长希

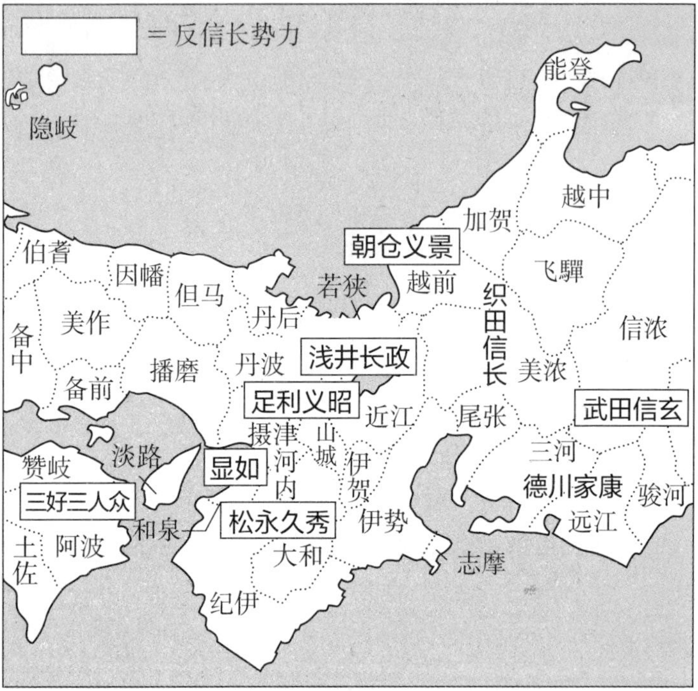

反信长同盟

望与义昭建立的关系。

但是，义昭在上洛以前就曾写信给诸国大名，要求他们上洛并对自己尽忠，他的愿望显然是在上洛后亲率各路大名复兴幕府。此举会强化义昭的权力基础，信长是不会允许的。信长连他的通信自由都剥夺了。第二项条款则更为严厉，命令义昭将此前下达的所有决定和命令都废除。这样一来，义昭便什么也不能做，唯一能做的就是维护与朝廷的关系。信长想从事实上架空义昭。

第三节 | 反信长同盟的结成与解体

朝仓、浅井同盟成立

在信长越过复兴幕府的形式、明确建立霸权的目标后，不愿被其吞并的势力也浮现出来。其中之一就是越前的朝仓义景。信长于元龟元年（1570）四月出兵越前，试图攻陷敦贺郡的城寨，以翻越木芽岭，但位于江北[1]的浅井长政却突然举兵，对信长形成夹击。信长令木下秀吉固守金崎城（今福井县敦贺市）殿后，这样才好不容易从湖西[2]逃回了京都。

趁此机会，江南各地爆发叛乱，六角父子及其旧臣与伊贺、甲贺的武士等人联合起来对抗信长大军。为此，信长于六月十九日率军攻打浅井的主城小谷城。德川家康也作为同盟军前来助战。织田军包围浅井的支城衡山城后，不出信长所料，

---

1 江北，近江之北。今滋贺县北部。
2 湖西，琵琶湖之西，与京都相邻。

浅井、朝仓军南下救援，由此展开了著名的姉川合战。六月二十八日凌晨，浅井、朝仓军向南推进，在姉川之前分成两军布阵。德川家康军从西边攻打朝仓军，信长军从东边攻打浅井军。双方你进我退，陷入混战，最终信长取胜。信长写信给细川藤孝说自己“大获全胜”，“敌尸遍布田野”，并在文末让他告诉义昭，显然是为了向义昭施压。

虽然在姉川合战中败下阵来，但浅井和朝仓成立的反信长同盟鼓舞了对信长势力极速扩张而深感不安和不满的人。逃到阿波[1]伺机反攻的三好三人众马上开始行动，挥军进入摄津，据守大坂本愿寺西部野田及福岛（今大阪市）各城。《言继卿记》记载说有七八千人，其中很多是浪人。同一时期，筒井顺庆开始在大和攻打松永久秀。信长于八月二十日从岐阜出发，义昭也随之亲征。九月初，信长收缩包围网，实行炮击，展开了激烈攻势。

本愿寺起义

大坂本愿寺处于信长的包围网中，僧正显如担心一旦野田和福岛城被攻陷，下一个就会轮到自己。九月六日，他对近江中郡的门徒说：“此刻应效仿开山祖，毫不退让，奋不

1 阿波，今德岛县。

顾身，以示忠诚”，鼓动叛乱。奈良兴福寺大乘院住持寻宪也在九月六日的日记中记载了这样的传闻：“世人皆说，上自大坂，下至诸国，群情激奋，一揆蜂起。”九月十日，显如回信同意了浅井长政的结盟邀请，决心守护宗门。十二日深夜，一向一揆开始攻击河川对面信长的营寨，英勇作战。显如向诸国僧侣及门徒发去檄文，要求他们奋起反抗并给予援助。由此，以大坂为中心的本愿寺、一向一揆与信长的长期抗争就拉开了帷幕。长达十一年、一直持续到天正八年（1580）的本愿寺－织田战争（大坂合战，即所谓石山战争）开始了。

十三日傍晚，一揆蜂起的消息传到京都。十五日，天皇决定派敕使去见将军，并开始敲定人选。在天皇给本愿寺僧正（显如）的敕书中有如下文字：

> 如今大树（将军义昭）为天下太平出征，信长亦如斯。听闻贵僧怂恿一揆，与他们敌对，不应行此不妥之事。望早日化解干戈，贵僧的想法大可上奏。

社会地位处于交战双方之上的人，认为义昭和信长是为天下和平而战，而本愿寺、一揆与其敌对。这种逻辑，信长自是求之不得。况且，这种逻辑还不是信长强加于天皇的。对信长来说，这正是天皇存在的价值。

为呼应本愿寺暴动，朝仓和浅井军也开始行动。他们摆出进攻京都的架势，信长只好放弃攻打野田和福岛城，撤回军队。事实上，如果朝仓和浅井军真的南下形成夹击，再加上一揆的游击战，信长军就有遭受重创的危险。信长率军经京都进入近江，以偿还自己分国中的山门领地为诱饵，要求比叡山协助。他还威胁说，如果出家人不愿意支持任何一方，那至少不能帮助敌人；不然他就要一把火烧掉整座山。但是比叡山没有理会信长的要求。朝仓军在比叡山及其周围布下了阵。

火烧比叡山

元龟二年（1571）八月，信长出兵江北，与一揆势力交战，然后进军江南，攻击一揆盘踞的金森寺。金森寺陷落后，九月十二日，信长断然下令火烧比叡山。

《信长公记》记载了信长军从山麓攻上山顶，沿路烧毁各种建筑的情形：

> 以根本中堂、三王廿一社为首，各种贡品、佛寺、灵社、僧房、经卷全被烧毁，如云霞飘散，灰烬遍地，甚为可悲。

该书还记载了残忍的杀戮行为：

> 僧俗、儿童、智者、上人被一一斩首，上呈至信长公面前。无论是延历寺内的高僧、贵僧、有智之僧，还是美女、儿童，皆被抓捕，列于御前，恶僧之辈不在话下，即便他们哀求饶命，也终不得饶恕，被一一斩首，其景惨不忍睹。数千具尸体遍布其地，实为悲哀之结局。

《言继卿记》则记载说杀了“僧俗男女三四千人”。信长在十三日上洛，向义昭炫耀战果。言继虽然深受刺激，但也马上去向信长请安。他在十二日的日记中写下“佛法破灭”“王法何在”等语，表现出不安和摇摆不定的心情。对他们来说，王法（天皇、将军施政的政治）和佛法（佛教教义和佛教）正如车的两个轮子。他们认为佛法兴隆也能使政治安定，所以佛法的象征——比叡山被无情地烧毁，这件事给他们带来了多么巨大的冲击和恐惧，常人难以想象。正因如此，他们才不得不去向信长行礼，以求保身。天皇家也不例外，《御汤殿上日记》中的十二日条对火烧比叡山一事评论道：“近日之事无以言表，可笑竟说是为了天下，简直难以下笔。”

火烧比叡山是对依靠朝廷和政治尽享荣华富贵的旧势力的镇压，给人留下佛法破灭的强烈印象。一直以来，人们以此事为代表，将信长评价为否定旧势力、开创近世新政治和新社会的革命家。这种看法虽然有一定的道理，但若对此做不加保留的赞赏却很危险。信长近臣所著《信长公记》记载说，比叡山在前一年违背信长的意愿支持浅井和朝仓，烧山是为了泄愤，结果“一年来的积郁终得发泄”。也就是说，烧山的本质仍是针对敌对者的攻击行为。另外，之所以进行毫不留情的攻击，是因为反感、憎恶僧侣们“沉迷于淫乱、食用鱼鸟、贿赂金银”。所以不能说信长天下布武的战略中从一开始就有以武力消灭旧势力的政策。

之所以这么说，是因为与比叡山齐名的旧势力代表东寺（真言宗）、贺茂社和北野社等许多寺社都接受了“当知行安堵”，信长虽然向大和派去两万大军，但也根本没动兴福寺、东大寺、春日社、法隆寺等地。只有比叡山是例外。基本上，信长并没有采取否定寺社本所和权势之家的政策。火烧比叡山只是为了警示本愿寺和一向一揆。

十七条意见书

本愿寺显如仍在努力集结反信长势力。元亀元年年底，他写信给武田信玄，终于说服了信玄加入反信长同盟。松永久秀也加入他们，并向信玄示好。元亀二年五月，信玄回复说愿意上洛，并承诺协助。在信中，信玄指出义昭“对信长积怨已深，定会为讨伐信长而行动”，反信长阵营已预料到义昭会举兵。而义昭当时虽然表面上还没有什么动作，但已在私下与各地的反信长势力联络，准备起事。

觉察到义昭的举动后，信长于元龟三年九月向义昭发出了相当于最后通牒的十七条意见书。在第一条中，信长先搬出朝廷指责义昭，让他难以反驳——说上洛的时候就提醒义昭不要怠慢朝廷，结果义昭早就忘了这回事，根本没有好好侍奉。还说第十三代将军义辉就是因为怠慢了天皇才会被杀——把整件事说成天罚，以此转移重点，掩盖两人权力斗争的本质。这样一来，即便信长讨伐了义昭，也是义昭不义招致天罚——用这种逻辑就可以将信长自己的行为正当化。就这样，信长开始利用朝廷对义昭进行激烈的人身攻击。第二条指出，两年前两人约定向诸国下发御内书时必须有信长的附文，而义昭违背了约定。这一条也令人无法反驳。他还指责义昭没有将知行分封给奉公和尽忠之人，令人寒心。除此之外，在与德政令有关的诉讼、代官职的诉讼、对纠纷的判决等问题上，他也指责义昭的裁判和处理方式欠妥。

义昭因为忙于为举兵做准备，将重要物资和诸国进贡的金银都转移到了隐蔽之处，还把城内的储备米也卖掉换成了金银。信长对这些具体行为也提出了非难。对于换金一事，信长严厉指责他说："公方（将军）行买卖之事，古今未见。"换句话说，将军居然做起生意来了，简直是闻所未闻。他还说，义昭的这一系列行为让京都百姓不安，下面的人都觉得将军要抛弃京都了。

最后，在第十七条中，他利用世人舆论给了义昭致命一击："世人都说将军欲壑难填，不辨是非，不顾廉耻，当地居民和百姓都叫你'恶御所'。听说嘉吉之乱时被赤松满祐杀死的第六代将军足利义教也遭时人非议。为何人们都这么说？你该好好想一想。"

说这些话，显然是已经不打算与义昭共存了。第一条和第十七条还举出被臣下杀死的将军之名，等于宣告义昭也像他们一样，被杀也不冤枉。被逼到这一步，义昭除了举兵反抗以外已经无路可走了。而这正中信长下怀。义昭背叛恩人信长，信长只好反击——通过这种方式，信长就可将战争行为正当化。

织田、上杉同盟

元亀三年（1572）年初，以本愿寺、武田信玄、朝仓义景、浅井长政为中心的反信长同盟成立。本愿寺则推动三好义继和细川昭元等畿内势力集结。松永久秀也加入后，东南西北四个方向的信长包围网就形成了。信玄还试图联手遭信长火烧的比叡山势力。信长陷入了四面楚歌的危机。

三月十九日，上杉谦信建议信长，要想摆脱当下的危机，应该赶在信玄之前提出复兴比叡山的计划，并与浅井长政议和。在此基础上，谦信、信长和家康三人商量好一起征讨信玄，然后再讨伐浅井和其他势力即可。显然他们最害怕的还是信玄。

七月，信长纠集大军出兵江北，攻打浅井长政。恰逢嫡长子奇妙（织田信忠）首次上战场，父子共同上阵，就像是下定了攻克小谷城的决心一般。信长动员江南各村的农民，在虎御前山建起坚固的要塞作为进攻据点。对此，朝仓义景出动救援大军，于七月底进入江北。于是信长只好暂停攻势，加固了要塞，然后于九月中旬撤退。但是在八月八日，朝仓义景的重臣前波吉继父子临阵倒戈信长，其他人也纷纷效仿。这大概是因为朝仓义景的军中也酝酿着对前途的不安。

信长撤退是为了防备信玄。他向谦信求援，十一月，谦信的使者送来誓词，信长当着他的面写下血书，双方正式结盟。信长希望谦信攻打信玄的领地信浓和上野，但北陆地区越中和加贺的一向一揆、关东地区于前一年底重新与信玄结盟的北条氏同时进攻谦信，牵制了其行动。

三方原之战

信玄在九月底先派由山县昌景率领的别动队向家康领地三河的东部进发，十月三日又亲率大军从甲府南下，进入远江后，先包围了二俣城（今静冈县滨松市），十二月十九日破城，但之后没有继续攻打滨松城，而是从城北西进，占领了三方原（同县滨松市）高地。信玄的战略十分明智。他的使命是尽最快速度西进以便夹击信长。即便此时包围滨松城，至少也要几十天才能攻克。因此他判断与其浪费时间，还不如把对方引诱到高地上来一决胜负。

而家康的任务，则是为盟友信长阻止信玄西进。所以他也不能稳坐滨松城内，眼睁睁地看着信玄军西进。信长派来的援军只有三千人，家康也只有八千人左右，而武田军则号称有两万多。虽然眼见毫无胜算，但在二十二日傍晚，家康军还是从武田军背后发动了攻势。这就是三方原之战。武田军立刻应战并打败了德川军。德川军溃退，以援军将领平手泛秀为首的许多人殒命，家康也只能狼狈逃回滨松城。这是家康平生最大的败仗。

信玄马上向朝仓义景报告了这场胜利，说自己打败并俘虏了三河、远江的凶徒和信长的上千名援军。这场胜利极大地鼓舞了浅井和显如等人，也促使义昭在第二年年初就匆匆叛离。但是，朝仓义景却已于十二月三日率军踏上了归途。同月二十八日，信玄在给朝仓义景的信中表达了愤怒。他说如今“灭亡信长的时刻到来”，想要说服义景不要放松对江北的防备。但是义景已经出征四个多月，将士们疲劳不堪，兵粮也快要见底，恐怕难以继续在雪深寒冷的江北布阵了。不过，尽管是无奈之举，但义景的撤军却在信长包围网上打开了一个豁口。信玄和显如后来还几次要求义景出兵，但他都没有听从。

一个更大的打击是信玄的病情。信玄于天正元年（1573）年初就开始进军三河，围攻菅沼定盈盘踞的野田城（今爱知县新城市）。遇到守军顽强抵抗后，信玄军便让矿工挖地洞，抽掉城中的地下水，二月中旬终于破城。但是，信玄此时的病情已经相当严重，进军到长筱（同县新城市）后便不得不放弃西进了。随后，四月十二日，在归国途中的信浓伊那谷驹场，信玄走完了自己五十三年的人生。虽不能确定他的病因，但据说是肝肺有问题，一般认为是肺结核。信玄在与信长对峙时是否抱有明确的政权构想，我们不得而知。但无疑他曾试图进入权力中心。大业未竟而身先死，其遗憾可想而知。

据说，临终时，信玄曾留下遗言，命人将自己的死讯保守三年。事实上信玄的葬礼确实是在三年后的天正四年四月十六日举行的，地点在菩提寺[1]惠林寺。但实际上早在当年的四月二十五日，飞驒的河上富信就把信玄的死讯传给了谦信。对信长来说，没有比这更幸运的事了，可谓抓住了起死回生的机会。相反，对反信长阵营来说，却没有比这更倒霉的事了。

义昭举兵

下面让我们来看看义昭的行动。义昭在反信长同盟的形成过程中发挥了非常重要的作用，他一直在寻找举兵的机会。义昭最为期待的是信玄的西进作战。所以在听到三方原之战胜利

1 菩提寺，供奉历代先祖牌位的寺院，此处菩提指冥福，也即为先祖祈求冥福的寺院，与中世以前的“氏寺”略有不同。

的消息后，他兴奋异常，终于在第二年的二月举起了反旗。一下子陷入绝境的信长希望与义昭议和，但对方根本没有理会。从京都到近江，义昭的追随者纷纷涌现。

三月二十五日，信长从岐阜出发上洛。义昭重臣细川藤孝和荒木村重在逢坂[1]迎接他，并表示效忠。二人已与义昭决裂。四月三日，信长在洛外放火，逼义昭进行和谈，但没有得到回应。次日，信长包围了义昭的御所，并在上京[2]放火。这时天皇敕使出面调停，二人便立刻握手言和。但信长看出总有一天还会与义昭为敌，于是命人在近江建造了能一次性运送大量军队的大船。不出两个月，便造出了长 50 米左右、有上百支船桨、船头船尾都设有箭楼的大船。

七月三日，义昭躲进位于宇治川中洲的槙岛城闭城不出。信长率军乘刚造好的大船渡过琵琶湖，迅速从四面攻克槙岛城外围，并火攻主城。义昭毫无招架之力，只能投降。信长命义昭交出幼子义寻作人质，再命羽柴秀吉把义寻送往河内若江城（三好义继守城）。《信长公记》记载说，当时人们都讽刺义昭为“贫穷公方”。后来，义昭又从纪伊国由良（今和歌山县由良町）逃到备后的鞆（今广岛县福山市）。他并没有因此失去将军的官职，此后也一直被称作公方，继续与各地大名联系，试图打倒信长。他在毛利氏的庇护下，等待着上洛的机会。有

1 逢坂，今滋贺县大津市。
2 上京，京都北部。二条通以北为上京，以南为下京。

人因此高度评价义昭作为将军的立场。但是，义昭的败北意味着作为中央政权的室町幕府已经名实皆无，可以说室町幕府就此灭亡。

回到京城的信长为了复兴被烧毁的上京，免除了该地区的地子钱[1]和各种徭役；任命村井贞胜为所司代（相当于幕府要职侍所头人［所司］的代官），掌握了京城的警察权和统治权；又于七月二十八日改元天正，实现了义昭一直不情愿实行的改元。这些行动，充分显示了信长掌握天下的志向。

朝仓、浅井灭亡

不久，信长开始准备攻打浅井和朝仓。义昭的失势，引起江北各势力的动荡。及至信长出兵攻打，有些人便马上倒向他。虽然这一回朝仓义景也率大军前来援助，但一受到织田军的直接攻击就马上撤退了。义景仓皇逃回一乘谷，后又弃城，一直退到大野郡。最后遭族人朝仓景镜出卖，于八月二十八日被迫自杀。义景的母亲、妻妾、嫡男爱王丸等人也在被捕后遭处决。延续五代、拥有百年历史的战国大名朝仓氏就此灭亡，城下町一乘谷也化为灰烬。

景镜带着义景的首级投靠了信长，其他许多臣下也纷纷投

1 地子钱，地子指庄园制下向旱田、宅地等地皮征收的税，以大米缴纳就叫地子米，但多以钱缴纳。后来地子钱特指向都市中的町人征收的地租。

降，成为织田的家臣并存活下来。正好于一年前倒戈信长的前波吉继被任命为“守护代”，统治越前国。

信长立即将大军撤回了近江。失去朝仓援军的浅井长政孤立无援，难以固守孤城。八月二十七日夜，羽柴秀吉攻进小谷城的京极丸，切断了浅井久政与浅井长政的联系，久政先被打败。次日，经过激烈的战斗，长政也自杀身亡。至此，号称下克上[1]之雄的浅井氏也灭亡了。九月，信长在写给毛利辉元等大名的信中说，信玄、朝仓义景以及义昭之所以与自己敌对，都是因为浅井父子，表露出极深的恨意。长政的嫡男万福丸在关原被处以磔刑[2]。信长的妹妹、嫁与长政的阿市听从长政劝说，带着三个女儿出城，投奔了信长。

至此，反信长同盟解体，信长终于摆脱了最大的危机。朝仓义景和浅井久政、浅井长政三人的首级被挂在京都的狱门示众，后又被涂上生漆、贴上金箔，在次年正月信长与马回众[3]的宴会上被当作装饰。

浅井家的领地被赐给了征讨有功的羽柴秀吉。这样，秀吉初次成为“国持大名”，在琵琶湖畔的长滨修建了居城。

---

1 下克上，指身份较低的人打倒身份较高的人，即“以下犯上”、抵制其管治之意。

2 磔刑，与中文里的含义（凌迟）不同，是指把人绑在柱子或木板上，用枪等武器刺死。

3 马回众，在大将周围保护大将的骑马卫士，相当于亲卫队。

第二章

信长与都市、流通

第一节 | 长岛、长筱、越前攻略

一向宗门徒的网络

与信长对抗长达十年之久的大坂本愿寺向全国门徒递送檄文，要求他们忠于宗派。事实上，支撑其战争的正是全国各地的门徒。在这里，笔者将先对全国各地一向宗门徒（一向宗门徒即一向众）的网络进行说明，然后再看看他们如何与信长对抗。

一向宗的寺院和道场遍布全国各地，他们征集被门徒称作“恳志”的金钱和大米等物资送到前线，或者直接率领门徒到大坂参加战斗。比如越后本誓寺（今新潟县上越市）在天正二年（1574）从门徒中征集到一贯[1]黄金、一千五百俵[2]大米等大量物资，送到大坂本愿寺，还直接参加了战斗。人和物资应该都是用船从直江津港（今上越市）运送到大坂的。另外，北信浓康乐寺、净兴寺等（今长野市等）信浓国内的二十五家寺院、道场也在天正五年征集了一千俵兵粮送到大坂。这些物资应该是用船从千曲川运到越后港，然后再转运到大坂的。当时，大批量的货物只有走水运最为方便。

---

1 贯，此处指尺贯法中的重量单位，一贯约等于 3.75 千克。

2 俵，用稻草编成的圆柱形袋子，用于包装米、杂谷等农产品。

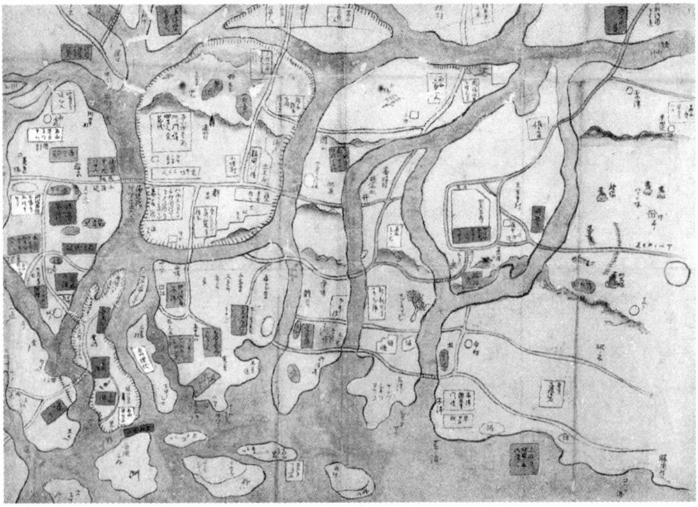

石山（大坂）合战配阵图　中间靠左是本愿寺所在地，据说有四万余门徒闭城不出，被织田军队包围（大阪城天守阁藏）

下面是《信长公记》中对后来成为秀吉大坂城所在地的大坂本愿寺地理位置的描述：

> 大坂为日本第一之地域也。因其近奈良、堺、京都，更有舟船从淀、鸟羽直通大坂城外城口，四方拥节所，北有贺茂川、白川、桂川、淀川、宇治川等数条河川，（中略）西有漫漫沧海，不仅日本之地，唐土、高丽、南蛮舟船，亦可从海上出入，为五畿七道集中买卖，利润富贵之港也。

在这里，作为赞颂大坂为“日本第一之地域”的理由，虽然也举出了其四方拥有节所（要害之地）这点，但更从经济上强调了其重要性。也就是说，它靠近流通中心都市奈良、堺、京都，是京都、近江和日本海物流大动脉淀川的水运港口，也方便海外贸易船从海上出入。大坂是河运和海运两种水运的交汇点。羽柴秀吉后来在此修建大坂城也是因为这个。所以，秀吉也与信长一样，将这里视作“日本第一之地域”。他们之所以用这种眼光来看待大坂，并非仅仅为了探寻敌人何以在此处坚持多年的原因，而是为了把这个宝地收入自己囊中。太田牛一无疑是从信长的视角来描写大坂的地理位置的。

大坂形成了巨大的寺内町[1]。计有北町、北町屋、清水町、西町、新屋敷、南町等六个主要街区，周围还有桧物屋町、青屋町、造作町、中丁等附属街区。从 15 世纪到 16 世纪，以一向宗寺院为中心，各地都建起了寺内町。其中大坂寺内町规模最大，还获得了免除各种徭役的权利和自治权等特权。一向宗还帮其他地区的寺内町获得“等同大坂”的特权。其门徒不仅有在寺内町营业的商人，还包括许多在寺内町以外的淀、鸟羽、堺、奈良等都市和流通要地营业的批发商和船运商。畿内近国的都市和水陆交通被一向宗门徒像网络一样连在一起（当然也有门徒以外的人）。

---

1 寺内町，一般指战国时代以净土真宗为主的宗派在寺院境内形成的居民集落（也见于其他宗派的寺院区域内）。周围有土墙和沟壕，防备其他宗派或领主攻占。

门徒中也有很多农民，但是在水陆交通沿线及其据点活动的商人、运输业者、手工业者等也相当多，其网络不仅遍及畿内近国，还延伸到全国各地。

在近江，以湖上水运要冲坚田为首，包括金森寺内町和湖北十寺等地在内，有许多一向众的据点，都属于反信长阵营，给信长带来很多麻烦。此地是连接畿内与日本海以及美浓等东部诸国的流通大动脉。至于日本海一侧，则是因莲如布教而得以扩张的北陆门徒的地盘，同时也是越前、加贺、越中等一向一揆的地盘。

尾张和伊势的国境位于流经美浓的木曾川等大河川注入伊势湾后形成的轮中地带（三角洲地带），与许多岛屿一起，被称作“川内”或“河内长岛”。这里也有许多以船运与伊势湾沿岸以及东部诸国进行交易的人，也是一向众的活动据点。

在大坂战争中极为活跃的纪州杂贺一揆，其据点也在纪川河口三角洲地带。纪州沿岸有很多一向众。纪州是连接东国和西国驳船来往的海上交通要冲。再往西部诸国的方向看去，有播磨梦前川河口的英贺。安艺竹原的长善寺现在还保存着一面写有“进者往生极乐，退者无间地狱”的大旗，是当年安艺门徒的战旗，据说在大坂守城战中使用过。这说明濑户内海也是一向宗门徒的活动区域。

当然，这些还不过是一向众活动地区的一部分。实际上，通过从事贸易的人，一向众的网络遍及全国各地。

消灭长岛一向一揆

在元亀元年（1570）本愿寺举兵以前，一向众就有在各地以暴力反抗大名强化统治的历史，比如长享二年（1488）的加贺一向一揆和永禄六年（1563）的三河一向一揆等。位于上述木曾川、长良川等大小河川下游的川内长岛属于伊势国，与信长的根据地尾张相邻。信长虽然在永禄十一年镇压了伊势北部，第二年又镇压了其南部，却没有彻底平定这一地区。其原因正是以一向宗的长岛愿证寺为中心，长岛人拒绝屈服于信长的统治。于永禄十年败给信长的美浓人斋藤龙兴乘船逃到长岛，受到庇护，这是一个相当有名的事件。《信长公记》对此则记载说："邻国佞人、凶徒等相集而住，崇敬当寺（愿证寺）"，谴责长岛地区的一向众建造几处端城[1]，窝藏侮辱大名的不法之徒。这种责难当然是出自信长一方的立场。反过来看，这些端城其实是因反抗统治者而受到迫害之人的避难所。

川内长岛由大鸟居、屋长岛等大大小小的岛屿组成，船是主要交通工具，也是商业、运输业、渔业等行业的重要交通手段，所以没有充足水军的信长不容易靠近。信长派胞弟信兴占领北方的小木江城（今爱知县爱西市），作为进攻的前线基地。对此，元亀元年十一月，长岛的一向一揆呼应近江一揆和

---

1 端城，建在本城以外地势险要之地的城，也称枝城、出城。

浅井、朝仓军的攻势，举兵攻打小木江城，信兴兵败自杀。因此，元龟二年（1571）五月，信长在火烧比叡山以前先攻打了长岛，却完全不敌，信长的家臣氏家卜全等人战死，柴田胜家受伤败退。

本愿寺极为重视这一地区，派遣坊官下间氏的族人赖成等人加强军备。天正二年（1574）七月，信长终于组织大军，从四面发动攻势。特别是志摩的九鬼嘉隆和伊势的泷川一益等水军，出动了大型军舰安宅船，还发动伊势和尾张等地海滨的所有船只和船员封锁海上，切断了长岛人的退路，也切断了长岛人的兵粮补给线。

面对大量敌人从四面八方进攻，一揆分散兵力，要么出击，要么防守，但终于寡不敌众，最后只能退守在筱桥、大鸟居、屋长岛、中江、长岛五座城内。信长军首先集中攻击大鸟居和筱桥，炮火破坏了城墙和城楼，城中的一揆势力提出投降。但是，为了惩罚他们，信长不仅没有接受，还下令格杀勿论。八月二日夜，被困在大鸟居城内的人利用暴风雨的掩护逃跑，但仍有上千男女被杀。一揆势力在没有做任何长期坚守准备的情况下退守城内，所以早在七月就出现了饿死者，进入八月后各城都多次提出投降请求。但信长已决心将他们赶尽杀绝。九月底，信长突然同意了长岛城一揆众的投降请求，但在他们乘船退去时，却突然命令火枪对船齐射，以诈术将他们歼灭。最后剩下的中江和屋长岛两城内还有男女两万余人，信长军用数重木栅将城围得水泄不通，然后四面放火，把里面的人全部烧死。

这场象征着信长残忍性的大屠杀彻底消灭了长岛的一向一揆势力，使伊势湾全域都归入信长的统治之下。

长篠之战

天正三年五月十三日，信长率大军从岐阜出发，前往三河长篠增援家康。攻打德川和织田领地的武田胜赖为了夺回长篠城而出动大军围城，于是家康请求救援。

长篠城位于连接信浓和三河的交通要冲，建在丰川上游、寒狭川和宇连川汇合的高地上，易守难攻。作为控制三河的重要据点，武田一方无论如何也要占领这座城。它曾被信玄控制，但在其死后又转手于家康。所以武田军的目标是重新夺回这座城。家康早已预想到有这一天，便派刚归顺己方的奥平信昌作为城主，加强守城军力。

武田胜赖在河对岸修筑要塞，同时在直通长篠城的北侧山上布下本阵，然后发动矿工挖地道，把士兵从地道送进二之丸（外城）。守军被逼退至本丸（内城）闭门不出，本来连十日都无法坚持，但因为奥平信昌刚刚背叛了武田胜赖，即便投降也不能保命，所以只有顽强抵抗。他后来因此而受到赞赏，其实是有这样的背景。

据《信长公记》记载，信长于十八日到达长筱城附近，却在远离行将陷落的长筱城的西边布阵，把三万大军驻扎在从胜赖阵地难以看清的低洼地。他安排打头阵的家康在洼地东面的高松山布阵，又派遣泷川一益、羽柴秀吉和丹羽长秀镇守其左方，同时在前方（东边）设置防马栅栏，准备迎战从东边攻来的武田军。木栅前方是连子川，是阻止武田军突击的天然屏障。与之相对，很有可能因为没有掌握敌方兵力的多寡，武田胜赖犯了轻敌的错误，决定发动决战，完全中了信长的计谋。二十日，他只留下少量兵力继续攻城，亲率大军越过寒狭川，进入有海原，在与敌军越谷相望的山上布下朝西的阵势。其兵力号称有一万五千，实际应该不到。

信长看到这是消灭武田军的大好时机，便以家康的重臣酒井忠次为大将，组建了以火枪队为中心的别动队，对驻守鸢巢山的一队武田军发动了袭击。二十一日早朝，别动队吼声震天，数百杆火枪齐发，驱逐了武田军，进入长筱城，然后与守军一起烧掉了武田军的兵舍，打败了守山的部队。经此一战，武田军后方也有了敌人。

信长亲自到家康军帐，以佐佐成政等五人为奉行，组成有上千杆火枪的火枪队。二十一日日出之时，首先派出足轻发动进攻。武田军首先派出山县昌景率队边击鼓边突击，但在枪林弹雨的阻击之下只能撤退。后又连续派出武田信廉、小幡一党等人，但在信长军的火枪面前，山县昌景、真田信纲等得力部

《长筱合战图屏风》 面对从右方攻来的武田军骑兵，织田军在前方立起栅栏，以火枪迎击（德川美术馆藏）

将接二连三地战死，马场信房等人虽艰苦奋战，最终也战败被杀。下午二时许，胜赖军大势已去，只能撤退。在撤退过程中受到信长军追击，又有大量士兵战死。对胜赖来说，这是一场毁灭性的败北。胜赖受到极大打击，威信尽失，此后只能拼命谋划东山再起。

以上，是《信长公记》中描写的长筱之战的经过。因为充分发挥了火枪的威力，信长的战术奏效，大获全胜。迄今为止，大概从来没有人如此大量使用火枪进行过野战。此战充分显示了信长作为一个军人的真正本领。但是，这里并没有把三千杆火枪分成三队、每队交替开火的记录。而小濑甫庵

（1564—1640）以《信长公记》为基础创作的历史小说《信长记》中却出现了所谓三段击的战法。藤本正行在《信长的战国军事学》中将《信长公记》中的记载与小说进行比较，批评说这种战术在现实中是不可能做到的。然而这项记述却像事实一样受到世间公认。小赖甫庵的创作被远山信春继承，在《总见记》（贞享二年［1685］成书）里被添加上更多虚构成分，终于在明治三十六年（1903）被日本陆军参谋本部编写的《日本战史·长筱之战》继续引用，从而成为定论。

无论如何，这次大胜仗无疑震慑了世人，朝廷想要赐予上洛的信长官位就是其表现。

越前一向一揆的叛乱与败北

一年半以前的天正二年正月，越前发生一向一揆事件，推翻了信长在当地的统治。事件的发端是桂田长俊（前波吉继）和富田长繁的对立。桂田长俊因为最早背叛朝仓义景投靠信长有功，被信长任命为“守护代”，一跃成为一乘谷城主，而同样背叛朝仓的富田长繁则被任命为府中城将。富田心生嫉妒，两人遂产生对立，后富田与一揆势力勾结，攻占了一乘谷城，杀害了桂田长俊。以此事为导火索，被压制的一向宗僧侣和门徒们纷纷叛乱，驱逐了信长派驻在北庄（今福井市）的木下祐久等织田三人众，杀死了投靠信长的富田以及朝仓景镜、沟江长逸等各地城主。由此，越前成为“一揆所持”之国。造成这一结果的原因，是各地村民抵抗苛捐杂税，为争取自治而广泛结成一揆。

但是，在叛乱期间，为了指挥一揆势力，七里赖周等人进入越前，企图把越前国收编为本愿寺的分国。显如任命下间赖照为守护代、下间赖俊为足羽郡司、杉浦玄任为大野郡司等，组成完整的统治体制，而他作为领主，同样要求参与一揆的村镇居民们缴纳年贡、承担夫役和各种严苛的税役。守护本愿寺的法流是至上使命，不遵从的人都是法敌——这种逻辑统治了人们。“僧侣们以后生（死后的安乐）为重。使人或如下仆持荷，或如下人扛枪，一向之人愈渐不满。”（《朝仓始末记》）于是，在当年的闰十一月和十二月，发生了反抗下间赖照等人的一揆（史称一揆内一揆）。此次叛乱虽然最终失败，但它表达了一向宗门徒和农民结成一揆的真正目的，即依靠自己的力量争取自治权，反抗领主的残酷统治。人们不仅培育了这种思想，也为此积蓄起力量。而这不仅限于越前，是16世纪村镇居民所广泛获得的力量。

天正三年八月十二日，信长从岐阜出兵，要夺回被一向一揆统治的越前。先锋是被赶出国门的越前浪人，参加将领有佐久间信盛、柴田胜家、泷川一益、羽柴秀吉等人，兵力总计有三万。同时还有粟屋胜久等若狭众和丹后众乘数百艘船只蜂拥而至。

为了应战信长军，越前一揆在从敦贺入侵的必经之路——木芽岭、钵伏、板取、今庄、府中龙门寺构筑要塞，并修筑新城迎击从海上到来的水军。但在十五日，新城和龙门寺城就已经被信长的先锋队攻克。与信长身经百战的军力相比，一揆的战力不但弱小，内部还有很多矛盾，所以木芽岭等要塞的守军一看到信长军就四散奔逃，逃到府中之后，又被羽柴秀吉和明智光秀军打败。加贺、越前的一揆势力仅有两千余人。信长在八月十七日写信给京都的村井贞胜说："府中城内尸骸遍地，真想让你看看。今日我要搜遍山谷，把他们赶尽杀绝。"

想要投降信长的朝仓孙三郎斩下躲在山林中的一揆大将下间赖照、下间赖俊及专修寺众人的首级献给信长，但信长不但没有接受，反而砍了孙三郎的头。信长军不仅杀光了躲在城里的人，还把逃进山里的人也都搜出来，毫不留情地杀掉。《信长公记》记载说，从八月十五日到十九日的短短几日，捕杀后进献给信长的首级便有一万二千二百五十余颗，再加上无数被小姓[1]众追杀和被士兵生擒的人，总计有三四万人。信长还向大野郡、大泷（今福井县越前市）、白山（同县胜山市，平泉寺）等山区派兵，攻城搜山，所以这一数字应该并不夸张。之后，信长军又攻打加贺，把能美郡、江沼郡都收入了囊中。

不论是在长岛还是越前，信长对于一向一揆的抵抗都回以

1 小姓，武士的职位之一，泛指平时在主君身边侍候，负责主君生活上的各种杂务，战时则陪伴主君作战。一般由未成年的少年担任。

赶尽杀绝。火烧比叡山也是如此。针对武士，当时的通行做法是在进攻前尽量说服其倒戈，战斗开始后也接受其投降。而与之相反，只要一向一揆和僧侣敢于反抗，就会遭到疯狂的、毫不留情的镇压和屠杀。这样做，大概是为了以儆效尤，震慑本愿寺和一向一揆的抵抗势力。但除此之外，其中或许也表现出一种身份意识，即认为武士（包括敌方大名及其家臣）以外的人不可以反抗武士的统治。信长会不会正是在这种认识的基础上，试图开创一个由武士统治的天下呢？

制定越前国掟——权力发生质变

信长将越前国内的八个郡分给柴田胜家，并在新的势力范围内设置北庄城；将大野郡的三分之二分给金森长近，三分之一分给原彦二郎，并置大野郡；将今立郡、南条郡分给前田利家、佐佐成政、不破光治，命其驻守府中及其周边，并负责监视柴田胜家。信长还制定了九条“越前国掟”，明确了统治方针：

一、不得随意课税，如有需要，务必得到信长许可。

二、不得无端欺辱越前国武士。

三、有理有据，公正判决，不得偏袒。若双方不服判决结果，应听从信长裁决。

四、对公家等所有的庄园，乱前已领有的部分应返还原主。服从信长之朱印状。

五、依信长之分国，诸关所已废除，越前亦应废除。

六、既受委托管理大国，应多备兵器、兵粮，以备确实统治五年、十年。

七、禁止鹰猎（但可用于调查地形）。

八、为恩赐忠节者，常备无主土地。

以上八条皆是与如何治国有关的指示，但第九条却稍有不同，说的是在上述指示的基础上应有的思想准备。首先，事无巨细，必须全部报告给信长，听从信长的指示。如果觉得信长说的话做不到或有问题，可以提出。但实际上这很难办到。因为他接着又说，不仅要崇敬自己，背地里也不能怀恨，还要时刻保持对自己的感激之情，只有这样，才能“有武士之冥加，长久之命运”。“冥加”本来是接受神佛庇护之意，在这里信长代替神佛，成为保证武士身份的主体。他还要求武士们像绝对皈依神佛那样，绝对服从和崇敬自己。

在越前国，这是信长第一次以这种形式，为了统治一国而制定“国掟”，并要求大名执行。因为此前统治越前的前波（桂田）失政，才导致了一向一揆爆发，信长的领国统治才被推翻。为了不让这一幕重演，有必要明确治国方针。不论柴田胜家、金森还是府中三人众，别说统治一国，连统治半国的经验都没有。从前他们只要管好自己的领地即可，但今后就不同了，他们将头一次成为大名。一国的一切，包括审判权都会被交给他们。所以这种详尽的指示是在劝诫他们完成从一介家臣或兵队长到大名的本质上的转变，并做好成为统治者的心理准备。对信长来说，有必要将这些事一件一件地教给他们。同时，也有必要让他们意识到，即便他们成为统治一国的大名，也不过是自己的臣下，而不是能与他平起平坐的人。这才是这份“国掟”的主旨。

这意味着信长终于脱离了一个分国统治者（大名）的身份，立于诸大名之上，以明确的自觉成为统一政权的代表。虽然早有人指出天正三年是信长人生的转折点，但一般是从长筱之战和越前一向一揆征讨等军事上的胜利—势压本愿寺—确立权力这一层面来看的。然而仅凭这种观点无法真正理解这一年所具有的转变意义。这是一种性质上的转变。

第二节 | **修筑安土城**

元龟元年的上洛命令

向世人宣布“天下布武”的口号时，信长心中到底有着怎样的政权构想，无人知晓。前面我们已经指出，对这个政权构想来说，制定越前国掟的天正三年是一个划时代的标志。在这一年的年底，信长把家督的位子让给织田信忠，自己则搬出岐阜城，第二年春天开始兴建安土城。此间的一系列行动表明织田政权进入了一个新阶段。下文将对此进行详细分析。

首先，让我们稍稍回溯一下时空。在义昭被放逐的三年前，也就是元龟元年（1570），正月，信长向听从自己命令的各国大名以及国人发出上洛命令。命令的收件人有“北畠大纳言殿同北伊势诸侍中”“德川三河守殿同三河、远江诸侍众”等，是向大名及其领内的武士和国人发出的。涉及国家包括伊势、三河、远江、飞驒、但马、河内、纪伊、大和、和泉、播磨、丹波、丹后、若狭、近江、越中、能登、甲斐、美浓、因幡、备前、摄津等二十一国。再加上尾张和山城，可以说共有二十三国进入了信长的势力范围。命令的主要内容是：因为自己要为了“修缮禁中、听命于武家（将军）并使天下终至太平”而上洛，所以要求其他人也各自上洛来请安，且要立刻动身——就是这项命令的主旨。

事实上，三月中旬，家康、三好义继、松永久秀、但马的太田垣辉延、备前的宇喜多直家以及合州众、河州众都抵达了京都；四月，义昭举办室町御所竣工庆典时，在招待家康的同时，还招待了姊小路、北畠、畠山、一色等人，说明相当数量的大名和武士已经上洛了。这也是信长打出侍奉天皇和将军、缔造天下太平旗号的效果，也是到此时为止信长天下布武的实际情况和成果。通过向天皇进贡、修缮御所、拥立将军等行动，信长才走到了这一步。那么，重要的是，其内涵到底是什么呢？

在信长的上述势力范围内，基本上完全受他掌握的只有尾张、美浓、近江（南部）以及伊势四国的武士和寺社，也就是领主阶级及该国土地。信长的统治方式，基本上是对在战争过程中归顺自己的领主，让他们继续领有原本的领地，而对敌对者，则没收（欠所处分）其领地，然后要么分给有战功的将领，要么自己直辖。当然，这种方式是每个战国大名都在用的，并不是信长独创。

“欠所处分”意味着否定该土地从前领主的权利，所有权暂归信长（胜利的大名）。与之相对，对愿意归顺的大名，则可承认其领有，即完全保障其既有的领地权利，表面上看，似乎信长没有统治权，实际上并非如此。表示归顺的人，必须出仕并行臣服之礼，此外还需接受允许领有的手续。若非如此，他的土地将被视作无主之地，成为没收的对象。这样，经过承认领有和没收，大名的统治权就遍及领内所有土地，只有被大名承认领有或得到大名分封的人才能确立其领主的地位。以这种方式统治的国家，被称作（大名）领国或分国。此时信长有四个领国。

此外还有同盟国，包括结成牢固同盟关系的家康所领三河及远江，还有当时暂时保持同盟关系的甲斐。虽然信长认为同盟国也属于自己的势力范围，但他对这些同盟国土地及武士并没有统治权，所以还不能称之为领国。

除上述诸国以外，其他地方的大名和武士大部分是所谓的“国人”（也是下克上的中坚力量），出身于守护家或守护代家系，仅统治着一个郡或者几个郡。他们大多因不谙统治，时刻有被下克上的危险，存在基础非常不稳定。所以他们都为幕府的复兴感到高兴，希望依靠义昭和信长的权力从当知行的一国内获封一郡或者更小的地盘，以便存活下去。对他们来说，其当知行权和地位不仅不会因为幕府（的复兴）而遭否定，反而能得到承认甚至增强。所以他们都前来出仕。虽然信长不战便将他们收入自己的势力之下，但对于这些土地和武士，他不能像在自己的领国那样拥有统治权，也基本上没有干涉这些大名统治的权力，最多不过将一部分都市或矿山等变成自己的直辖地。

也就是说，信长势力范围内的二十三国，不得不被分作两种：四个领国及除此以外的国。严格说来，后者之中还可区分出同盟国，不过家康实际上只是向信长行了出仕与臣服之礼，可以笼统算作后者。

土地政策的缺失

领国以外的诸国，是出仕、臣服于义昭与信长的大名和国人所统治的地方，信长通过承认其统治权（安堵）而将它们划入自己的势力圈，所以我们把此类国称作安堵型大名领地。信长知道要让他们出仕并表示臣服，没有将军的威望是不可能的。所以这一次他亲自向诸国大名下达上洛命令，且以侍奉天皇和将军为名分。上洛者被视为表示臣服且出仕、服军役的人，相反，没有上洛的人则被视为信长、天皇以及将军的敌人，将成为讨伐的对象。

那么，是否应称这种状况为幕府守护体制呢？笔者不这么想。确实，既有将军，也有守护家，但即便是对山名和畠山这种旧守护家，义昭也没有守护的任免权。实质上，他们与信长之间存在臣服、出仕、承认和分封知行的关系，即使义昭行使了承认领有权，若无信长的朱印状或认可，也不会有任何实质上的效力。而且，旧守护家的人即使接受信长的承认，能继续统治一国半国，也仅仅是作为一名国持大名或城持大名的当知行权得到了承认而已，并不是被信长任命为守护。如此一来，他们就承担起为信长服军役的义务。在这个意义上，安堵型大名与信长之间的关系，与在织田领国内获得承认领有的给人[1]基本一样。所以在信长的意识里，自己的领国与安堵型大名的领地有多大区别还是个问题。

造成这一状况的背景是缺乏检地政策。北条和今川等人在

---

1 给人，指中世以来由幕府或主家赏赐了所领的人，或江户时代由大名赏赐了知行地的上级家臣。

自己的领国内广泛实施检地，实行贯高制和统一的知行制，而信长却直到天正五年（1577）都没有进行检地。在自己的领国尾张和美浓，对承认了领有的土地，也是让原来的领主继续统治，而对没收领地，则让百姓[1]申报原来的领主征收多少年贡、公务、杂役（申报内容被称作“指出”，在中世广为实行），然后让新领主继承。所以不论在承认领有的土地还是在没收来的土地上，原来的百姓和土地管理方式都得以维持。即便到了其政权末期，信长也没有表现出通过实行检地建立新的土地管理制度或者据此建立新的知行制的意图。北条在永正三年（1506）就开始检地了，与之相比，信长落后了七十年。所以我们可以说，在信长的意识里，不论是领有几个村的家臣还是领有一国的大名，都只是继续原来的统治而已，在土地制度上，领国和安堵型大名的领地之间也没有什么本质区别。

结果，对信长来说，天下布武的构想基本上是一种军事镇压，他所采取的策略是，以军事侵略逼迫对方选择成为伙伴还是敌人，对敌人则实行征讨或者放逐，以此扩大自己的势力范围。在这个过程中，从本国到周边，一点一点扩大征服范围，这是战国大名的通行做法。而信长则通过拥戴义昭，一口气进入中央，利用将军和天皇一举扩大了安堵型大名的领地。信长驱逐义昭之后，马上又答应了他返京的要求，甚至一度做出姿

1 百姓，特指农民。

态，要拥立成了人质的义昭之子义寻为“大树若君”，代替义昭。这意味着，直到这个时候，将军的存在对信长而言都是必需的。

正因信长政权具有强烈的军事政权特征，所以他才需要以体制上的权威和权力来证明其战争不是私人战争，而是为了平定天下而进行的正义之战。前文已经指出，义昭和天皇正是发挥了这种作用。

笔者认为，虽然信长也感觉到了统治安堵型大名领地的不稳定性，但其弱点真正暴露出来并令信长感到震惊还是在天正二年正月爆发越前一向一揆的时候。在那之前，他一直采取一种“承认领有（安堵）型”的统治方式，任命朝仓遗臣为“守护代”，将其他遗臣以类似郡司的身份指派到各地要塞。但在这次镇压后，他改变了方式，将自己的直属部下以大名的身份派驻各地。这是一种与自己的领国尾张和美浓、与安堵型大名领地都不同的统治方式。信长亲自制定了“国掟”，宣示一国的统治权和领有权在自己手中。亲自掌握、行使对国内武士、寺社及庄园领主的承认领有权和分封权，然后再委派他们进行实际管理。

至此，信长第一次确立了对自己领国以外诸国的新统治方式，开拓了一条超越一般大名的道路。同时，他也摆脱了以往对将军的依赖，开拓出与安堵型大名领地不同的统治方式。可以说，通过与一向一揆的对抗，信长找到了一条作为天下布武政权自立的道路。所以从越前开始检地并非偶然。

任官

信长从越前返回领国后不久即上洛，于十一月四日被封为从三位权大纳言，同月七日又被任命为右近卫大将。为了举行这个仪式，他于十月初就任命木村次郎左卫门为奉行，在禁里修建公卿的座席（阵座）；献上大量沙金和绸缎，作为叙职之礼分发给众多公家，同时还分封给他们知行地。

在此前的七月三日，信长曾拒绝了天皇的官位授予。但是他却请天皇任命武井夕庵为二位法印、松井友闲为宫内卿法印、明智十兵卫光秀为惟任日向守，让亲信和重要家臣担任官职。在这个时期，让明智光秀使用惟任这一九州望族的名字并担任日向守[1]，显示出信长平定九州的坚定信念。正好在同一时期，秀吉也自称筑前守，也是一个意思。因为筑前有贸易港口博多，也可认为上述行为表现出信长对此处的统治意图。从信长和秀吉的政权特性上来看，这一点不可忽视。另外，当时天皇方面的封官意向，也是受到同年五月三河长筱之战中信长、家康联军大胜武田胜赖的影响。虽然长筱之战是武田和德川之间的战争，信长只是作为援军参战，但天皇还是派敕使到美

1 日向，今宫崎县与鹿儿岛县一带。下文筑前为今福冈县西北部。

浓，赐予信长一枚银[1]。

无论是上洛之前还是之后，朝廷和将军都几次劝说信长接受封官，但他都谢绝了。对朝廷来说，把一个已经在畿内近国确立了霸权地位且大有夺取全国霸权之势的人纳入官位秩序之中，以保证自己任命者的地位，是十分必要的事。因为朝廷在全国甚至畿内都已失去政治上的统治权，所以只有同拥有统治权的人联手才能保持传统的权威，要想生存下去，别无他法。而现在朝廷的建议得到了回应，说明信长方面发生了变化。

天正三年这一年，是信长对朝廷和寺社本所相继实行统一政策的一年。一月，他声明要保护洛中洛外的寺社本所领地，三月施行了针对诸门迹寺院和诸公家的德政令，十一月又给诸公家分封了领地。实行这一系列措施，是为了缓解他们因为驱逐义昭而产生的不安，也有公开表示想要取代义昭的幕府、建立自己独立政权的意思。寺社本所、公家是朝廷的组成部分，信长从未采取否定他们的政策，也通过上述举措再次明言即便否定将军也不会否定他们。这样，他就可以继续利用他们来确立自己的霸权。

上述天正三年针对朝廷和寺社本所实施的政策也是表明信长政权性质转变的诸多政策之一。他选择了主动加入朝廷官位

---

1 一枚银相当于四十三匁（约 161 克）。匁是日本的计量单位，表示重量，相当于中国的“钱”。在江户时代，枚银一般是指重量为四十三匁倍数的、以正规形式包装起来的白银，也叫“包银”。

体制的道路。重要的是，这不是发生在长筱合战之后，而是在再度镇压越前叛乱之后。对公家的分封也是如此。然后在十一月七日，他请天皇任命自己的长子织田信忠为秋田城介。这一行动，说明他已经意识到征夷和对北方的统治了。

十一月二十八日，信长转让家督之位于长子信忠。《信长公记》记载说，信长把据传为曾我五郎[1]所持的星切太刀以及他自己收集的各种金银财宝都随尾张、美浓两国给了信忠，自己仅携茶具搬到了佐久间信盛的私宅。这样，信长就要在安土修筑自己的居城。禅让家督也与安土筑城有很深的关系。可说是信长本国的尾张、美浓以及家督地位都被让出了。通过这种形式，信长完成了从一介领国统治者、战国大名到统一政权领导者的蜕变。让信忠成为美浓大名这件事的性质与让柴田胜家等人成为越前大名相同。通过这些行动，信长明确了自己是在这些大名之上的统一政权（即公仪[2]）的身份。他就是为此才接受朝廷官位的。

明确地将自己定位于大名之上并确立了这种政治体制之后，信长才第一次自觉进入朝廷的官位体系。于是，他在一年之后的天正四年十一月成为正三位内大臣，在天正五年十一月成为从二位右大臣，又在天正六年一月成为正二位。在朝廷的官位体系中，信长平步青云，很快升至武家之中无人能及的高位。

1 曾我五郎，即曾我时致，镰仓初期的武士，军记物语《曾我物语》的主人公。
2 公仪，朝廷、幕府或政府之意，也可作政策、意向等的代名词。

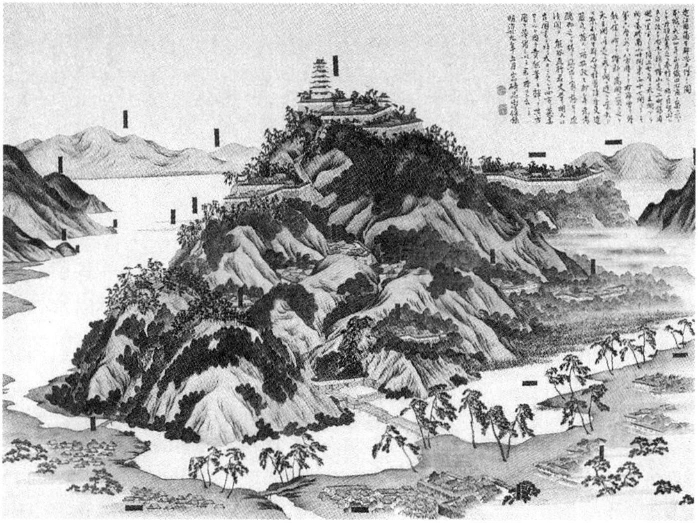

安土城图 （大阪城天守阁藏）

照这个势头，无疑很快就会升至左大臣、太政大臣。然而，天正六年四月，信长突然辞去了右大臣一职，此后再也没有任官。笔者猜想，信长大概对自己的政权构想感到迷茫。自从托志于“麟”字花押直到去世，他始终在摸索政权的组织形式。

筑安土城

为了从一介战国大名蜕变为统一政权的领袖，信长在离开岐阜城后首先着手修建统一政权的权力象征——一座壮丽的城郭。这是一座大规模的城郭，修建在近江国中心，位于琵琶湖东部向湖中伸展、标高不到200米的安土山山顶，天守阁周围配有本丸御殿和二之丸御殿等建筑。与此前的城郭不同，安土城采用了许多新奇的设计，比如先建起高高的石垣，再在上面筑城。天正四年正月中旬，丹羽长秀得到动工的命令。二月二十三日，信长移居至安土，将山下（城下）划分给马回众，让他们修建各自的宅邸。四月一日，为了修建石垣，开始从曾建有六角氏城郭的观音寺山、长命寺山和长光寺山等地采石，搬上安土山。为此，尾张、美浓、伊势、三河、越前、若狭、近畿等地的武士都被召集起来，算是服知行役。据说，有一块叫作“蛇石”的有名巨石因为太大搬不上安土山，羽柴秀吉、泷川一益、丹羽长秀三人就动员了一万多人、花费了三天三夜，硬是将石头搬运到山顶的天守阁。这都是为了给世人留下一种大气、热闹、大规模、豪华的印象。

为了筑城，京都、奈良、堺等地的木匠和各种工匠都被召集起来，起用唐人一观负责制造唐朝式样的瓦，实际制作则交给奈良的瓦匠。当年十一月，信长向近江全国的锯木匠、铁匠、桶匠、屋顶匠、榻榻米匠签发朱印状，免除了他们的栋别钱[1]、临时段钱[2]、夫钱[3]等杂税，让他们以承担国役的形式从事安

1 栋别钱，日本镰仓时代到战国时代向住房征收的一种临时税，后来成为恒常税，一般用于天皇居所或寺社的修缮、天皇让位或继位等朝廷仪式。

2 段钱，日本镰仓时代到战国时代向田地征收的一种临时税，按田地面积比例征收，在战国时代成为田租的附加税，每年征收，但税率不一。

3 夫钱，代替夫役缴纳的铜钱或大米。夫役，劳役的一种。

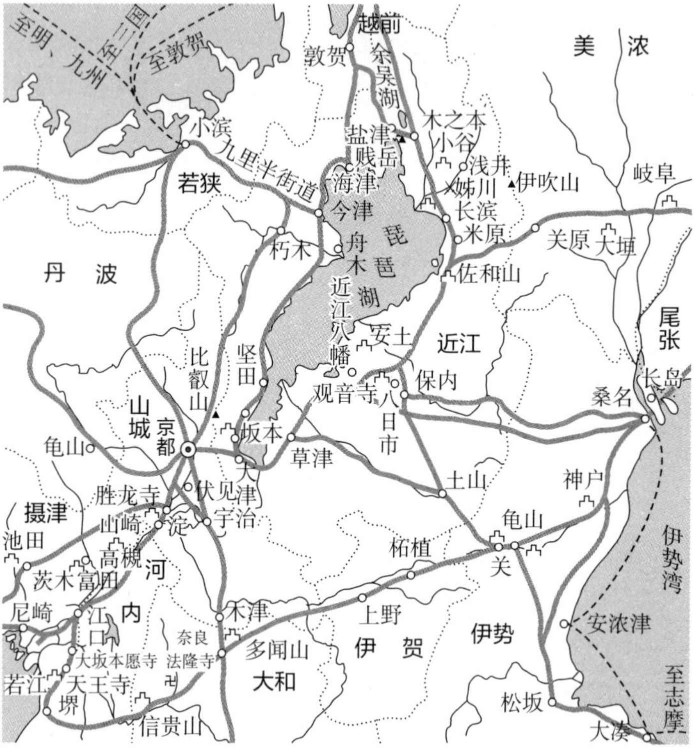

近江周边地图

土城的修筑。

同时，为了在京都修建上洛时的居所，信长还接收了摄关家二条氏的宅地，命村井贞胜负责修建二条公馆（二条城，翌年闰七月入居，后作为御所进献给诚仁亲王）。天正三年，信长在就任权大纳言、右近卫大将的同时在安土和京都修建两座城，这表明，天正三年划时代的新政权构想已经开始成型了。所以可以说，安土城与朝廷官职无关，即便辞官后也能一直居住，是信长政权构想的核心之城。这座城不是修建在京都，而是修建在近江，正是信长政权的特征。

信长在选址时，当然做了政治和军事两方面的考虑，离京都和敌方本愿寺都既不太远也不太近，易防守，安全性高。但比这些更为重要的是掌握物流大动脉的意图。近江的琵琶湖水运线路十分重要，特别是靠日本海一侧的越前敦贺、若狭小滨—盐津、海津、今津等琵琶湖北岸的各港口—（湖上水运）—坂本、大津—京都、畿内这条全国性物流大动脉。另外，陆路方面也有东海道、东山道连接东国与京都、畿内，还有北国街道通往北陆。联结伊势与近江的交通要道也很多，以保内商人团[1]的活动为代表。安土离这些地方都很近，若在湖岸本已有的常乐寺港和丰浦港周围修建城下町，也可以将安土建成湖上水运中心。笔者认为这些方面才是信长最为重视的。

---

1 保内商人团，活跃于中世近江国蒲生郡得珍保的商人团体。原本是农民，因受延历寺僧徒、守护六角的保护，开始结成团体从事贸易，还获得了市场专卖权、街道通行权等特权。

第三节 | 使用金银的经济

金银重于土地

不论信长还是秀吉，都曾多次将黄金、白银等各种高价物品分发、赠送给天皇、公家、大名、家臣甚至俳优和相扑手等人。建造天皇和义昭的御所，复兴寺社，修筑安土城、大坂城、聚乐第等城池也花费了大量金钱。不但修建城郭的时候大量使用金箔，秀吉甚至还建造了黄金茶室，制造了黄金茶釜。这是一个使用黄金的政权——今天的人尚且留有这种印象，当时的人肯定更是如此。

据《信长公记》记载，永禄十二年，信长曾说“值此金银、米钱无不足之期，应购置唐物及天下名物”，然后从京都商人大文字屋宗观处搜集来“初花”，从祐乘房处搜集来“富士茄子”，付给他们金银和大米。两者都是茶叶罐，也都是唐物（中国产器物）。前者后来相继传给秀吉、家康，今为德川家的祖传之物，后者则从秀吉传给前田利家，成为前田家的祖传之物。金银无不足——这种经济力量在秀吉的时代登峰造极。太田牛一的另一著作《太阁军记之内》记载说：“自太阁秀吉公出世以来，日本诸国山野遍出金银，（中略）自古从未见过如此大量黄金。下至山野村夫，无人不持大量金银。”可见不只是权贵阶层，连农夫都随身携带许多金银。这是一个由金银推动的时代。掌权者利用这一现象，把大量的金银集中到自己手中，信长带头，秀吉模仿发扬。

信长用黄金购置了大量火枪和军粮等军需物资。比如天正十年攻打武田胜赖时，他估计将士会缺少食物，便命菅屋长赖为奉行，在深志（今长野县松本市）按人头分配了粮饷。打道回府的时候，家康尽心准备了旅途中的下榻之处，并搜罗了各地的奇珍异宝招待信长。信长心情极好，到达滨松后，就毫不吝啬地把八千余俵军粮分送给家康的家臣。这些军粮都是前年他命令西尾义次用五十枚黄金征购储备的。正是这种军需物资的征调能力支撑了信长军事上的成功。

从封建时代的角度理解近世，研究土地占有和以土地为媒介的主从制、知行制这一新型统治体制如何形成，是织丰政权研究的重要课题，也积累了许多研究成果。如果仅从这一点上看，以太阁检地为代表的丰臣政权的各项政策就有非常突出的划时代意义，而织田政权的成就则显得很低。因此，对织田政权的评价侧重于以屠杀和安土城天守阁为代表的、专制的、超越性的统一政权的形成，倾向于从思想层面入手。当然，信长（包括秀吉）对都市和流通的重视、设置直辖领、建立居城、掌握商人和匠人的举措也被高度评价为独具慧眼，并被认为对天下统一有很大的贡献。即便如此，这些评价也没有跳出这样一种视角的局限，即认为土地占有是主要的，都市建设和金银货币是从属性的、补充性的，是支持权力专制化和军事成功的经济基础。或者，有时人们也从这种角度来看，即认为上述政策对统治农民来说是必需的，所以它们到底具有多大的管控力就成了评价标准。

但事实是，信长上洛后马上试图控制堺，再考虑到前文所述的他对推出新土地管理制度的消极态度，笔者认为天下布武从一开始就是一个以控制都市和流通为中心的构想。下面就让我们对这个问题进行论述。首先让我们看看他对海运也即水运的控制。

统治三海

我们如果像上文那样改变一下视点，就能想起信长在掌握尾张和美浓后，马上就在永禄十一年、十二年准备控制伊势。伊势湾水运纵横联结尾张和伊势湾沿岸地区，不仅如此，它还位于联结东海地区和关东地区的太平洋沿岸，是广域物流的枢纽，控制这里在经济上和军事上都具有不可估量的意义。

接下来便是控制近江。毋庸赘言，近江是上洛的必经之地。信长在江北与浅井结盟，在江南则驱逐六角氏，将其地纳入控制。元龟二年，在火烧比叡山后，控制坂本地区成为可能。考虑到火烧比叡山后信长马上命明智光秀在此筑城，不得不认为控制此地正是火烧比叡山的目的之一。坂本地区不仅与大津同样是琵琶湖的水运港口，也是与京都相连的陆路交通枢纽，许多马夫往来此间，负责运送物资。当然，此前信长已将控制着湖上运输和渔业的坚田纳入掌控。如前所述，掌控近江，就等于掌控了畿内、东国乃至日本海沿岸全域的物流枢纽。

于是，为了完成下一个目标——掌握日本海的水运和港口，信长很快就在元龟元年四月出兵越前。若狭大名武田义统在义昭和信长上洛后不久便出仕并表示臣服。永禄十二年二月，若狭众参与了义昭新御所的修建，同年四月，国人本乡氏获得了信长的所领承认。由此，琵琶湖西北岸的今津港等港口和若狭小滨港之间的物流动脉——九里半街道就被纳入了信长的势力范围。攻打越前正是利用了这附近的路线，从和迩（今滋贺县大津市）出发，经田中（同县高岛市），出若狭的熊川（今福井县若狭町），再经粟屋胜久占据的佐柿（同县美滨町），进攻越前敦贺郡，占领了位于敦贺港东北方向的金崎城和连接敦贺港和近江湖北各港的交通要冲疋坛（同县敦贺市疋田，与敦贺之间有笙川水运）的城郭。就在他要继续向木芽岭进军时，得知了浅井叛乱的消息，于是撤退。

敦贺有高岛屋、道川、田中等豪商，是在日本海活动的水运船主的聚集地。与小滨同样，是连接北至虾夷（今北海道）、西至山阴（重要商品为铁）整片区域与京都的重要物流中心。

消灭朝仓后，信长承认了北庄商人橘屋的轻物座[1]（主营生丝和丝绸）的土地所有权，于是从一乘谷到三国凑的广大地区都变成了橘屋的商圈。他还经营药材，控制了一乘谷的染坊。三国凑是日本海水上运输的一个重要据点，从中国大陆来的唐船也在此停泊。三国凑的豪商森田在天正三年信长第二次攻打越前时及时投靠织田一方，接受柴田胜家之命，禁止从越后、越中、能登等地来的船只进港停泊。控制和掌握港口、都市等流通要冲和交通要道以及商人和运输商，对战时的流通管制、平时和战时物资的征调都发挥了巨大作用。

另外一片海是以濑户内海为大动脉的西日本海。信长首先尝试控制这一动脉东部的流通中心堺。堺之富裕名满日本。天文十八年（1549）十一月，刚从鹿儿岛登陆不久的方济各·沙勿略在寄往欧洲的信中写道："堺为日本最富之港，集中了日本国内大部分的金银"，若在堺设立交易馆则将获利无数。对于信长来说，如此富裕的都市当然极具魅力。所以他并没有攻打堺，而是要求当地人交付矢钱（礼钱）作为保障和平的代价，并借此向自由都市堺施压，以迫使其屈服。

然而，堺选择了反抗。他们以能登屋和胭脂屋为首，组织浪人深挖壕沟，拉起吊桥，在入口处撒上坚硬的菱角，向附近的平野乡寻求协助，做好了战斗的准备。于是信长停止了进

1 座，相当于现在的行业协会，中世的座常以纳税等手段换取朝廷、贵族、寺社和幕府批准，独占经营权。

堺的护城河遗址 自由都市堺的四周环绕着护城河，从中世时起就是贸易、经济中心，十分繁荣（堺市立埋藏文化财产中心）

攻。他并不希望这里因被攻打而毁灭。同一时期，恰逢信长上洛，又马不停蹄地进军摄津、追击三好三人众，堺的豪商今井宗久谒见信长，献上有名的“松岛壶”“绍鸥茄子”[1]，与之交好。可见会合众[2]的态度开始分化了。

第二年二月，信长以袭击义昭的三好三人众据点为借口，出兵攻打并征服了堺。他将堺划作自己的直辖领，任命松井友

1 “松岛壶”“绍鸥茄子”，均为茶具。

2 会合众，当时个别地方都市的自治组织及其成员，多以富裕商人组成，其中堺的会合众最具代表性。

闲为代官（堺政所[1]）。堺的商人们不但控制着从畿内近国到西日本的物流，还远到九州与大陆贸易船进行交易，也就是说他们同时还是外贸商人，所以控制了堺，等于在控制西日本的海上水运方面前进了一大步。濑户内海东部被以四国阿波为据点的三好三人众（以及一向众、本愿寺势力）控制。信长自上洛以来持续与之交战的最大理由就是为了控制濑户内海东部的海运。而元龟元年三好三人众等人与本愿寺结盟的理由，也在于不让信长掌握制海权。同时信长也在尝试与毛利和小早川结盟，理由是毛利控制着濑户内海西部，如果与其为敌，信长掌握制海权、天下布武的统治构想便有可能破产。当然此举也有牵制三好三人众的目的。所以对信长来说，在驱逐义昭和重新征服越前后，最重要的政治、军事、经济任务就是征服中国[2]和四国。

今井宗久的活跃

被任命为堺政所的松井友闲，大概就是《信长公记》里记载的那个在上洛前教信长跳幸若舞[3]的清洲城下町人。如上所述，信长分别在上洛后的第二年和第三年从上京区和堺的町人

1 堺政所，又称堺奉行。主管堺及和泉、河内一带的直辖领。
2 中国，日本的“中国地区”。今天的冈山、广岛、鸟取、岛根、山口地区。
3 幸若舞，室町时代流行的一种配合歌谣的舞。

手中接收了有名的茶具，当时，松井友闲就与丹羽长秀一起作为使者与町人交涉。因为他是商人出身的町人，所以信长期待他成为中间人。另外，信长也期待他与町人、商人形成人际关系网。而友闲和町人也希望为町人和商人确保一条可以向信长请求必要政策的言路。不仅如此，松井友闲作为信长的近臣，还参与了与寺社有关的争论、与上杉的外交、与义昭和本愿寺的和议等重要活动。天正三年，在信长为家臣们谋求官位晋升时，松井友闲获得了宫内卿法印这样一个极高的官位。

值得关注的是，松井友闲的活动并没有局限于町人和都市。织田政权的一个重要特征就是活用町人而不是僧侣来运营政权。这也与信长天下布武的构想密切相关。后来秀吉对千利休的重用也在此时埋下了伏笔。千利休与津田宗及和今井宗久等人都是信长茶会的常客，而且还是茶会的茶头。在与掌权者进行交流的过程中，利休利用其与堺的町人共同培育出的茶道俘获了武家众。后来茶道逐渐深入武家的日常生活，利休也在与权力进行精神性对抗的过程中，将茶道钻研到了极致。之所以形成这种状况，与信长的天下布武构想不无关系。

下面，就让我们来看看受信长重用的豪商今井宗久的活跃情况。今井宗久也被称作“药屋宗久”或“纳屋宗久”。他拥有纳屋[1]、仓库，经营药品、火枪、火药等生意，是堺的豪商之

1 纳屋，室町时代，为保管海产品而在港口城市设立的海滨仓库。

一，被认为是当时负责市政运营的会合众成员之一。他也是经手海外贸易品的商人，曾经到处收购进口的虎皮和豹皮。永禄十二年，他被信长任命为负责征收堺的五个庄（邻近堺北的我孙子村和花田村等村）以及淀川鱼市盐合物（鱼干）役钱（税金）的代官，还被任命为义昭料所（直辖领地）的代官。信长试图通过他，将五个庄及其周边的土地、流通、商人、锻冶都纳入自己的统治。

堺的各町成为信长直辖领之后，今井宗久和宗薰父子似乎还负责从中征收运上[1]钱和栋别钱等税钱。有记载说，永禄十二年十月，他们从南材木町征收到二百贯文运上钱，从甲斐町征收到五十贯文运上钱。可见从各个町征收到的总额将是一笔多么巨大的钱款。控制都市就能为信长带来巨额的税收。

作为采购火枪和火药的御用商人，今井宗久采取了在五庄集中锻冶、集中制造火枪等物并进行管控的政策。根据信长的命令，停止本来在远里小野、樱町、凑村等地进行的锻冶，或将其转移到我孙子村。元亀元年六月，秀吉在攻打浅井长政时，曾向今井宗久订购火药三十斤、硝石三十斤。

为了控制但马的生野银山，信长以毛利请他出兵从背后牵制尼子为由，于永禄十二年八月派木下秀吉和坂井政尚率据说有两万之多的大军进攻但马。大军陆续攻陷银山城和子盗城等

1 运上，即运送上纳的略称。中世时指将从各地庄园收取的年贡上缴给相距遥远的中央领主，后引申为杂税的一种。

地，生野银山由此落入信长之手。白银是不可或缺的贸易结算手段，很明显信长早就决意掌握白银以便控制贸易，这也与他控制濑户内海的意图相关。翌年四月，今井宗久与同为贸易商人的长谷川宗仁一起被派到银山，与当地人商量如何向信长缴纳公用吹屋（精炼场）钱。信长还任命了代官，直接控制当地。因为宗久是贸易商人，或许在此之前就与银山有某种联系。大概正因如此，但马守护山名氏归顺信长也和他有关。长谷川宗仁后来被秀吉任命为使者前往吕宋岛，递交要求西班牙当局服从并派商船往来的书信。可见长谷川宗仁与今井宗久同样，既是贸易商人，也具有极明显的政商特征。另外，据说银山在天正八年（1580）被作为恩赏分封给秀吉。在进攻中国地方的过程中，筑前守秀吉对银子的贪恋无疑越来越强烈了。

货币问题

信长的都市和流通政策中最有名的就是废除关所和乐市乐座。让我们先看看前者。《信长公记》记载说，永禄十一年信长上洛后，于十月废除了其分国内的所有关所，“不论城乡贵贱，皆表不胜感谢之意”，人们都很高兴。后来该政策又被推广至越后、越前、甲斐、信浓等地。对于商人和货运人来说，这是一项善政。信长还任命了负责拓宽、修整道路的奉行，在一些道路的两边种植了松树和柳树，修建了近江濑田的大桥及其他桥梁。

永乐通宝

信长旗帜上的永乐钱

信长上洛后马上废除关所，大概也与其天下布武的构想有关。我们前面说过，信长的首要目标是统治三海及流通。希望读者不要把这种统治解释成一个以占有土地、统治农民为基础的封建领主，限制不利于自身统治的流通、防止其渗透到村落并进行控制意义上的“统治”。废除关所、修建道路，是促进流通发展的政策，从这个意义上也可以说是重商（主义）的政策。信长统一政权初期构想的中心部分，大概正是发展国内流通、掌握其干线上的各重点都市并聚集金银、将贸易纳入管辖（表现为准许基督教布教）。

《长筱合战图屏风》上，骑马的信长前面有三名步兵，各执一面旗，上面绘有一枚永乐钱。这正是信长的旗帜，表现出信长对货币的强烈关心。

中世日本从中国进口铜钱，用于买卖和缴纳年贡。但是进入 16 世纪后，一方面铜钱进口量减少，另一方面国内钱币却因商业发展而严重不足。市面上出现大量因长久使用而磨损的铜钱和国内外的私铸钱。还经常发生因不愿接受劣币（恶钱）而将其拣出、只保留良币（精钱）的选钱行为，导致交易常常不能成立，甚至发生过筹措不到用于缴纳年贡的钱和为钱发生争斗的事。因此，在15世纪末期，为了保证交易顺利进行，大名以及幕府均发布过选钱令，禁止随意选钱。其共同目的都是试图规定哪些残损和被市场排斥的铜钱可以舍弃，哪些铜钱应该继续使用，但效果非常有限。

信长的领地内也出现了同样的问题。永禄十二年十一月，造访岐阜的山科言继在其美浓的下榻处听说，因为市场上充斥劣币，贸易受阻，甚至连酒都买不到。推行重商政策的信长，当然不能放任这种情况持续下去。在上洛的第二年（永禄十二年）三月，他两次向京都、石清水八幡宫所在的八幡总乡、摄津的天王寺、奈良等地发出选钱令。其特点是下令不论什么样的钱，哪怕是有残损的、极差的钱币都要流通。他还为此把劣币分为三类，要求“惠明、大欠、破、摺者，以五倍增用之”，即按两倍、五倍、十倍的劣币等于一倍精钱的价值流通。这是根据当时民间流通货币的实际情况制定的。虽不能说该法令与其他战国大名的选钱令完全不一样、具有划时代的意义，但却是在吸取了京都等地商人的意见之后采取的措施，这一点很有意义。

但是，因为信长强制流通劣币，结果很多人不愿接受铜钱而要求以大米或金银支付，以至于半个月后不得不紧急发布新的选钱令。向上京发出的新选钱令共有七条，其中第一条——禁止用大米作货币、第二条——在大量交易生丝、生药（十斤以上）、绸缎（十反[1]以上）、茶具（超过一百）以及其他高级唐物（舶来品）时可以使用金银（无金银可用精钱），除此以外全部使用铜钱——都是新内容。另外，第二条的附属条款规定了兑换比价，即金十两=钱十五贯文、银十两=钱二贯文。也就是说，这份追加规定的主要目的是禁止使用大米进行买卖和限制金银的使用，以便促进铜钱按照先前所发选钱令中的规定流通。

浦长濑隆的研究显示，信长的这份选钱令发布后十年左右，京都、奈良等西日本各地的交易手段从铜钱急速转变成大米。也就是说信长的选钱令并没有达到预期目的，而是完全失败了。现实中市场的变化超出了信长的掌控。从那以后，信长再也没有发布过选钱令。

大米被广泛用作交换手段，成为石高制成立的背景。黄金用于高额交易，银和铜钱用于小额交易，这种经济不是信长的政策造成的，而是流通市场自发形成的。这也与海外贸易有密切关联。当时日本的银产量占世界的三分之一，在以银子为世界货币的贸易关系中占有重要地位。优待传教士、允许基督教传播等政策，无疑都说明信长的目光瞄准了海外。这也是他行使外交权的方式。

---

1 反，这里指的是布帛大小的计量单位，一名成人所需的和服衣料为一反（纺织品在古代日语中写作“反物”），长约 12.5 米，宽 37 厘米。

乐市乐座[1]与安土城下町

信长最初发布乐市乐座令的对象不是岐阜的城下町，而是附近的加纳市场。后来又向新建的安土城市街发布该令。尽管该项政策常被视为信长革新性的象征和对中世的否定，但其中存在误解。下面就让我们来看看这个问题。

在天正元年平定越前的时候，信长承认了在北庄经营丝织品生意的橘屋轻物座原有的权利。天正三年再次平定越前之后，仍承认了其权利。第二年，他又在近江承认了建部油座的权利，并禁止该座以外的人经营灯油贸易。信长的基本政策中没有完全废除座的政策。他的家臣中既有商人也有匠人，对他们，他也给予了特权，特别是赋予清洲商人伊藤总十郎在尾张、美浓两国经营唐人方和吴服方[2]的商贾司的权利，使其可在广阔的范围内对商品和商人行使支配和控制权（包括仲裁等机能）。对实力雄厚的商人和匠人，信长承认他们向来的权利，甚至赋予其更大的特权。

信长于上洛当月向加纳市场发放的制札[3]第二条为“乐市

---

1 乐市乐座，织田信长等战国大名在自己领地的城下町（市区）推行的一项经济政策。“乐”为自由之意，乐市乐座即放宽政策，开放市场，鼓励商人到城下町交易。

2 唐人方，来自中国大陆（大明）的进口商品。吴服方指的是和服等商品。

3 制札，写有禁令、法规条款的木牌，通常立在路边或寺社边境，大约起源于平安时代末期，战国至江户时代最为常见。

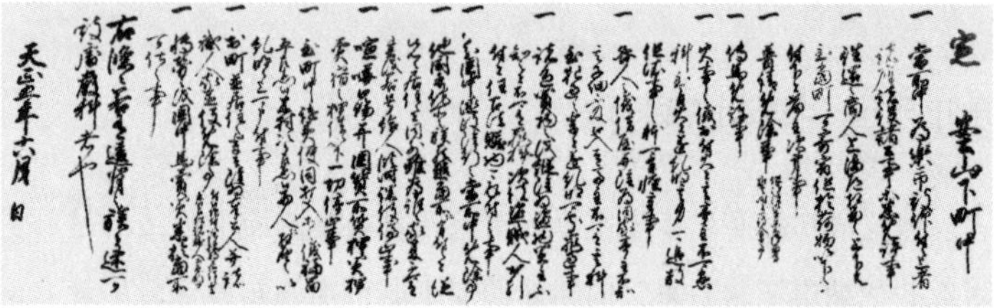

针对安土山下町发布的十三条法令文书（近江八幡市教育委员会藏）

乐座之上诸商贾应做之事”。其主旨为宣布任何人都可以在加纳市场自由买卖，且对他们免征一切税赋；从前无权在这里做买卖（市座）的人也好、加入了座的人也好、没加入座的人也好，均可在此做生意。但信长的乐市乐座政策并没有全面否定座，因为该政策仅在特定市场和都市实行。其他战国大名也基本如此。

该法令的第一条规定：住在加纳市场的人可以自由通行于信长的分国；免除其偿还借钱、借米的义务；免除其宅地的年贡（地子）和诸役；即便是世代为奴的下人，只要住在这里，就不受其主人的干涉。这是一项鼓励商人移居的法令。

从上述分析可以看出，颁布乐市乐座令，是为了复兴因争夺美浓的战火而衰微了的市场，可以说是一部市场振兴法。这也是希望复兴町的商人们的愿望，绝不是信长为了控制町而强行发布的法令。第三条禁止强买强卖、动粗、寻衅滋事、争吵，禁止信长的使者随便进入市场、随便借宿或提出相应的非法要求。这都是为了保证市场的和平和秩序，禁止权力的非法介入。

上述不课税及保证自由和平贸易的都市政策是应当地人的要求而生，在信长上洛前后逐渐成型。它们也被应用于安土城的新城下町，以便促进新町的形成和发展。这也是一种都市振兴政策。筑城开始后的第二年，即天正五年（1577）六月，织田信长向城下的安土山下町发布了十三条法令，其中第一条即是著名的乐市乐座文书。

> 此地中，凡被定为乐市者，诸座、诸役、诸公事等尽皆免除。

与在加纳市场发布的内容相同。此外还涉及免除普请役[1]、传马役[2]、扫除役等杂役，彻底废除了各种杂税和徭役；允许人们从别国或外地前来定居；禁止吵架斗殴；禁止随意借宿——这些也和发给加纳市场的法令基本相同。

在新增加的条文中，有要求一直往来上街道（观音寺城旁的中山道）的商人改道安土并在城下町住宿的规定，还有国内的马匹买卖必须在安土城下町进行的规定，显然都是十分明显的城下町振兴政策。另外，对放火等犯罪行为不知情的店东可免于连坐，不知情而购买了赃物的人也可免于处罚；在分国实行德政

1 普请役，中世至江户时代修筑城郭、河川、道路时对各大名及其领地农民等人征发的劳役、夫役。
2 传马役，与提供驿马运输相关的劳役。

（废弃债权和债务等，虽然颇受债务缠身之人欢迎，但是对商人不利，一般不在都市实行）时市场可以除外；派遣责使[1]时，必须向福富秀胜等人提出申请，待其查明情况后才允许入内。这些规定的目的都是限制权力，让商人放心移住安土城下。

这份法令包含了各种政策以将更多的商人和匠人集中到自己的城下町，是一项城下町振兴与繁荣策略，后来成为织丰政权时期在城下町发布的都市法中的基准法。信长并不想限制商人的活动，而是意在赋予其各种特权，以创造出一个前所未有的、全新的、特殊的空间。他想要亲手创造出这种巨大的空间，即都市，并将其建成手工业生产和物流的中心。而将这样的都市或说首都置于自己的手边治理，才是一个天下人、一个统一政权应有的姿态——这就是他的构想。在他看来，都市不仅仅是一种调配物资的手段，也是一个能体现出政权形态与个性的场所。也就是说，他试图将自己的政权定义为一种都市政权。可以认为，这种构想正是将领主阶层和商人、匠人集中到城下町的各项政策的出发点。

1 谴责使，中世庄园领主派到下面催促老百姓缴纳年贡等物的使者。

第三章

遭遇挫折的人间之神

第一节 | 瀬户内海势力集结

反信长同盟的再成立

天正三年（1575）八月，越前一向一揆暴动失败，本愿寺失去了加贺的两个郡，这对本愿寺来说是一个沉重的打击。同年十月，本愿寺与信长和解，但与信长的决战已不可避免。而对信长来说，阻碍自己进军濑户内海和中国地方的最大敌人就是本愿寺，所以消灭本愿寺势力也是他当前最重要的目标。

天正四年四月，信长命令荒木村重、细川藤孝、明智光秀、原田直政攻打大坂。他们从海上和陆地分头进攻，但一揆势力出动一万余兵力反击，几千杆火枪齐发，击溃了织田军的进攻，击毙了原田直政，并顺势包围了织田军的天王寺要塞。信长大吃一惊，赶紧命令各分国出兵支援，并亲率仅百余骑人马驰援，在腿部中枪的情况下冲破敌方包围，率援军进入了天王寺要塞。入城后即下令加固要塞，增筑附城，巩固海上防卫（封锁海上）。

表面上看，信长似乎加强了对本愿寺势力的包围，但本愿寺并没有后退。他们与毛利辉元联手，试图从海上获得固守要塞的大量兵粮。毛利水军以儿玉就英为大将，联合能岛、来岛的村上水军，分乘七八百艘大船，于七月十三日进入大坂湾。信长军在木津川河口组织了三百余艘兵船，试图阻止毛利水军，但对方依靠发射大量的“焙烙火矢”，成功烧毁了信长的兵船，取得胜利，然后将兵粮运入大坂并撤退。“焙烙火矢”是在瓦罐里装满火药，用布包裹后在外面涂上生漆，点火后投掷并导致破裂起火的一种兵器。

虽然毛利一直与信长保持着友好关系，但在这一年却改变了方针。同年二月，义昭从纪伊移居到备后的鞆浦，这虽然不是毛利欢迎的结果，但仍对他造成了影响。更重要的是信长势力已经逼近了他。一年以前，播磨的小寺政职和别所长治等人出仕信长。而在山阴方面，信长一直在暗中支持尼子胜久、山中鹿介等人举兵叛乱，伺机进攻山阴。随后在天正三年秋，明智光秀开始正式进攻丹波。在这种情况下，毛利在考虑了能否回避与信长决裂、战和两方的后果及其后续发展之后，天正四年，终于选择了与信长对抗的道路，同时也将这一决断报告给了岛津等九州大名、四国的伊豫河野以及上杉谦信、武田胜赖等人。同一时期，因为义昭不懈的劝说，谦信也与敌对多年的加贺一向一揆和解，加入了信长包围网。逐渐掌控越中的谦信看到前一年信长军对越前和加贺的进攻，知道无论如何也无法避免与其发生直接冲突。

这样，本愿寺、毛利、上杉终于在义昭执拗的劝说下结成了反信长阵线。他们并不是想要帮义昭实现再兴将军家的愿望，而是因为直面信长势力扩大的威胁，需要为自己寻找生存之路。但他们的团结需要一个大义名分，所以毛利提交了一份帮助义昭上洛的保证书，请求谦信和胜赖等人出马。谦信最先回信说愿意出兵上洛，但前提条件是必须和胜赖以及北条达成三方和解，解除后顾之忧。经过义昭和毛利的努力，北条氏政和胜赖都表示同意。然而，胜赖已无力调动大军，北条氏政也并无此意。

毛利攻打播磨并攻陷上月城后，第二年又继续攻打姬路城，但无功而返。这一时期，御着城城主小寺政职的家臣小寺（黑田）官兵卫孝高极为活跃，后来在羽柴秀吉平定播磨和中国地方时受到重用。

荒木村重的背叛

反信长阵营从各地对信长发动攻击，同时不断引发倒戈和举兵，但对方也采取了同样的手段。天正五年二月二日，原属本愿寺和一揆势力的纪州杂贺三缄众和根来寺的杉之坊[1]都表示归顺信长。前一年毛利水军进攻大坂时，杂贺众和和泉门徒曾联合出兵支援，现在其中一方被瓦解，对信长来说无疑是一个好消息。他立刻下令出兵。大军首先攻打一揆势力占据的和泉贝冢要塞，然后以三缄众为向导，兵分两路，分别从海滨和山

1 三缄众，杂贺五乡（纪川左岸的中乡、宫乡、南乡和河口的杂贺庄以及右岸的十乡）中左岸的三乡人。杉之坊是根来寺下属寺院之一。均在今和歌山县。

路攻打纪州杂贺众。一揆势力起先躲在要塞中抵抗，但在三个月后，以土桥平次、铃木孙一等人为首的七名杂贺众提交了誓词，宣布投降。

八月，松永久秀父子放弃天王寺要塞，据守于大和信贵山城。但遭到织田信忠大军的猛烈攻击，终于在十月十日火烧天守阁，自焚而亡。恰好在十年前的同日同一时刻，松永久秀在与三好三人众交战时曾火烧东大寺，所以人们都说这是春日明神的报应。织田信忠因为这项战功而被授予从三位左中将。

九月，进攻能登的上杉谦信终于攻陷了坚固的山城七尾城，随后又马上进攻加贺，在金泽南面的凑川（手取川）大败北上的柴田胜家大军。然而，第二年三月，他在如厕时突然昏倒病故（或为脑溢血，时年四十九岁）。之后，他的两名养子上杉景胜（侄儿）和上杉景虎（北条氏政之弟）争夺家督之位，导致上杉领内爆发被称作“御馆之乱”的内乱，持续两年，以至于上杉势力完全脱离了反信长阵营，也失去了能登。

天正六年二月、十月，播磨三木城的别所长治和摄津大名荒木村重接连倒戈，与本愿寺和毛利结盟。这样，濑户内海沿岸就形成了强大的反信长同盟。荒木村重的势力本不大，因为在义昭举兵时对信长尽忠而被提拔为大名，所以信长慌忙派遣友闲、光秀、秀吉等人前去劝说其回心转意，但村重并未回应。虽然不清楚他的理由，但从这里或许能看出信长的势力也并非铁板一块。

与此相呼应，毛利水军的六百余艘船装载着支援本愿寺的兵粮米，再次驶向木津川口。信长吸取上次大败的教训，命令志摩的九鬼嘉隆建造六艘大船、伊势的泷川一益建造一艘大船，于七月驶向堺，封锁了周边海域。当时，传教士奥尔冈蒂诺[1]恰好在堺，他称赞这些大船是日本最大最华丽的船只，并惊叹于日本的建造能力。船用铁板装甲，配有三门大炮。十一月六日，九鬼嘉隆将敌船诱至射程内，成功地用大炮击沉了对方主舰。毛利水军靠近不得，只好撤退，放弃了为大坂方面运送补给。从此，信长军控制了大坂附近海域，本愿寺失去了最重要的补给线。

在此之前的天正四年正月，丹波八上城（今兵库县筱山市）的波多野秀治举兵叛乱，抵挡住进攻的明智光秀，并将他赶回了近江。其时，光秀差一点就要攻陷荻野直正把守的黑井城（今兵库县丹波市）。他们抵抗了七年之久，在补给线被切断后，就吃树皮草根，直到吃光所有牛马，快要饿死的时候才投降。秀治等人被处以磔刑。

天正七年九月二日，荒木村重逃出有冈城、躲进尼崎城后，信长命令处死被困在有冈城内的荒木家人和家臣等人质。荒木的家人在六条河原被斩杀，一百二十二名重臣的妻儿在尼崎或被处以磔刑，或被火枪、长枪、大刀所杀。其他五百一十人被关在

---

1 奥尔冈蒂诺（Gnecchi-Soldo Organtino，1530—1609），意大利传教士，战国时期在京都传教三十年，与信长、秀吉等掌权者关系良好，见证了战国时期各重大事件。

堆满干草的家里活活烧死。《信长公记》记载说，被害人的悲鸣随着烟火响彻天空，那种残忍景象仿若地狱鬼卒的呵斥。

别所长治、荒木村重等人是出于对毛利军东上的期待才选择举兵。毛利先送去一部分援军，天正七年正月又决定增派援军，与武田胜赖约定从东西分头展开军事行动。但是信长与丰后的大友宗麟交好，成功威胁到毛利的后方，又为大友宗麟之子义统谋到从五位下左兵卫督的官位，并于天正七年十一月二十七日下发朱印状，将毛利领的周防和长门两国分给了义统。再加上十月备前的宇喜多直家被秀吉策反，山阴的丹波和丹后也被明智光秀等人征服，毛利军难以行动。

如此一来，别所长治和荒木村重便被孤立起来。天正八年正月，别所长治表示愿以自己、弟弟及叔父的切腹来换取被围困士兵的性命，得到秀吉许可。他们与妻儿一同逝去，结束了长达两年的抵抗。闰三月，本愿寺也表示投降，接受撤出大坂和开放花隈、尼崎两城的议和条件。事已至此，荒木村重只能从海路投奔毛利，保住一命，后来移居堺，以茶人的身份侍奉丰臣秀吉，于天正十四年去世，时年五十二岁。

本愿寺投降

天正七年岁暮，信长计划利用天皇引本愿寺议和。这个时期，信长军在加贺、越中不断进攻，丹波诸城及有冈城开城投降，本愿寺越来越孤立。显如虽然没有即刻答应，但到第二年毛利军仍无法行动，三木城也陷落了，战局日渐恶化，显如逐渐倾向于议和。天正八年三月十七日，信长交给敕使一封按了血手印的誓约书，发誓“本次赦免本愿寺之事，愿从天皇旨意”。采取天皇出面赦免本愿寺这种形式，正是信长政略的最大特点。这是一场信长与本愿寺、一向众之间的对等的战争。虽然本愿寺在战局中已经失利，但也还没有完全失败。结果，因为信长并没能以武力征服本愿寺，所以只能选择议和并停止战斗。然而，天皇方面却完全按照信长的策略行动，以“赦免”偷换概念，等于承认了信长的正当性，而将与之敌对的本愿寺置于不义之地。另一方面，对本愿寺来说，他们不是遵从信长的命令，而是在天皇的敕命之下议和，各地的门徒，尤其是曾以性命与信长相搏的人们也比较好接受。劝说门徒听从世俗权力的支配，提倡“王法为本”——这也是作为门迹寺院的本愿寺宗主的特点。

这样，信长成功地将天皇的赦免替换成自己的赦免（虽然本质一样），在誓约书上附加了七条议和条件，以赦免者的身份向本愿寺发出了文书。第一条以“总赦免之事”开头，提到“当寺（本愿寺）既已得赦免，则将加贺国原样归还（给本愿寺）”“随赦免大坂，通行前往该寺内之路”，包括海路和陆路（给佐久间信盛），等等。结果，本愿寺也只能承受败于信长的屈辱。显如考虑到如果继续对抗下去，恐怕会像有冈城和三木城那样遭到屠杀，以开山祖师尊像为代表的各种宝物都将遭到

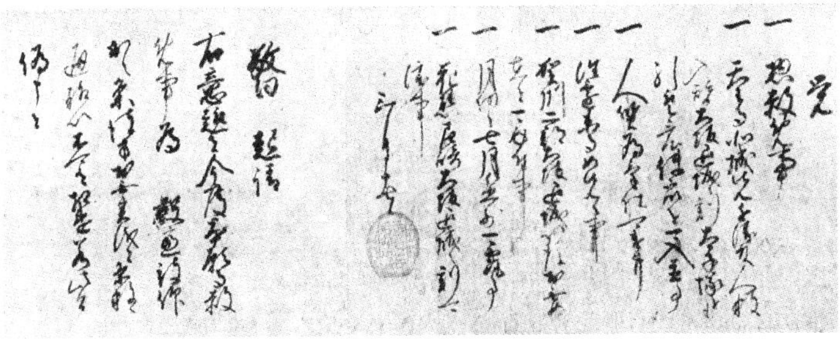

信长的誓约书　“觉”（记事）中记载了赦免、退出大坂城等讲和条件，后面则是誓约书（西本愿寺藏）

破坏，以至法流断绝，所以不得不选择议和，避免事态发展至此。闰三月五日，显如命下间仲之等三位长老起草了五条按血印的请愿文，交给敕使。第一条说，因天皇赦免，将不违背议和条件，说服坚持对抗的杂贺众提交誓约书，并约定于七月盂兰盆节前退出大坂。显如下不了决心亲自写下这份请愿文，便换了一种方式，与敕使约定绝不违背上述五项条款。

然而，这一切遭到了显如之子教如（光寿）的强烈反对，他号召各地门徒卷土重来。一向众中不愿屈服于信长、追求对抗到底的人并不少，其中尤以杂贺与淡路岛的一揆众为最，他们马上便有所回应。显如害怕事态将发展下去，便于四月九日提前三个多月离开了大坂，撤退到纪州杂贺去了。教如的抵抗也没有持续多长时间。信长接连攻陷周边要塞，于七月十七日向教如送去誓约书，要求他退兵。虽然誓约书中有保证大坂寺内町人居住权的条款，但在八月二日，人们却纷纷从海陆两路退向各地，大概是不想被法敌践踏，在退却的同时放火烧掉了众伽蓝。大火烧了三天三夜，自莲如以来，走过八十五年历史的本愿寺和寺内町就这样被烧成了灰烬。长达十一年的抵抗至此也终于结束。

在本愿寺表示臣服的闰三月，柴田胜家进攻加贺，攻克野野市和金泽等地，基本镇压了加贺的一向一揆。十一月十七日，一揆领袖若林长门守等十九人的首级被送到安土挂在城下示众。至此，自长享二年（1488）以来持续将近百年的加贺一向一揆也被消灭。另外，大概是在同一年的五月二十四日，越前发生暴乱，上千人在被前田利家活捉后，以“磔、釜、煎、焙”的残忍方式处死。福井县武生市小丸城遗址出土的文字瓦上刻有关于此事的记录，如其作者所愿，一向众的遗恨就这样生动地流传于后世。

第二节 | 本能寺之变

斥责荒废武篇道

本愿寺表示臣服后，信长面前是否就展开了一条通往天下统一的康庄大道呢？笔者并不这样认为。抛开光秀的背叛不谈，信长面前还有很多其他难题。下面我们来谈谈这个问题。

平定本愿寺后，信长亲自起草了“折槛状[1]”，列举佐久间信盛、信荣父子的十九条罪状，驱逐了二人（天正十年赦免佐久间信荣）。在第一条和第二条中，信长严厉谴责他们作为进攻大坂的负责人，在驻扎要塞的五年间，既没有伺机进攻，也没有施行策反和谋略，只是懒散地消磨时光，毫无建树。通篇强调的不是后者——策反和谋略，而是前者——武力攻打的必要性，信长称其为武者道或武篇道，并以光秀平定丹波、秀吉平定播磨及其他诸国、胜家平定加贺等事迹为例，责骂信盛荒废了武篇道。

具体来说，信盛家在信长家中有很高的地位，可以得到三河、尾张、纪伊等七国大量武士的协助（与力）。但他享受特别待遇却不战斗，领地增加之后也没有按其规模相应增加家臣或给家臣奖赏，只顾中饱私囊，贪得无厌又性格乖张。结果因为家臣太少，需要承担军役时只能仰仗他人援助。在列举了多条类似罪状之后，信长对他做了改易[2]和驱逐的处分。信盛父子退隐到高野山，却仍被驱逐，后来只能流浪各地。

信长分别将大坂交给信盛、北陆交给柴田、山阴交给光秀、山阳（中国地方）交给秀吉，任命各人为一个大区域的司

1 折槛状，典故出自《汉书·朱云传》，谴责书。
2 改易，原意为改变身份，指武士或领主的领地和宅邸因罪被没收。

令官，并为他们分派了大小各等级的大名作为援军，共同作战。各人凭借自己的才智和责任，实践武篇道和谋略，获取战果，努力博取信长的评价。这是信长统一战争的基本战略。具体战术则不需要一一征求信长的指示，类似一种责任制。但是，若在报告战况后仍需征求信长的意见或请求援军，信长也会迅速做出反应。另外，为了不使各部将无序行动，他还派遣了检使。

从折槛状可以看出，信长并没有根据每个家臣所领的大小分配军役，而是让他们自己决定。这比较接近镰仓、室町时期的武士，与北条、武田等人按所领贯高分配军役的方式对比鲜明。于是，武篇道和战果就成了一个问题。

折槛状最后谴责信盛竟敢顶撞“号令天下的信长”。这句话受到关注，是因为它被看作信长对自己与朝廷联手以取代将军地位一事的亲口承认。

在驱逐信盛父子后，信长也驱逐了家老[1]林通胜（秀贞）、安藤守就父子和丹羽右近。这也可以看作信长对自身权力的强化。也有人因此评价信长与中世武家权力不同，不但干涉家臣的所领，还追究他们统治领地的能力，是一种新型权力。然而事实又如何呢？信长任命家臣为大名，让他们统治各分国，又任命他们为各地区的总大将，进行统一战争，这都是无奈之

1 家老，大名的重臣，负责参与决策。江户时代成为制度上的职务名。德川家的家老就是幕府的老中。

举。面对不断扩大的家臣集团和占领地区，未能及时组成有体系的家臣集团，未能完成军役分派、军力组编，这才出现了问题。为此，他试图以武篇道来监督、激励家臣，于是又产生了驱逐政策。这是信长一心推进武篇道，忽视了完善土地统治制度及知行制的后果，反而说明了信长的局限。而解决这些问题就成了秀吉的任务。

秀吉的才智

从天正九年至翌年，信长部将佐佐成政、神保越中守在越中与上杉势力和一向一揆交战。天正九年三月，德川家康用围困战术收复了七年前被武田胜赖夺去的远江高天神城（今静冈县挂川市）。

秀吉继续担任中国地方的大将。在短暂上京之后，他于六月率两万大军攻打因幡的鸟取城。而毛利派吉川经家进入易守难攻的鸟取城作为回应。但是，秀吉事前就利用若狭商人以高价将当地稻米收购殆尽，毛利守军根本筹措不到兵粮，这场守城战从一开始就充满了令人不安的要素。从这件事上可以看出秀吉过人的才能。他采用了断敌补给的战术。鸟取城内除守军外还有一部分来自町中的男女，他们也没有做好持久战的准备，很快粮食见底，开始出现饿死者。他们吃光草根树皮和城内牛马，甚至开始争抢被火枪击毙之人的尸体，情况惨不忍睹，这时吉川经家终于提出投降。为了让城内守军活命，包括经家在内的三名大将自杀。十月二十五日，鸟取开城。那些消瘦、衰弱一如饿鬼的人们即便得到了食物，身体也已无法承受，据说很多人反而因为吃了东西而暴毙。

这一年的另一件大事是九月伊贺国的全国一揆崩溃。虽然两年前他们曾击退北畠信雄军的进攻，但是这次，以甲贺众为首的近江众和北畠信雄从甲贺及信乐方向攻来，伊势众从加太方向、筒井顺庆等大和众也从大和方向一齐进攻，伊贺各地城塞孤军抵抗，终于被各个击破。以一宫[1]为首的许多寺社也被烧毁。继前一年加贺一向一揆失败后，伊贺一揆也被打败，至此，除纪州一揆外，从山城国一揆、乙训郡一揆开始的战国时期全国一揆全都溃散了。

武田胜赖灭亡

信长知道，要想集中兵力平定中国、四国地方，必须先消除后顾之忧。当时他最大的后顾之忧就是武田胜赖。信长派美浓的苗木久兵卫策反武田胜赖的义弟木曾义昌，结果在天正十年二月一日，苗木久兵卫写信向织田信忠报告说木曾义昌已倒戈，可以出兵。这一消息马上传达给了信长。依信长之命，木

1 一宫，一国级别最高的神社，每个令制国均设有一宫、二宫等。

曾义昌将弟弟上松藏人送来做人质。三日，家康、金森长近、信长和信忠分别从骏河、飞驒、伊那向武田胜赖发动进攻，同日信忠军的尾张、美浓众也出发了。如此迅速的行动，正是信长军有别于其他战国大名的特点。

九日，信长对出兵和出兵后畿内近国的防备问题制定了十一项法则，其内容包括：要求大和的筒井随信长一起出兵，但为了防止高野山叛乱，要留下守备吉野的兵力；河内众与和泉众要防备纪州叛乱；三好康长向四国发动攻击；秀吉继续攻略中国地区。信长于三月五日出征。

另一方面，武田胜赖为了防备信长军进攻而营建了新府城（今山梨县韭崎市），并于前一年年底的十二月二十四日移驻新城。结果不及安顿便听到木曾义昌倒戈的消息。于是在二月二日，胜赖父子与武田信丰亲率一万五千士兵向信州诹访前进。他们大概是认为信长军主力会从伊那北上吧。但他们没有想到，伊那郡各要地城塞守军一看到信忠军就投降或者弃城逃跑，结果信忠在三月一日就抵达了胜赖的弟弟仁科盛信防守的高远城。看到这种形势，胜赖等人只能于二月二十八日退回新府城，决定闭城不出。但是，这么做的前提是高远城能坚持一段时间。

高远城位于三峰川和藤泽川合流处，是一座坚固的平山城。信长军从后门和正门两个方向进攻，随着信忠率先冲破栅栏、入城战斗的势头，战斗于三月二日当天便告结束，城主仁科盛信和小山田备中守等重要人物战死，高远城陷落。在这种情势下，新府城众人惊慌失措，纷纷丢下胜赖逃走。三月三日，胜赖放火烧掉新府城，与夫人（北条氏政之妹）、嫡男武田信胜等人一起随小山田信茂向南逃亡。然而又遭到信茂的背叛，数百名跟随胜赖逃亡的家臣只剩下四十余人，在逃到田野（今山梨县甲州市）时被追兵包围，他们先杀死妻儿，随之展开最后的战斗，最终不是战死便是自杀。三月十一日，名门武田家灭亡。胜赖的夫人（十九岁）本可苟活，但她拒绝了这条路，在留下辞世诗“黑发乱世无尽头，相思消亡命若露”后辞世。

信长三月五日从安土出发，十四日到达伊那郡，在浪合（今长野县阿智村）亲眼确认了胜赖父子的首级。胜赖父子和仁科盛信，再加上在小诸被杀死的武田信丰，武田家四人的首级被送到京都，悬挂于狱门示众。家康接受信长命令，从骏河发动攻击，他策反了骏河江尻城（今静冈县静冈市）城主、武田家的穴山信君（梅雪），并在他的指引下沿富士川北上进攻甲斐。二十日，木曾义昌和穴山信君前往诹访，出仕于信长。二十一日，北条氏政的使者到访，二十六日，又赠送一千俵大米。北条以信长盟友的身份攻打武田的分国骏河，希望与信长保持友好关系。但是武田家转瞬便告灭亡，使得北条与信长的分国接壤，这令前者产生了危机感。

二十九日，信长对武田家原领地进行了知行分割。除穴山信君原领地（河内地方）以外，甲斐的其他部分分给河尻秀隆；骏河分给家康；上野分给泷川一益。信浓的高井、水内、更级、埴科等北信四郡分给森长可；木曾郡（原有领地）和安昙、筑摩郡（新增领地）分给木曾义昌；伊那郡分给毛利秀赖；诹访郡分给河尻秀隆；小县、佐久郡分给泷川。同时，信长还为他们制定了统治国家的基本方针，并作为甲、信两国的国法发布。

平定骏河之功未被信长认可，泷川一益还进入上野，这些都使北条氏政产生危机感。武田只不过领有利根川以西的西上野部分，但泷川一益却跨过利根川，进入厩桥，大有夺取北条领地的架势。而且，一直被北条欺压的北关东诸将也向泷川一益示好并出仕。为此，北条派遣使者，多次请求与信长结盟，并且赠送了大量礼物，但信长并未理会。

魂断本能寺

四月二十一日，信长凯旋安土。二十三日，敕使劝修寺晴丰等人送来天皇和诚仁亲王恩赐的祝胜礼物。五月四日，劝修寺晴丰再次与天皇、诚仁亲王派遣的女官一同来访，传达天皇欲封信长为太政大臣、关白或者将军的意向，但信长未置可否便将他们送回。一方面，他命令神户信孝进攻四国；另一方面，正在攻打备中的秀吉接连攻陷数城，于五月包围了毛利大

明智光秀像（本德寺藏）

将清水宗治固守的高松城（今冈山市）。秀吉在高松城周围筑起高堤，引入西部足守川的水，采取了水攻的战术。此时正值梅雨季节，高松城被围困在水中。毛利为此派出了援军。接到这一报告后，信长决定亲自出马与毛利决战，一口气平定中国和九州，并命令光秀和细川忠兴等人打头阵。分到武田家旧领的家康和穴山信君出于礼节前来安土拜访信长。在安土城盛情款待两人之后，信长于五月二十九日上洛，只随身带了二三十名小姓。第二天，六月一日，信长在下榻的本能寺设茶会招待博多豪商岛井宗室等人。织田信忠、公家、僧侣和商人也纷纷来访。按照约定，信长一脸得意地向宗室展示了三十八种有名的茶器。他已经在为收服毛利后进军前方的九州、掌握贸易港口博多和富商做准备了。据说当晚还与围棋名人本因坊算砂下了一盘棋。入夜，信长坠入最后的梦乡。

同一时期，为了准备出征，光秀于五月二十六日从坂本城来到丹波龟山城。然而，大概是因为计划叛乱，光秀先参拜爱宕山（今京都市）祈愿胜利，抽了两三次签，还召开了连歌会，将“爱宕百韵”奉献给神社。参加歌会的除光秀父子外，还有连歌师里村绍巴等人，由光秀起头的句子是“时值雨从天

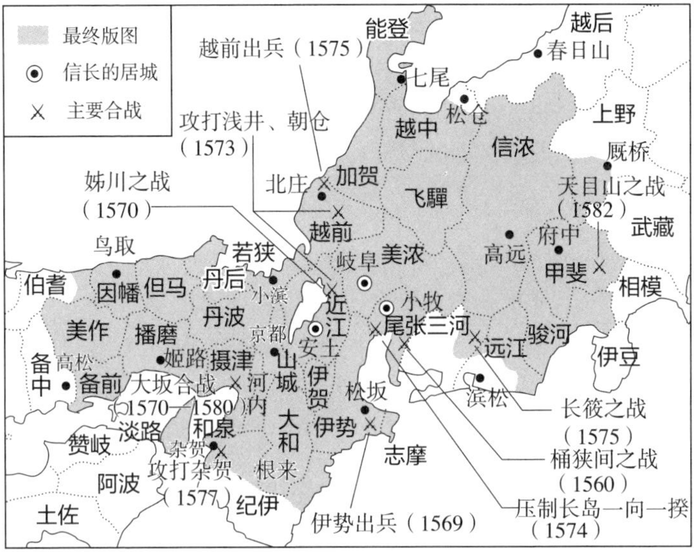

织田信长的最终版图

降之五月哉[1]”。一般认为，因为光秀的家族原本出身于美浓国守护家土岐氏，所以此句表面看只是在歌咏五月雨，其实却寄托了“土岐（光秀自己）在五月统治天下”的决心。

光秀于六月一日出发，途中向其族人和斋藤利三等人公开了决心，然后率全军掉头东进。二日天还未亮的时候，光秀军进入京都，包围了本能寺，边呐喊边开枪进攻。这就是“本能寺之变”。只带了几十个小姓在身边的信长慌忙以弓箭和长枪

1 原文为“ときは今、あめが下知る五月哉”。“とき”为“时”和“土岐”的双关语，“あめ”为“雨”和“天”的双关语。

应战，在肘部被枪刺伤后退入大殿深处，于大火中自刎。森兰丸等小姓也都战死。信忠离开妙觉寺，想要前往信长身边，但听村井贞胜说本能寺已烧毁，于是跑进旁边的二条御所，让诚仁亲王等人逃往内里。他防守不利，而且势单力薄，最后也只有自杀。菅屋长赖、猪子高就、村井贞胜等许多人战死，上午八时左右战斗结束。信长时年四十九，信忠年仅二十六。信长日夜战斗的人生，因这场突如其来的叛乱而终结。此时，关东、四国、九州已经触手可及，统一天下的梦想也已近在眼前。

传说京都阿弥陀寺的开基清玉收集并埋葬了信长等战死者的遗体。留守安土城的蒲生贤秀带信长的妻妾前往自己的日野城避难。住在安土的其他人也纷纷抛下家园，带上所有能带的东西和妻儿逃回了本国。

第三节 | 天下人的构想

信长其人

自永禄十年（1567）开始使用“天下布武”印章以来，信长如其字面所示一路前进，在十五年后的盛夏，壮志未酬而身先死。对他自己和大部分家臣来说，这都是意料之外的事。但在九年前，就曾有一名僧侣对此做出预言。这个人就是毛利辉元派来与信长交涉，请求允许义昭返回京都的使者安国寺惠琼。天正元年十二月十二日，惠琼在归途中从备前冈山向本国寄出一封信，信中说道：

弗洛伊斯的《日本史》

> 信长一代或可持续三年五年。估计明年可晋身公家之列。然此后恐将从高处倾覆。藤吉郎其人非等闲之辈也。

可说是独具慧眼。他预言了信长的暴毙，也注意到了秀吉的能力。那么，在他看来，信长到底会有什么样的危机呢？下面就让我们来回顾一下信长的生涯。

首先，关于信长的人物像，我们会想到与他见过多面的传教士路易斯·弗洛伊斯[1]在其著作《日本史》中的描写，在此引

1 路易斯·弗洛伊斯（Luís Fróis，1532—1597），葡萄牙里斯本人，耶稣会传教士，1563年到日本传教。

传教士所画织田信长肖像（三宝寺藏）

用如下：

他中等个子，身材瘦削，胡须稀少，快言快语，极度好战，勤于军事训练，重视名誉，正义感极强。对敢于侮辱自己的人绝不手软。但也有几件事可以证明他富于人情味和慈悲心。他睡得少，起得早。不贪婪，判断果决，长于战术，非常性急，虽然会发怒，但平时也未必如此。他很少，或者说基本上不听取家臣的进言，被众人敬畏。不饮酒，少膳食，待人接物极度直率，相信自己的见解以至于自高自大。他蔑视日本所有的王公贵族，对他们说话像对家臣一样居高临下。所以人们（像对待绝对君主那样）绝对服从于他。即便战事不利，他也泰然处之，坚韧不拔。他具有完善的理性和清晰的判断力，轻视一切关于神佛的礼拜、尊崇，以及所有异教徒的占卜和迷信习惯。虽然表面上曾表示要皈依法华宗，但一坐上高位就以自大的态度蔑视一切偶像。虽然认可禅宗的某些观点，但并不相信灵魂不灭或来世赏罚等事。他在家里非常爱干净，下达的任何指示都无懈可击，与人交谈时，最讨厌拖泥带水、喋喋不休、拐弯抹角，面对身份卑贱之人也能亲切地与之交谈。他特别爱好的东西有著名的茶器、骏马、刀剑、鹰猎，尤其喜欢让人不分（身份）高低在他面前裸体比赛相扑。他不允许任何人携带武器、厚着脸皮出现在自己面前。他的面相略显忧郁，在做困难的事情时特别胆大无畏，不论何事人们都听从他的话语。（日语原文引用松田毅一、川崎桃太译《日本史》，中央公论社）

这虽然是从其他文化圈来的传教士的看法，但从前述信长的行动来看，也有许多地方令人信服。

迅速果敢的军事行动

首先让我们看看信长军事行动成功的原因。信长作为统领数万大军的总司令，直到天正八年前后还亲自率军冲锋陷阵，完全是武将的姿态。但他最强大的地方是不论面对危机还是良机都能迅速行动。这一点，胜过其他任何一位战国大名。

上洛第二年的正月四日，足利义昭遭到三好三人众袭击，信长在发出入洛告示的同时于大雪中直奔京都，原需三日的路程他只用了两日便到达。跟随他的只有十个人，主要是马回众和小姓。

天正元年，义昭举兵，信长于三月二十五日出兵，于四月初与义昭议和，当月十一日就返回居城，结果五月二十二日又到佐和山指挥建造大船。七月六日，他乘坐刚造好的大船来到坂本，七日入洛，十八日攻陷义昭困守的槙岛城，然后继续南进、放火，二十一日回京。攻打江北高岛郡的城塞后，八月四日返回居城。八日接到浅井家臣阿闭贞征倒戈的消息后，连夜出兵，赶到小谷城东北，阻止朝仓军南下。然后十二日夜，又在暴风雨中亲率马回众攻下朝仓军的两处阵地。这样，他预料到朝仓军会在十三日夜间撤退，就指示佐久间、柴田、羽柴等人前往侦察，趁其撤退之时谨慎地发动攻击，征讨或抓捕敌人。然而，这几个人却因为半信半疑而行动迟缓，反倒让信长和马回众跑到前面去了，结果信盛等人受到了严厉的训斥，而当时信盛回嘴的行为后来成了他的罪状之一。事实上，信长的预见非常准确，这一战歼灭、捕获了许多队长级别的人。

信长军继续追击，进入敦贺后停留三日，从各地接收人质以防止他们变成敌人。十七日他越过木芽岭，迅速平定了越前。二十四日，义景的首级送到信长手中，二十六日他便骑马返回江北，进入虎御前山。二十七日夜至二十八日，秀吉攻陷小谷城后，信长把浅井旧领封给秀吉，于九月四日转移到佐和山，六日又返回居城。随后，在九月二十四日出兵北伊势，十月二十六日返回居城，十一月四日上洛，十二月二日又回城。这一年从三月下旬到年底，信长仅在四月到五月之间在居城待了四十天左右，年底又待了不到一个月，其他时间一直转战各地，连坐下休息的闲暇都没有。而且，为了不错失良机，他常常亲率马回众上阵。

从上述例子可以看出，信长、马回众以及信长军团的特长就在于电光石火般的行动，这是其他战国大名无论如何也比不过的。这种特点，甚至在无休止的连续作战中也没有改变。

信长的马回众

支持信长电光石火般迅速行动的是马回众和小姓众。他们不离信长左右，且负有居住在城下町的义务。小姓众不论平时还是战时都在信长身边，照顾他的生活，主要由少年和年轻人组成。其中最有名的是森兰丸和万见仙千代等人。森兰丸战死于本能寺之变时只有十八岁，刚刚成人，正式名字叫成利。万见的正式名字叫重元。他们这些小姓，还承担着演奏者、使者、奉行等重要职责。

一般认为，小姓到一定年龄就成为马回。虽然马回的具体数量不得而知，不过除小姓出身的人以外，其来源一般被认为还有地方上的武士以及比他们地位稍高一些的武士、国人家的次男和三男等人。其中最有代表性的是荒子城城主的四男、小姓出身的前田利家等人。利家作为马回和信长近侍立下赫赫战功，在长篠之战中与佐佐成政、塙（后改姓原田）直政等人一起被任命为奉行。同年九月参与越前再平定，与同样身为马回的佐佐成政和不破光治一起，被称作“府中三人众”，得到两个郡的奖赏，定居于府中城。就这样，三人脱离马回身份，获得了相当于大名的地位，还被安排做柴田胜家的目付（监察），可以看出他们是深得信长信任、能够忠实执行其意旨的人。天正九年，利家获赐能登一国，佐佐成政获赐越中一国，二人作为国持大名[1]出人头地。同为马回的塙直政也早就得到信长提拔，于天正二年被命令统治南山城，第二年又被命令统治大和，成为下克上时代发迹最快的人。

因为让众多训练有素、具备战斗力的马回住在城下町，能够立刻动员，所以信长才能不等柴田胜家这个级别的大将到达就亲自出击。这些马回不仅是信长的贴身警卫和实际作战部队，有时还是主力部队。他们有时作为检使[2]被派往前线，有时像堀秀政那样指挥信长的小姓众和马回众。秀政为人知晓是因为在天正九年，他在和泉国征收“指出”时遇到抵抗，于是火烧了槙尾寺。本能寺之变时他被派往备中秀吉的阵营，其后便跟随秀吉，得到越前北庄十八万石的封赏。菅屋长赖也受到信长重用，于天正九年被任命为能登七尾城城代，负责处罚国人游佐氏等人，并负责巡逻能登、越中各城。

马回众中也有经商的人。在岐阜为山科言继提供过住宿的

---

1 国持大名，持有一个或一个以上令制国的统治权的大名。但也有不足一国，仍被称为国持大名的例子。

2 检使，或称“实检使”，监督使、检查使。

大胁传内就是一名卖盐的马回。信长的侧室、信忠和信雄的生母生驹氏的兄长生驹家长也是一名马回，永禄三年九月，信长恩准他可以携带一匹马分量的货物自由通行。

弓众、马回众的城下聚居政策

弓众虽然也是马回众的一种，但作为弓队形成独立集团，是信长的近侍。天正六年十二月攻打伊丹时，信长曾命令弓众平井久右卫门、中野又兵卫、芝山次大夫兵分三路，向伊丹城内射火箭。

同年正月，弓众福田与一在安土城下的家失火，暴露了其单身赴任的事实。为了能随时随信长上阵，他们都被分配了位于城下町内的住宅。但福田却把妻儿都留在老家尾张。信长认为就是因为他单身才会发生火灾，所以命菅屋长赖负责调查，结果发现有六十名弓众、六十名马回众，共计一百二十人都是单身赴任，于是遭到信长痛斥。他命令尾张大名信忠把这些人的私宅都烧掉，连竹木都砍伐干净，然后强行将其妻儿搬来安土居住。作为惩罚，还命令他们建造城下的新路，然后才赦免他们。

家臣的城下町聚居政策是推进兵农分离、培养职业兵士的重要一环。柴田、羽柴、明智等部将及大部分马回都是兵农身份相分离的，但有一部分人强烈要求维持其与出身村落的联系，他们被允许保留住宅，妻儿和族人被允许继续务农。植根于农业生产的士兵不可能参与信长展开的战争，所以他极力推动兵农分离的政策。这也是信长军强大的原因之一。但是，真正从制度上实现兵农分离，却是在丰臣政权时期。

拒绝所有官职

天正六年（1578）四月九日，信长突然辞去了右大臣兼右大将的官职。表面理由是还未实现天下统一，所以暂时辞官，等到征服了南蛮、北狄、东夷、西戎，万国安宁、四海平定之时，再应敕命叙任。他还表示，即便辞官也不会同朝廷疏远，只是将官职转让给嫡男信忠而已。因为众公家在知道这件事后感到吃惊和不安，所以应该不是信长与朝廷之间产生了矛盾。信长是出于自己的考虑而单方面决定辞去官职，正像堀新所说，他是在向人们宣言，统一天下不需要利用官职。

秀吉辞去关白的职位，成为太阁；家康辞去将军一职，成为大御所并主导政权；上皇主持院政——联想到这些例子，可以认为信长是想要摆脱官职的束缚，主持国政。为什么信长从未成为征夷大将军？这件事向来被看作谜题，甚至有一种由来已久的说法认为，信长想成为将军，只是被朝廷拒绝了。但是，正像我们看到的，朝廷一心迎合信长，根本没有能力反对他。下面，就让我们看看从天正九年到天正十年间，围绕官位问题连续发生的事件。

天正九年三月一日，女官上腊局作为敕使，带着“欲封御官位”（《立入左京亮入道隆佐记》）——推任左大臣的敕书，被朝廷派到信长所在的本能寺。信长如何回答不得而知，但九日天皇再次派遣了敕使。对此，信长回答说他会在正亲町天皇让位、诚仁亲王即位后接受官位，然后于十日凌晨回到了安土。结果这一年天皇因为“金神”方角的问题而未能让位，信长也就没有任官。由此可见，推任左大臣不是信长自己要求的。

另一次是天正十年四月二十五日，身为武家传奏[1]的劝修寺晴丰拜访村井贞胜，商量推任信长为“太政大臣、关白或将军”一事。有观点认为这是信长要求的。此时信长刚在二十一日消灭了武田胜赖，回到安土。敕使于五月三日从京都出发，次日到达安土。但信长没有见敕使，只是通过森兰丸询问有何事。晴丰回答说：“祝贺您平定关东，希望您担任将军一职。”但信长还是没有见敕使。后来因为上腊局态度诚恳，信长终于在六日接见了她，但仍未明确表态。

虽然晴丰说要推任信长为将军，但诚仁亲王在信（消息）中说“任何官位皆可任职，望汝全力为朝廷奔走最为紧要”，并没有指定是什么官位。或许只要是信长想要的官位，什么都可以给他。从这点上看也很难认为是信长强行要求的。

天正六年辞官时，信长说等他统一天下后再任官。朝廷本

---

1 武家传奏，室町至江户时代朝廷官职的一种，一般由公卿担任，是武家与朝廷之间的联络人。

就打算无论如何也要把他编入官位体系中，而在信长轻易消灭了武田胜赖、展现了卓越而残酷的军事能力之后，更是趁其平定东国之机，准备了最好的官位。也有可能是村井贞胜在考虑到朝廷想法的同时，为了讨好信长而独自决定并向朝廷提议的。

安土城构想

开工三年后的天正七年（1579）年初，安土城天守阁竣工，五月十一日信长移居安土。安土城和其城下町的营建规划反映出信长的政权构想。关于城下町，我们在前文中已经讨论过，下面让我们再看看安土城的情况。

战国大名的城寨和馆舍一般兼有官厅功能，建筑样式与幕府和管领府比较相像，基本特点是优先城寨全体的防御功能，曲轮[1]部分立体配置。安土城一方面与其相似，另一方面又有很大不同，比如它的官厅和居住区都集中在山顶，山顶以石块堆砌高台，耸立着天守阁，但建筑物本身却几乎不具备军事防御功能。而信长将天守阁用作自己的居所，目的就是从视觉上超越世俗。还有一个重要特点是，将为迎接天皇而设的御幸间所在的本丸御殿修建在相对下方的位置。这样的空间布置给人

1 曲轮，是指城内以土墙、石垣、壕沟等建筑划分的区域，类似副郭、防御区。

安土城复原天守内部（第五层，YoShio Icohara 提供图片）

一种印象：城主的权力超越战国大名、天皇和将军，具有完全不同的性质。

天守阁位于比湖面高约 110 米的山顶，砌有 13 米高的石垣，石垣内是地下一层（石藏），上方还有六层建筑，是一座总计七层（外观五层）的高层建筑。据内藤昌推测，包括石垣在内的总高度有 45.9 米，显然无论从远处的湖面还是陆地都可以看到。

内藤昌从静嘉堂文库中发现的“天主指图[1]”的形状与天守阁遗迹完全一致，他根据这张设计图复原了安土城天守阁。在

1 天主指图，安土城的天守阁设计图。“天主”同“天守”。

1992年西班牙塞维利亚万国博览会上，日本馆展出了根据这张图复原的实际大小的第五层、第六层部分。同时还展览了狩野永德率门徒描绘的、富有朝气的壁画及装饰品等遗作。

有人认为这张“指图”不是安土城设计图，因为有与《信长公记》记载不一致的地方。但五层为八角形，内柱为金色，外柱为朱色，绘有释迦说法图（佛传图）和六道绘（饿鬼、鬼）——这些说法似乎没有错。八角形也见于法隆寺的梦殿，是堂塔的一种造型样式。平井良直根据滋贺县湖南市常乐寺三重塔（国宝）的内部壁画，推测出这一层的空间构造。据推测，中间摆放着饰有高丽边的榻榻米，是信长的座位；从入口看，信长背后是一幅释迦说法图，整体看来就像是安置在堂塔内的本尊和其后庄严的壁画。

最上层的六层是三间四方的房间，内外都贴金箔，柱涂黑漆。根据指图记载，有孔子、孔门十哲，中国古代传说的三皇五帝、老子、周文王、周公旦等以中国历史人物为题材的壁画。这些人物都与儒教、道教有关，是中世以来将军和武将等为政者所效仿的政治榜样。它们与五层的绘画一起，表现了儒道佛三教合一的思想，天道思想就发源于此，有人认为安土城天守阁正是这种思想的具体表现（但是《信长公记》记载说画的不是老子等人，而是商山四皓和竹林七贤等隐者）。

据传，天守阁造型也参照了足利义满建立的舍利殿（金阁），并吸收了以中国禅林为范本的日本禅林的样式，可以说是在吸收既有文化的基础上，创造出新政治权力的象征。笔者认为，在这个过程中，浮现在信长意识中的具体形象既有中国，也有能够媲美甚至超越中国皇帝的掌权者的形象。在五层的梁柱以及外柱上画着象征皇帝的龙，其他层也有以中国传说为主题的壁画，而为了让外观引人注目，还特意请唐人一观负责制作唐瓦。天守阁整体都是“模仿御殿唐样”（《信长公记》）。安土城选址于湖边，应该也有模仿《潇湘八景图》所描绘的中国景观的意思。

这些构想，令人联想到信长对弗洛伊斯说的话：他要在统一日本后组建大舰队，征服中国。五层和六层的绘画不仅表现了一个儒道佛三教合一的理想乡，还试图创造出一种幻影，即信长是这个世界的中心，也是体现并超越了圣人君子之德的君王。只有这样的君王，才能吞并中国，统治东亚世界。但是，过于冒进的构想徘徊于梦和现实之间，最终被打碎。

安土宗论

信长于五月移居天守阁后，在安土召开了一次净土宗和法华宗的宗派论战。事情的起源是净土宗僧侣玉念从关东来安土说法，其时法华宗门徒建部绍智、大胁传介上前与其辩论。玉念回答说只愿意与僧侣讨论，于是顶妙寺日珖、常光寺日谛等众多法华宗高僧便兴致勃勃地来到了安土，一时信徒云集，城下热闹起来。知道这件事后，信长马上为论战指定了裁判，任命织田信澄和马回菅屋长赖等人为奉行，将这场辩论置于自己的管理之下。

五月二十七日，论战在安土城下的净土宗净严院中举行，四周围着信长军。论战从早上开始，净土宗一方增加了一名安土西光寺的僧侣贞安。裁判是博学的名僧、南禅寺的景秀和尚，副裁判是因果居士。景秀和尚当时已有八十四岁高龄，耳聋眼花，几乎听不清楚论战的内容。其实这是信长为了让净土宗获胜而特意安排的人选。因果居士受信长之命，甚至在净土宗一方无法回答的时候代替他们作答。《信长公记》记载说最后法华宗因为答不出话而落败，但事实上完全相反，明明是净土宗的玉念语塞，却突然站起来大喊“胜了！胜了！”，其他人则一拥而上，把法华宗僧侣的袈裟撕扯下来，还殴打他们。

听到报告后，信长马上下山褒奖了参加论战的玉念等人，将法华宗的大胁传介和普传日门斩首，逃到堺的建部绍智也被抓住斩首。

信长逼迫日珖等法华宗高僧，要么写下承认败北的誓约书，要么杀死信长领内所有的法华宗僧侣和信徒。日珖等人走投无路，只能答应前者。誓约书有三条，第一条是承认论战时法华宗败北；第二条是今后绝不再向其他宗派挑起论战；第三条是感谢（信长）恩准法华宗继续存在。这三条文书的内容对法华宗来说都极为屈辱，是对信长表示完全屈服。妙觉寺、顶妙寺等十三座寺院的方丈都按了血手印。誓约书有两份，一份在信长手上，一份交给净土宗总本山知恩院保管（天正十三年在秀吉的命令下归还给法华宗）。后来法华宗还向信长上缴了两千六百枚金币。这是利用佛教彰显自己的威严，是一种天主思想。后文还会讲到，出于天主思想和神化自身的需要，信长必须让佛教势力屈服于自己。

天正九年八月，信长又将矛头转向了最后的佛教圣域高野山。他借口说要报复高野山曾经包庇荒木村重一方的牢人（浪人），抓住并杀害了几百名在各地布教的高野圣[1]。这么做的目的在于否认寺院是独立于世俗权力的避难所。但高野山直到秀吉掌权的时候才屈服于世俗权力。

华丽的阅兵仪式

天正九年上半年，信长亲自举行了一场和平盛典。这表明一年前打败本愿寺、结束战争一事对信长来说具有多么重大的意义。正月八日，在安土城下新筑的马场举行了爆竹（左义长）大会。江州众负责燃放爆竹，小姓众、近卫和伊势兵库头、北畠信雄等一家众穿戴上鲜艳的头巾和服装，骑马绕行马场，甚至来到城下町。在小姓众之后登场的信长以墨描眉，头

1 高野圣，镰仓时代以后，在各地云游、化缘并劝人信奉佛法的高野山僧侣。

戴黑色南蛮竹笠，身穿红衣，外披唐锦无袖外套，套着异国风情的虎皮护腿，骑在一匹菊花青的马背上。这场活动吸引了很多人前来观看，众人不分贵贱，皆为之惊叹。

正月二十三日，信长命明智光秀准备在京都举行阅兵仪式，还向各分国发布了动员令，要他们尽全力准备并前来参加。他预计到消息会传遍全国六十余州。二月二十八日，在天皇、公家、传教士等众多受邀前来的观众的注视下，阅兵仪式于御所东侧的马场举行。队伍从下京的本能寺出发，沿室町通北上，沿途有许多人兴致勃勃地围观。第一队是丹羽长秀、摄州众、若州众、西冈的革岛；第二队是蜂屋兵库头、河内众、和泉众、根来寺的大冢、佐野众；一共分为四队，后面还跟着一家众、近卫前久和正亲町季秀等公家、细川等旧幕臣、马回众、小姓众、越前众、弓众等人。公家中的近卫前久、正亲町季秀、乌丸光宣、日野辉资、高仓永孝等人，要么是在信长军中服役，要么是从信长手里领俸禄，所以信长命令光秀一定要动员他们参加。要让人们看到，作为朝廷组成部分的有名公家服兵役、领俸禄，与信长形成主从关系。这样一来，他们就会认为信长已居于朝廷之上。

之后，信长终于登场。平井久右卫门等人先行，随后是各种骏马、扮成谣曲中山姥形象的武井夕庵、松井友闲等人和小姓众，最后是身穿金纱的信长。据《信长公记》记载，这件金纱似乎是为古时中国或印度的天子帝王织就之物，但因为信长穿着十分合身，简直像是为他量身打造的，符合他统治天下之人的身份。除此之外，信长还戴着唐冠，穿着蜀江锦的小袄、白熊皮短蓑衣和由猩猩绯（一种红中带黑的颜色）的毛织物以及唐锦做成的鞋子等物，一身外国的珍奇衣饰，从气势上压倒了所有人。

与营建安土城时一样，此时信长也是有意识地采用唐国样式。他想以中国皇帝的形象出现在人前，超过日本天皇，象征东亚世界的中心，仿佛是要以游行的形式将安土城的构想展现给京都的众人。毫无疑问，信长的天下，指的是包括中国在内的整个东亚。信长作为全新的天下人的形象，就这样深深烙印在了京都及畿内近国之人的眼中。

太田牛一在《信长公记》中说，人们都觉得信长仿若住吉明神现世。正如下文将要论述的，信长想要神化自己。举行阅兵正是出于这个目的。然而，为什么要在京都的阅兵式中以住吉明神的身份出现呢？住吉明神本是航海之神。住吉神社祭祀着神功皇后，传说她曾前往九州讨伐熊袭[1]，进而征服了新罗，同社祭祀的其他神明也曾在此过程中协助她。或许可以说，信长此举中寄托了征服西日本、出兵海外的愿望。

天皇非常高兴，说从没见过比这更有趣的游乐，拜托信长再举办一次。于是信长于三月五日和八月一日又分别举办了两

1 熊袭，传说中的古代九州南部原居民之一，曾对抗大和王权。见于《日本书纪》和《古事记》等。

次阅兵，令人们心醉神迷。天皇高兴得宛如小孩，而武士和民众则记住了这位如皇帝、如神明一般的天下人，从这两层意义上来说，阅兵仪式实在是空前成功。随着诸如此类的评价传遍全国，从想与中央搞好关系的出羽的大宝寺氏和安藤氏、陆奥的会津芦名氏、下野的长沼氏等人处不断送来了书信和雄鹰、骏马等物。这一切都在信长的计划之中。为什么这么说呢？因为当受信长之邀观看阅兵仪式的观察员范礼安[1]、传教士奥尔冈蒂诺和弗洛伊斯等人提出要谒见天皇时，信长对他们说："余所在之处，不需邀他人（天皇）之宠。余即国王，余即内里。"不仅是本国人，信长想让外国人也把自己当作"国王"来看待。

欲为人间之神

信长没有理会天皇为了将他纳入朝廷官职体系而做的各种努力。据弗洛伊斯记载（《日本史》），信长希望自己成为神明，接受万人膜拜。直到去世之前，他还命人们在自己生日（五月十二日？）那天参拜安土山总见寺，并昭告天下，只要怀着强烈的信仰和敬意，一定会得到这样一些功德和利益：

第一，富裕者更富裕，贫贱者亦富裕，无后者得子孙且长

1 范礼安（Alessandro Valignano，1539—1606），耶稣会意大利籍传教士。1573 年被任命为耶稣会远东观察员。1579 年到 1582 年在日本视察。

寿，享受和平与繁荣；第二，人生八十，有病能治，健康平安；第三，余诞生之日即为圣日，应参谒本寺；第四条，上述诸条，信奉者必得应验，不信者当世及来世都必将灭亡。

《信长公记》没有记载此事，但弗洛伊斯在《日本史》中说信长在总见寺内“写下并揭示了他恶毒的野心”，所以笔者认为不完全是捏造。既然信长能在一年前的阅兵仪式上把自己打扮得好似皇帝和神明，让天皇和平民都目瞪口呆，那么就算他想要成为某种超越天皇和日本神佛的存在也一点都不奇怪。弗洛伊斯还说，信长说“我即神体”，将各国受人崇奉的偶像（佛像等物）都集中到安土，好让人通过它们来膜拜自己。

不仅要成为日本的“国王”，还梦想着成为东亚世界的皇帝，信长将自己的这种理想寄托于天守阁，同时将总见寺修建在安土城西部靠下的位置，这样，他就创造出一个能为民众带来现世幸福的神，也就是他自己，并赋予其肉眼可见的形式，以展示自己同时立于世俗世界和宗教世界顶点的地位。信长在天正九年逼迫天皇让位，恐怕就是想让新天皇迁居到位于自己居所下方的本丸御殿。顺着安土山山麓安置众家臣的宅邸，也是为了从视觉上表现以信长为顶点的金字塔体系。通过这种形式，信长的政权构想凝结于安土山。归根到底，它是一个仍处于摸索中的、未完成的天下人的形象。

第四章

关白政权成立

第一节 | 天下布武路线的转换

山崎之战

本章主要讲述秀吉以山崎之战为发端、统一天下的过程。

本能寺之变发生时，秀吉正在备中攻打高松城。柴田胜家和前田利家等人在越中与上杉景胜对峙，丹羽长秀与织田信孝在大坂准备出兵四国。家康与穴山信君虽然在堺，但正在游山玩水，并无大军跟随。因此，光秀杀死信长父子后，马上给反信长阵营的毛利和上杉等人报信，劝说诸将领跟随自己，并迅速压制了安土城、长滨城、佐和山城。因为选择了最佳时机，在光秀看来自己似乎是成功了。但蒲生贤秀父子等近江众却没有接受他的邀请。

或许是以为这下光秀取代了信长，天皇和公家在六月七日即向安土派出敕使，计划在九日光秀上洛时，全体在途中迎接。当年殷勤迎接信长上洛的这些人，现在又准备让杀了信长的光秀取而代之。光秀对娶了自己女儿的细川忠兴、织田信澄和大和的筒井顺庆抱有极大期待，希望他们加入自己的阵营，可是信澄为丹羽长秀所杀，细川和筒井也按兵未动。

据传秀吉是在六月三日晚上得知本能寺之变的。秀吉按下信长死亡的消息，加快议和交涉，让对方以高松城主清水宗治切腹、开城并割让备中、美作、伯耆为条件签订了和约。而毛利因为一直避免直接与信长交战，所以稍晚一些才得到消息，这造成了两者此后命运的决定性不同。秀吉展现了冷静的判断力和巧妙的交涉能力。他于六日从高松出发，途经姬路，于十二日抵达富田（今大阪府高槻市），一边等待中川清秀、池田恒兴等人参战，一边召开军事会议。十三日午间，丹羽长秀和织田信孝也终于赶到。

另一边，光秀却在所期待兵力并未加入的情况下，把军队推进到了淀城（今京都市伏见区）和胜龙寺城，计划以此为据点，在秀吉军穿越天王山山麓的山崎隘口时攻击他们。这样，山崎之战便于十三日傍晚打响。兵力上占优势的秀吉军势如破竹，将光秀军逼退至胜龙寺城，很快便决出胜负。光秀虽然趁夜色逃出了城，但在逃到小栗栖（今京都市伏见区）的树林时遇到了正在附近追捕残党的野伏（农民），受了枪伤后自杀而亡。副将斋藤利三在近江坚田被活捉，在洛中游街后被杀。这是一个仅仅存在了十二天的、虚幻的“天下人”。虽然有人推测光秀举兵的背后有天皇亲信积极谋划，但证据不足。义昭是幕后主使的说法也站不住脚，因为他没有政治力量。

安土城于十五日烧毁，原因不明。秀吉第二天进入安土，在夺回长滨城后，又进入美浓和尾张，控制了包括山城和近江等国在内的信长、信忠父子的大本营。这与安土城被烧毁一起，宣告了织田政权的灭亡。

本能寺之变时身在堺的家康来到伊势，从白子（今三重县铃鹿市）乘船逃回了本国三河。穴山信君觉得家康行踪可疑而与其分头行动，结果在途中被杀。家康十四日以讨伐光秀为名出兵尾张，在接到秀吉撤出尾张的要求后撤兵。家康又向甲斐派兵，控制了穴山领地和被一揆势力（可能为原武田信玄军）杀害的河尻秀隆的领地。至于信浓，由于信长家臣森长可和毛利秀赖逃回了美浓，上杉景胜从北方、北条氏直从东方、家康从南方分头攻进，瓜分了信浓的领土。上野的泷川一益也在遭受北条氏直的攻击后逃走。

清洲会议

六月二十七日，织田信雄、织田信孝、柴田胜家、羽柴秀吉、丹羽长秀、池田恒兴（其母为信长奶妈）聚集在织田信忠之子三法师（三岁，即后来的织田秀信）避难的清洲，在四位宿老[1]的主持下召开了清洲会议。信雄和信孝都瞄准了织田家家督的位子。胜家推举信孝，秀吉推举三法师，两人之间产生了激烈的冲突。虽然胜家在四名宿老中门第最高，也一直受到信长重用，但秀吉为信长父子报仇的功绩实在太出众，增加了发言的分量。结果，会议决定由三法师当家督，诸位宿老共同辅佐。

1 宿老，武家重臣，见于部分大名的职名，比家老地位更高，通常指最高位的家臣。江户时代指幕府的老中、诸大名的家老。

清洲会议分国

大名	原有领地	新领地
织田信雄	南伊势	尾张
织田信孝	北伊势	美浓
柴田胜家	越前	江北
丹羽长秀	若狭	近江的志贺郡、高岛郡
羽柴秀吉	播磨、江北	山城、河内、丹波
池田恒兴	摄津的池田、有冈	摄津的大坂、尼崎、兵库

随后进行了分国，信长和信忠的领国、明智领国被他们瓜分（如表所示），他们还对上述决定起了誓，写了按血印的誓约书。堀秀政负责照顾三法师，四宿老联署，任命他为三法师两万五千石领地的代官。这看起来似乎是四宿老体制的肇始，但其实只是暂时的，四人也各自回了领国。随着信长去世，织田政权的统治机构、政治组织都不复存在，甚至连政府所在的安土城都消失得无影无踪。这正好证明了信长政权的独裁性质。清洲会议实际上向世间宣布了织田政权的瓦解。

柴田胜家自杀

秀吉获得京都、山城的意义重大。他进驻本圀寺后，众公家络绎不绝地前来拜访。毛利派安国寺惠琼前来祝贺他在战争中获胜。秀吉在扼制西国街道的天王山修筑山崎城作为统治山城的据点。十月十五日，他在京都大德寺为信长举行了隆重的葬礼。棺材里放进信长的木像，池田恒兴之子池田辉政和身为秀吉养子的信长第五子秀胜分别在前后抬棺。因为朝廷追封信长为从一位太政大臣，故信长法号为“总见院殿赠大相国一品泰严大居士”。秀吉在大德寺修建安置信长牌位的总见院，并捐赠了一万贯钱等物。通过这些活动，秀吉给世人留下了自己才是信长继承者的印象，然后开始准备打倒他最大的对手柴田胜家。

十二月，秀吉算准胜家因大雪不能出动，出兵攻打了胜家养子柴田胜丰所在的近江长滨城，还顺路攻打了岐阜城，信孝投降。秀吉拥戴与信孝对立的信雄，将自己攻打信孝的军事行动正当化。第二年天正十一年二月，为了攻打信孝一方的泷川一益，秀吉出兵伊势。胜家则与加贺的佐久间盛政、能登的前田利家等人出兵至江北柳濑（今滋贺县余吴町）附近。为了结成对秀吉的包围网，胜家和信孝试图联络一心想返回朝廷的义昭、毛利、德川以及四国的长宗我部元亲、高野山等势力，还敦促伊贺众也向南近江出兵，但没能赶上。

秀吉也出兵江北，与胜家对峙。进入四月后，信孝呼应胜家举兵，十六日秀吉紧急转移到大垣城以应对信孝。趁这个空当，佐久间盛政在二十日袭击了中川清秀防守的大岩山要塞，清秀战死。接到大岩山要塞被袭的消息后，秀吉从大垣城出发，急行军至木之本，于翌日二十一日清早就对盛政军展开了进攻。福岛正则和“贱岳七本枪”在这场战役中立下了战功。盛政军被秀吉军过于快速的反击打了个措手不及，战败逃走，胜家眼看没有支援，也只好撤兵，退回越前北庄。秀吉军紧追不舍，先攻克了越前府中城，令前田利家投降，然后以此地为先锋，于二十三日包围了北庄城。二十四日清晨，胜家把妻子阿市的三个女儿送出城，托付给秀吉，然后登上天守阁，先杀死表示愿意殉死的阿市和众妻妾，然后放火、拔刀自戕，享年六十二岁。

秀吉继续向加贺进军，在平定了能登和越中后撤军。信孝在被信雄攻克岐阜城后逃到尾张，五月二日在野间的大御堂寺（今爱知县美滨町）自杀。七月，泷川一益投降。

至此，以瓜分信长的天下统一事业遗产为中心，旧织田家中的主导权争夺战就告一段落了。除旧武田领地以外，信长原有的版图被原封不动地划给了秀吉。五月，秀吉向小早川隆景详细通报了战果。其中第十七条说，东至北条氏政、北至上杉景胜都已归顺，若毛利辉元也做好归顺的准备，那么“日本之治，莫非超乎赖朝以来哉？”对天下统一做出展望。他举出武家政权创始者源赖朝之名，在将自己定位为其继承者的同时，也预言自身的政权将拥有比赖朝以来所有武家政权更强大的统治力量。这封信中没有一处提及信长。秀吉的目标是脱离信长，建立属于自己的政权。

为此，秀吉将大本营设在大坂。五月二十五日，他将美浓国交给本来领有大坂的池田恒兴，移居到大垣城；六月一日，进入京都；二日，在出席为信长一周年忌举行的法事后进入大坂。规模远超安土城的巨大城池——大坂城的营造工程开始了。

马回和外样[1]的配置

在消灭柴田胜家后，为了巩固自己的立足之地，秀吉需要逐渐加强对畿内近国的控制。

在进行战后的论功行赏时，他首先于六月五日奖赏了有“贱岳七本枪”之称的加藤清正、胁坂安治、加藤嘉明、平野长泰、片桐直盛（且元）、糟屋武则、石川一光（战死，由其弟石川一宗继任）和福岛正则等人。他们都是秀吉的马回，除福岛以外本来都是只有三百石左右俸禄的小人物，这次因在秀吉面前立下大功而被封赏了三千石的领地。

信雄得到北伊势、尾张和伊贺三国，住在清洲城。丹羽长秀得到了原属柴田的越前国和加贺的两郡。前田利家也得到了加贺两郡，入主金泽。美浓的原信孝领地被分给了池田恒兴。另外，稻叶一铁、森长可等人原有的领地也得到了承认。其他信长重臣继续管理东国与北陆，可以说领地均有增加。筒井顺庆领有的大和、细川藤孝领有的丹后都未受到干涉。

但秀吉并没有对他们放松警惕。他派马回木村重兹入驻若狭的佐柿（今福井县美滨町），派堀尾吉晴入驻高滨城（同县高滨町），把丹波分给养子秀胜，把但马和播磨分给了胞弟秀长。他还重视控制近江，把浅野长政安排到坂本，把加藤光泰

---

1 外样，指与主君关系比较疏远的家臣。

安排到高岛城。为了控制通向东国的交通要道，他把佐和山和自己的姓氏羽柴都给了堀秀政。除了大和以外的畿内诸国要么成了直辖领，要么分给了马回。在播磨，龙野已经有了蜂须贺正胜，淡路也有仙石秀久驻守，濑户内海东部已在掌控之中。虽然可以看出秀吉的族人和马回被安置在各个要冲，但这也表示秀吉自己的势力范围其实仅限于一个不太大的、以山城和摄津为中心的同心圆。

小牧、长久手之战

西边的毛利自从天正十年的和解以来一直与秀吉交好。秀吉消灭胜家、掌握信长全部旧有领地后，毛利答应送上人质。这样，秀吉眼下的任务就只有征服东国了。

织田信雄在被秀吉利用的情况下仍然不断扩大自己的领地，且为了对抗秀吉私下与家康接近。家康把势力扩大到甲斐和信浓一带，在天正十年十月二十九日，与同样从信浓进军到甲斐的北条氏直议和，约定甲斐和信浓为家康领地，上野为北条领地。第二年，家康的女儿督姬与北条氏直成婚，两者的同盟关系加强，形成了与秀吉对抗的一大势力。在信浓地区，上杉景胜控制北信四郡，武田旧臣真田昌幸控制着小县郡，除此以外，西部还有木曾义昌和小笠原贞庆等人。家康收编了真田及其手下，与上杉对抗。北条不断侵略常陆和下野，同时试图夺取真田领地内的北上野（沼田领），结果为自己招来灭顶之灾，于天正十八年灭亡。为了对抗北条、德川同盟，上杉景胜和常陆的佐竹则向秀吉靠拢。

天正十二年三月，信雄命令三名与秀吉私通的家老切腹。因为事先约好以此为信号，家康马上带了一支三千人的军队前往清洲，十三日与信雄会合。他们与四国的长宗我部元亲、纪州的杂贺一揆和根来众、越中的佐佐成政等人联手。为了与之对抗，秀吉与北陆的前田、丹羽、上杉等人结盟以防备成政，并命令宇喜多防备毛利。

信雄势力攻打伊势龟山城时，美浓的池田恒兴和森长可等人趁机攻占了尾张的犬山城。为此，家康和信雄在要冲之地——小牧山设下阵地，秀吉也向尾张进发。但因为纪州的一揆势力带领三万大军攻打和泉岸的和田城，另有一支队伍攻向大坂城，使秀吉动弹不得。直到中村一氏和黑田长政等人击退了一揆势力，秀吉才终于在二十八日将军队推进到乐田（今爱知县犬山市），与小牧山对峙。

四月六日，秀吉任命侄子三好秀次（后改名丰臣秀次，秀吉姊之子）为大将，率池田恒兴父子和森长可等一万六千大军向家康后方的三河出发。得知此事的家康悄悄尾随其后，于九日清早在长久手（今长久手町）发动突袭，活捉了恒兴父子和森长可，逼退秀次，获得了全面的胜利。这就是长久手之战。此后双方纷纷撤军，虽然也发生过局部的攻防战，但未能决定

长久手之战 家康军从右方突袭，森长可军溃败（出自《小牧长久手合战图屏风》，德川美术馆藏）

胜负。于是，秀吉尝试同信雄议和，向其施加压力，并于十一月十五日达成和解。家康也顺势响应，送次子义丸（十一岁，改名秀康）到大坂做秀吉养子（实际上是人质）。但这并不意味着家康败北或者臣服。

秀吉并没有取胜。他的闪电作战遭遇了挫折。家康成了秀吉统一天下事业最大的障碍。一直以来，秀吉沿着信长“天下布武”——也即武力统一的道路一路迈进，但是当战局陷入僵持且没有任何好转的迹象，他便果断地决定转变路线。

第二节 | 就任关白

首度叙爵

小牧、长久手之战并未使局势变得明朗，于是秀吉转变了路线，开始接近朝廷。这个转变的时期大概在天正十二年八月末到九月初，议和的倾向从九月初开始渐趋明朗，应当与此有关。十月二日，秀吉首度叙爵，被授予从五位下左近卫权少将。虽然以此为起点，秀吉开始飞速晋升，但因为是特例中的特例，所以此次叙爵诏书的日期被写成了两年前的天正十年十月三日。也正因为这份诏书上的日期，长期以来，人们一直认为秀吉是在讨伐光秀那年叙爵的，也就是说，因其功绩而被朝廷认可为信长的继承者，但最近的研究表明这是错误的。

这样一来，可以认为在天正十一年五月二十二日秀吉消灭胜家后，授予其从四位下参议的诏书也是后来才写的。这一连串叙爵文书，都是为了证明秀吉作为信长统一事业后继人的正统性，配合他转换路线后异常快的晋升过程而编造的。真正的叙爵发生在与信雄成功议和后的天正十二年十一月二十二日。在一个多月内，他从从五位下左近卫权少将一口气升至从三位权大纳言，在公家中也算是享受特别待遇的公卿。

为了准备十月叙爵，秀吉向朝廷进贡一万贯钱，并提出愿意为希望让位的、六十八岁高龄的正亲町天皇主持退位仪式，并为诚仁亲王主持即位仪式。叙爵两日后，正亲町天皇让位后的居所——仙洞御所的画地仪式便在以前信长举办阅兵仪式的马场举行，两者之间的关系不言自明。十一月二日，举行了以前田玄以为奉行的开工仪式。仪式举行二十日后，秀吉作为特例的晋升便得以实现。

秀吉与信雄、家康的议和，被看作一项与上述行为密切相关的方针。看到靠武力难以取胜，便取而代之，开始追求优越地位和统治的合法性。为此，秀吉除了利用朝廷别无他法。信长当年也曾短暂地利用过朝廷，但在中途便放弃了。此时，秀吉脱离信长的路线，走上了一条更为现实的道路。

我们也不能忽视他接受家康次子为养子一事。十二月底，他为养子秀胜娶毛利辉元之女。此事是与毛利家进行京艺[1]和平交涉的成果，自备中高松城议和以来便一直在推进。但实际上，秀吉也计划从此与东西两位大大名缔结姻亲，消除军事上的敌对关系。也就是说剥夺了他们敌对与举兵的名分。他们不仅已经以某种形式交出了人质，如果与秀吉对抗，还免不了被视作对位列公卿、服务朝廷的秀吉的背叛。有了这样的前提条件，秀吉就可以不断晋升，巩固自己的政权基础。而这个目的，在第二年，也就是天正十三年内便基本达成了。也就是

1 京艺，京指京都；艺指安艺，是毛利的领地。

说，他实现了对纪伊、四国、越中的平定，并就任为关白。

出兵纪州

天正十三年三月十日，秀吉升任为正二位内大臣后，马上计划攻打纪州。二十一日，秀吉亲率数万大军从大坂城出发。战国时代，纪州成立了由国人和地方武士以及宗教势力组成的自治组织，称作总国一揆。其中的杂贺一揆和根来寺势力与本愿寺势力联合，抵抗信长统治。在天正十二年，还呼应信雄和家康的举兵，攻打了岸和田城等地。

和泉南部有权有势的地方武士都把子弟送进根来寺的分寺（塔头），与根来寺建立起经济上和政治上的密切关系。所以纪州势力的前线其实在泉南地方，占据了千石堀城、泽城（今大阪府贝冢市）等泉南各地大大小小的城塞。泉南的村落也都与一揆势力联合，共同抵抗大军。但是二十一日，随着千石堀城陷落，其他城塞也先后陷落。泉南诸村陷入被火烧的恐慌之中。二十三日，秀吉军攻进根来寺，大肆烧杀。根来寺境内号称两千余所坊舍，除多宝塔（国宝）、大师堂、大传法院等建筑外，基本上全被烧毁。火光冲天的景象从本愿寺显如所在的贝冢都能看到。次日烧毁粉河寺后，秀吉立即攻打杂贺一揆。这是一股在纪川河三角洲从事贸易、渔业和农业的一向众一揆势力。

看到秀吉大军来袭，守城的土桥平丞等许多一揆势力的人在夜幕掩护下乘船逃往土佐。但是，以太田二郎左卫门尉为大将的地方武士和农民固守太田城（今和歌山市），与秀吉军对抗。秀吉采用水攻战术，在城周围修筑了高达 12 米的堤坝。他按知行高低分配给参战者不同的筑堤长度，促使他们互相竞争，这样，在四月初便完成了工事，之后引入纪川河水。守城军没有抵抗之术，终于在二十二日开城投降。以地方武士为首的五十三名主谋被斩首示众，其他百姓则得到赦免。秀吉在没收他们的武器之后，将他们带进城内的兵粮、锄头、铁锹、铁锅、财产、牛马和小屋都物归原主，放他们回到原来的村落，并禁止他们违法乱纪。

这与信长在长岛和越前对一揆势力实行的大屠杀形成了鲜明对比。信长认为百姓对自己的反抗是不能容忍的，所以格杀勿论。而秀吉不但“怜悯”百姓，留他们活口，还分给他们用于农耕的生产资料。这也体现了大一统政权在性质上的大转变。虽说信长也不是完全没有农业政策，也曾发布国掟禁止不合理的徭役，但他基本上把百姓问题都委托给了各个武士（家臣），在他看来，自己身为大一统政权的象征，首要任务是统领武士集团，征服或者消灭敌人。另外，信长生来便是城主，秀吉则出身于百姓，这种不同也有一定影响。

秀吉通过与地方武士和村落百姓之间的战争，而不是从前与柴田等大名的战争，创造出一种由大一统政权统治百姓的政策原型。也就是说，从此往后，百姓不准持有弓箭、枪炮、腰刀等武器，只能持有锄头、铁锹等农具，专念于耕作，也即一种兵农分离政策。要创造出这种新的百姓身份，必须采取强制手段。至少15世纪至16世纪的百姓不是只干农活的，他们还从事商业、运输业、渔业等各种活动，甚至还拿着武器打仗。秀吉的政策就是要固定百姓（农民）的身份和职业观。

藤木久志关注此次从守城百姓手中没收武器的事件，认为这是天正十六年发布的刀狩（收缴武器）令的原型。播磨良纪通过认真研读史料，推定秀吉在纪州实行的刀狩行动被作为一国统治政策纳入了“国中置目”（国掟）。随之，自信长时期以来就悬而未决的高野山势力也成为该项政策的实施对象，后来进一步扩大到全国。

高野山自平安时代以来就与天皇和公家关系密切，不仅是比肩比叡山的巨大宗教势力，还保有自己的武装力量，形成了一个不可侵犯的圣域。虽说若表现出抵抗的姿态，很有可能被秀吉火攻，但高野山内部仍有人持强硬主张。但是，不战、臣服派的木食应其力压强硬派，与秀吉交涉，并立誓解除僧兵武装、不在寺内窝藏叛乱分子和违逆之徒，表示了顺从。在这件事上，秀吉也宣扬僧人应专心佛事，并以这种身份制、职业观使对方臣服。高野山因完全屈服于武家权力而获得秀吉赠予的三千石领地，从而逐渐发展成近世寺院。应其因为巧妙地将事态导向有利于秀吉的方向而得到了后者的高度评价，在那之后也与秀吉保持着密切关系，在收服岛津氏和建造方广寺、大佛等方面颇有建树。

秀吉将和泉和纪伊分封给胞弟秀长，并在和歌山建城。在完全掌握畿内近国后，六月，他任命秀长为总大将，率大军从三面进军四国，逼迫即将平定四国全域的长宗我部元亲投降。因为元亲早就表示过臣服的意愿，所以秀吉把土佐国分给了他，又把阿波分给了蜂须贺家政和赤松则房，把赞岐分给了仙石秀久和十河存保。因为毛利主张伊豫地方是自己的领地，出于顾虑，这里被分给了小早川隆景、安国寺惠琼、来岛通总等人。因为毛利与伊豫守护家河野是姻亲关系，且一直试图将势力范围扩大到四国，这时便以秀吉军成员的身份，派小早川隆景和吉川元长率大军进入伊豫。加上三月攻打纪州时已经派过水军增援，这一年毛利便明确响应秀吉的军事动员，成为一名隶属于后者的大名，与家康形成鲜明对照。

关白丰臣秀吉

天正十三年七月十一日，四十九岁的秀吉终于登上从一位关白之位。关白是“诸事皆关白[1]”之意，作为国政总管，是臣子中的最高官职。因此，除了原则上不常设的太政大臣以外，秀吉在短短九个多月中，一口气升到了朝廷官职的最高位。他选择了关白政权的形式。

---

1 关白，令外官，辅佐天皇的高官，原意为陈述、禀告，出自《汉书·霍光金日磾传》：“上谦让不受，诸事皆先关白光，然后奏御天子。”

信长在天下布武未酬之时身先死，时年四十九岁，当时还有许多国没有臣服信长。秀吉当时四十六岁，想必对他而言，平定天下之路不仅漫长，而且是一场与时间的赛跑。再加上在所谓的织田家继承权争夺战中花费了两年多的时间，心急之下加强了对朝廷的依赖，还为达目的而采取了不择手段且强硬的措施。

自平安时代以来，关白一直是从藤原氏北家一脉的近卫、鹰司、九条、二条、一条这五家中选出来的。这年的二月，二条昭实当上关白，三月辞去左大臣官位。当时的内大臣近卫信尹便辞去内大臣官位，继任左大臣。秀吉则接任内大臣。两个多月后，近卫信尹突然提出想兼任关白一职，而二条昭实并不愿意让给他，两人由此产生争执。结果，双方谁都不愿退让，只能找秀吉裁定。秀吉没有放过这个好机会。他通过前田玄以向近卫信尹表示，不论谁败诉都会弄得家破人亡，对皇室不利，所以不如由自己来做关白。信尹回答说没有五摄家[1]以外的人担任关白的先例。秀吉并未退让，他说："我先成为信尹之父前久（曾任关白）的养子，与信尹结为兄弟，以后再将关白之位让给信尹"，并表示作为回报，加封给近卫家一千石、其他四家各五百石的永久领地。当时的贵族面临着衰落和穷困，不由得动了心，近卫前久也只有接受秀吉的要求。在前久看来，现在的秀吉已经"掌握四海"，不得不承认他与关白本

1 五摄家，即源于藤原家的五分家：近卫家、九条家、鹰司家、二条家、一条家，为公家之中最高的门第，可以担任摄政、关白之职。

来的任务——“代管天下”是十分相称的；况且以秀吉之力，要想消灭五摄家也是易如反掌；既然他表示以后会把关白之位还给近卫家，那么这也可以成为近卫家复兴的契机。

丰臣秀吉像（高台寺藏）

如此这般，秀吉摇身一变成了关白藤原秀吉，且按照过去的惯例，顺势当上藤原氏的氏长者[1]，得到了在公家里也首屈一指的名门之名和最高级的官职。更进一步，他在第二年的十二月又兼任太政大臣之位，独占两种最高官职，其新姓氏“丰臣”也得到了认可。秀吉是这样考虑的：源、平、藤、橘四姓原本是天皇赐给四家的始祖、有才能之人的姓氏，现在自己成了天下的统治者，取得前无古人的成就，为何还要继承藤原这个旧姓呢？何不创造一个新姓氏，流芳百世呢？据说他与右大臣菊亭（今出川）晴季商量，取“天长地久，万民快乐”之意，创造出“丰臣”这个姓氏。当然，形式上还是延续传统，由天皇赐予。

由此，秀吉无穷的权力欲就以进入天皇、朝廷官位体系的形式得到实现。正因为将天皇置于上位，赐姓这一形式才成为可能，所以我们当然可以说秀吉利用了天皇和朝廷，但是相对

1 氏长者，在古代日本叫“氏上”，是一个氏族里官位最高的人，负责管理祭祀氏神和祖先的氏社和氏寺、领导氏人。平安时代以后叫氏长者。

地，也不能否认他对后者的依赖。天皇立于政权之上，通过授予政权官职而使其获得权威——这种中世的形式得到了再现。正如后文将要详述的，其内含虽然与中世不尽相同，但也与信长辞去所有官职时内心所隐藏的远大志向截然不同。虽然我们不能见证信长以何种形式实现他的志向，但不论是 16 世纪末的武家政权，还是其后继者——17 世纪的武家政权，结果都未能掌握全国的统治权，只能依赖于天皇和朝廷，在其协助之下建立起政权。当然，天皇也不能独立于武家政权，而只能以帮助武家建立政权的形式存在。

编造出身

随侍在公家、将军和大名身边，陪他们聊天的人叫御伽众。秀吉的御伽众中有一个来路不明的人物，名叫大村由己。据说是播磨出身，在秀吉从播磨转任为中国地方军事司令官的时候，被要求为秀吉撰写军记和传记。这些作品包括《播磨别所记》《惟任退治记》等，一共八部，合称为《天正记》，全是对秀吉的溢美之词。

在记录征讨明智（惟任）光秀之事的《惟任退治记》中，有对秀吉生平的记载："秀吉所生非贵，然得将军（信长）之举，蒙将军之恩，无有类比者。"这里不但没有隐瞒秀吉低微的出身，还强调他是受到信长推举，所蒙信长之恩比其他任何人都更多。

这一时期，秀吉将自己以及自己行为的正统性都与信长联系起来。从这里看不出他对自己的出身有什么自卑感，反而令人感受到以实力为荣的战国气魄，这才是所谓的下克上思想。

秀吉于天文六年（1537）出生在尾张国中村（今名古屋市），是弥右卫门和阿仲（后来的大政所）之子。弥右卫门本为信长之父信秀的足轻，负伤后归乡务农，不久即病死。想必他作为村里有实力的农民，原本是有望成为一名武士的，但只能放弃这条道路。据传，秀吉的小名叫日吉丸，当初曾被送进寺院，但因厌恶寺院而离家出走，身上只带着亡父留给他的一贯文永乐钱，一边行商一边来到远江，出仕于今川义元的家臣松下之纲。但据说因为待不下去又投奔了信长，负责替主君拿草鞋。后来受到信长重用。

这一时期，村中像秀吉父子这样想当武士的人很多，事实上也确实有很多人效力于大名及其家臣，成为足轻或骑兵，甚至当上大名。正是这些人推动了战国时代的发展，打破旧的身份秩序，从百姓晋升为武士。他们是下克上的中心阶层。秀吉的家臣中也有许多这类人。秀吉这个名字最早出现在文书中是在永禄八年（1565），秀吉二十九岁的时候，当时他署名为木下藤吉郎秀吉，正在以信长的一名奉行的身份活动。木下这一姓氏似乎是其妻宁宁的娘家之姓。从天正元年起，他从丹羽和柴田两姓各取一字，自命为羽柴。但自从与织田信雄议和以后，就再也没有自称为羽柴，显然是要与过去一刀两断。

之后，在秀吉成为关白的第二个月，附有注释的《关白任官记》中出现了一个捏造的故事，暗示秀吉是天皇的私生子。首先虚构出一个名叫“萩中纳言”的外祖父：“上溯出生之源，祖父、祖母均侍奉禁闱（禁宫），名萩中纳言。”然后又说，虽然原本侍奉天皇，但在秀吉之母（大政所）三岁时，因遭某人谗言陷害而被流放到远方，在尾张国一个叫作飞保村云的地方落脚。若干年后，“大政所殿幼年上洛，侍奉于天皇身边，仕于宫中，两三年后返乡，不久生一子，即为殿下（秀吉）”。

秀吉出身于尾张某个小山村的事实是无法改变的。但他却将自己的出身与公家、天皇的血统联系在一起，编造出一个能够自圆其说的故事，可见其中包含多少令人感动的努力。虽然秀吉是下克上时代的风云儿，但他并没有依靠武力征服敌人，而是用否定自己的出身、进入朝廷官位体系的方式建立了政权。

第三节 | 总无事令与平定战

家康臣服

在叙任关白后的第二年八月，秀吉出兵越中，征服了佐佐成政和与其结盟的飞驒国司姉小路自纲。秀吉仅仅将新川郡留给成政，将越中国其他地方分给了前田利家之子前田利长，将飞驒分给了金森长近。由此，秀吉的势力范围北接上杉的越后，西至中国、四国地方。但家康和北条仍坚持不臣服。

为了使家康臣服，天正十四年春，秀吉通过织田信雄与家康缔结和约。五月，强迫已嫁人的胞妹旭姬离婚，然后将其送给家康作正室。即便如此，家康也未上洛。秀吉只好使出最后手段，将已经七十四岁的母亲大政所送到家康处当人质。事已至此，家康也只能上洛。十月二十六日，家康到达大坂的秀长邸，据说秀吉亲自拜访，还拉着家康的手请求他帮助自己。翌日，在大坂城前厅，家康于众多大名见证之下跪拜坐在上座的秀吉，宣誓臣服。

秀吉让家康和秀长成为正三位权中纳言，十一月七日，在他们和公家面前举行了正亲町天皇的让位仪式和后阳成天皇的即位仪式。秀吉还收近卫前久之女前子为养女，再将她送入宫中，成为新天皇的女御。由此，秀吉便成了天皇的亲戚。

九州停战令

在九州，到 16 世纪中叶为止，丰后的大友氏一直在扩张势力，表现出吞并九州中部和北部一带的势头。但是，天正六年，大友氏在日向耳川与从南边扩张过来的岛津氏交战并落败，从此一蹶不振，又遭到从北边扩张的肥前龙造寺隆信的压迫。在这种情势下，大友宗麟开始向信长靠近，而信长也考虑到若是让大友和岛津和解，就可以从背后攻击毛利，于是派了近卫前久等人到九州，促使两方和解。岛津义久虽然姑且表示同意，但随之发生了本能寺之变，结果就没有停止进攻大友领地。这样一来，大友连本国丰后地区都快要保不住，只好向秀吉求援。在这种情况下，关白秀吉向岛津义久等九州诸大名发布了停战命令。这是天正十三年十月二日的事。

这份命令首先强调了这是天皇的旨意："从关东至奥州边境，均已遵从天皇的命令，归于太平。可九州至今仍有战乱，这不是好事。有关国郡分界之争，都由秀吉听取双方意见之后裁决。双方应即刻停战。因为这是天皇之命，不听从的人会受到严惩。"

这份命令是在说，战乱的源头——领土之争已经交给秀吉裁决，所有人都要立即停战。在此之前，秀吉一直是用武力消灭或征服敌对大名，夺取其领土。信长和其他战国大名也同样。但是现在，他没有使用武力，而是表示九州全域的裁定权都在自己手中，所以别人应该服从他。这正是成为关白的意义所在，秀吉编织了一套与信长完全不同的逻辑。而其根据在于，拥有日本六十余州统治权的天皇，委任秀吉为关白，实际统治（所谓"进止"）土地和人民。这种权力不是连一个小地

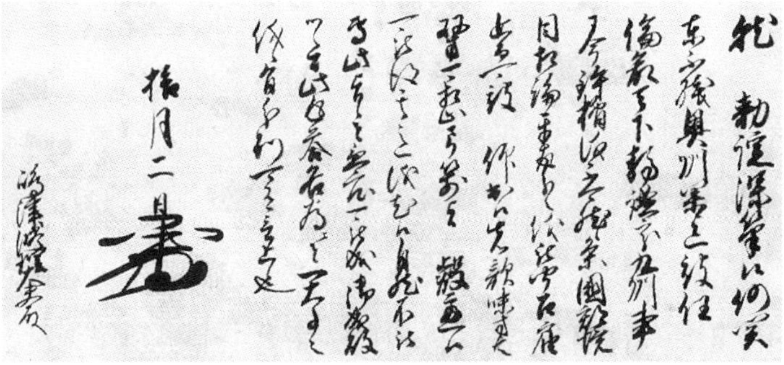

秀吉写给岛津义久的命令书　命令停战、要求答复（东京大学史料编纂所藏）

方都掌控不了的五摄家所能承受的，而秀吉统摄天下诸侯，所以才与这种权力相称。通过赋予关白武家权力的特征，秀吉创造出了新的关白像；而这又需要天皇及其圣意为后盾，所以他也创造出了新的天皇像。

针对九州的停战命令中虽然没有出现“总无事”一词，但在翌年向关东和奥羽发出的类似命令中出现了这个词。藤木久志把秀吉的这一系列停战命令统称为“总无事令”或“和平令”，并明确指出其重要意义。藤木评价秀吉政策的意义时指出：秀吉统一天下是根据和平令和领土裁定权，以分国令为基础推进的，只有当有人违反了这些命令的时候才会动用武力征讨。这与以前那种专制权力一概通过武力解决问题的形象不同，为统一过程带来了一线新的光亮。另外，和平令不仅否定了战国大名的交战权，也否定了农民使用武力的权利（喧哗停止），内容覆盖的范围很广，这样就将人们从中世以来只能通过武力解决问题、自己拯救自己（自力救济）的悲惨境况中解放（拯救）了出来。

出兵九州

大友立刻接受了秀吉的停战令。对这种受敌对势力威胁、处于弱势的人来说，总无事令比较容易让他们接受。这既是总无事令的特征，也是它能够成功的社会基础。经过激烈争论，岛津也在第二年正月决定接受停战令，同时派镰田政广出面解释说战争是为了防御大友。但是，他没有服从秀吉的分国令，反而入侵了筑后和筑前。因此，秀吉于七月发布针对“逆徒”岛津的“征伐”令，派中国势力和四国势力前去九州讨伐岛津，但没想到交战之后反被岛津占领了丰后。岛津大概是想凭自己的实力占领九州全域，然后用实力逼迫秀吉认可。

但秀吉不为所动。天正十五年三月一日，秀吉亲率两万五千大军，从大坂城出发，进军九州。四月十七日，秀吉军在日向大破岛津义久军，各地守城兵也相继降服，义久终于决定投降。在这期间，其实从前一年年底开始，足利义昭和木食应其便在秀长的授意下暗中劝降，义久也表示同意，所以秀吉赦免了他。义久削发为僧，改名龙伯，于五月八日身穿墨染的衣服（表明出家）到泰平寺（今鹿儿岛县萨摩川内市）拜访秀吉，当面表示投降。因其冒着生命危险前来的行为，秀吉不仅赦免他，还将萨摩国分封给他，劝谕他今后服从天皇旨意，多立功勋。虽然所谓天皇旨意实际上是秀吉的想法，但他表面上还是采取了关白代天皇执行旨意的形式，迫使正统名家都听命于自己，以便推行自己的意志。

六月七日，秀吉在筑前的筥崎八幡宫（在今福冈市）举行了九州分国，分别把丰后分封给大友，把萨摩、大隅、日向分封给岛津，把对马分封给宗义调，另外还把筑前分给小早川隆景、丰前分给黑田孝高、肥后分给佐佐成政。他命令重建因战乱而变成废墟的博多。上述行动都是在为将来出兵朝鲜和大明做准备。十五日，秀吉命令对马的宗义调设法使朝鲜国王臣服并来日。十八日、十九日发布了有关基督教的命令（参见第五章第三节）。

聚乐第行幸

天正十四年二月，秀吉开始在京都内野营建关白官邸聚乐第。表面看似模仿信长营建的、与安土城齐名的二条居所，实际上此地从前是平安朝皇宫所在地，其重点在于，秀吉有意在律令制朝廷和天皇御所遗迹营建自己的官邸和住处。他在一块宽广的地皮周围挖掘出长二十间[1]、深三间的护城河，在

1 间，尺贯法的长度单位，原本表示建筑物两根柱子之间的距离，江户时代定六尺为一间，约等于 1.818 米。

其中修筑有五层天守阁的城郭。聚乐第的遗迹曾出土金箔瓦。而关于“聚乐”之名的由来，大村由己的《聚乐行幸记》中有“聚长生不老之乐”的说法，弗洛伊斯则说是“聚集愉悦和欢喜之意”。

聚乐第于第二年九月竣工，同月十三日，秀吉与母亲、妻室一起正式入住。十月一日，又在北野社社头松原举办了北野大茶会。这次茶会是秀吉七月从九州凯旋回京后计划的。当日，只要是喜欢茶道的人，不论町人、百姓还是其他任何人都可以参加。据传茶会上不仅有日本国内的人，甚至还有人从唐国赶来。从这里也能看出秀吉关白政权正视町人、百姓和中国的特征。

在此两年前，作为被任命关白的回礼，秀吉举办了禁中茶会，并命令茶头千利休准备。十月六日，秀吉把得到官位、成为殿上人的胞弟秀长以及侄子秀次、养子秀康（家康次子）、宇喜多秀家等人引见给天皇和亲王等人。七日在小御所，秀吉亲自为天皇和亲王、近卫前久等人沏茶。为众公家沏茶的则是千利休。翌日，又举行了秀长与众公家的会面，秀长等人赠送了大量的金银绸缎等物，从气势上压倒了对方。

这三日的所有活动，都是秀吉精心设计的。茶道并不是天皇等人的传统文化，而是町人和武家的新兴文化。信长也喜欢茶道，也在政治上利用过茶道。秀吉则更进一步，把天皇和公家等人拉进自己主办的茶会，以文武兼备的关白的形象，不仅在名义上，也在实质上加入他们的行列，成为他们中的一员。另外，他通过掌握推举权，使自己的亲戚和家臣都被纳入同一行列，成为公家社会的一员。这就是以官位为媒介的公武大融合。天正十六年四月十四日的聚乐第行幸，就是这种融合的扩大。秀吉展示了一场以天皇和关白为顶点的、公武统一政权的成立仪式。

聚乐第图（三井纪念美术馆藏）

为此，秀吉先让人调查室町时代天皇行幸将军家的先例，然后以重金筹备其数倍规模的活动。当日，秀吉亲自前往御所迎接天皇，手捧天皇衣摆，侍奉他坐上凤辇。六千名武士严阵以待，天皇、皇太后、皇后皇妃等女眷、亲王、摄家、公家等人，排着长队从市中走过。内大臣信雄、大纳言家康和秀长、中纳言秀次等人作为公家也按顺序走在队列中，备前宰相宇喜多秀家出发后，关白秀吉才出发。秀吉身后，有加贺少将（前田）利家、津侍从（织田）信兼等大名跟随。这里需注意的是，天皇等人都到达聚乐第了，秀吉一行还没从御所出发，也就是说，他故意让天皇等待自己的队伍。再联想到聚乐第的选址，可以看出，这些安排实际上都出于秀吉的考虑，他想向世人展示自己的地位在天皇之上。但即使如此，秀吉还是需要天皇辅助构成王权，而这种政权形式就是通过这次行幸完成的。

秀吉把全京都的五千五百三十余两税银作为皇室领地的税收（禁里料所）进贡给天皇，把税米进献给上皇和亲王，还给了公家和门迹寺院八千石知行。天皇因其热情款待而大为高兴，原本预定做客三天，结果住了五天。

第二天，秀吉让各大名向天皇提交了誓约书。内容有三条，首先是为成为殿上人并得以参加行幸而向秀吉表示感谢，其次是保证禁里和公家的知行权，再次是保证不违背关白的命令。这是秀吉利用天皇，让大名发誓服从自己。在誓约书上签名的二十九人分成两组，以从一位关白太政大臣秀吉为首，从正二位内大臣平信雄、从二位大纳言源家康，到土佐侍从秦（长宗我部）元亲等人，全部按朝廷官位排列，形成等级。这样，在让大名成为公家的同时，又通过誓约书的形式将他们置于天皇和关白的臣子之位，并在行幸中让他们与历来的臣子——公家们同座，使双方融合，并由此将秀吉政权重新树立为一个名副其实的公武统一政权。此后又授予毛利辉元和岛津义弘从四位下参议的官位，从而将他们也纳入了这个系统。

他们与前田利家等二十四人被赐姓丰臣，成为秀吉的同名。所谓同名是中世以来武士将半独立的下属编入自己麾下的一种方法。但此时家康（源氏）和信雄（平氏）却没有被收编为同名。这才是秀吉不得不采取关白政权这种形式的关键原因。

关东、奥羽总无事令

在秀吉出兵九州后依然未表示臣服的就只剩下关东和奥羽了。秀吉计划派出天正十四年五月上洛的上杉景胜和十月上洛的德川家康，以“和平”的手段让他们臣服。十一月十五日，家康将秀吉的停战命令书传达给北条，并说“关于关东总无事，羽柴有言”，要求其服从。随后也向关东和奥羽其他大名和国人发布了总无事令。秀吉又派遣富田知信等人，前往要求对方停战、接受秀吉的分国令裁定、上洛并出仕。但是关东和奥羽的大名们自立意识很强，虽然表面上答应停战，实际上却都在继续扩大自己的领国范围。关白宣扬自己的领土裁判权，指责大名之间的战争是私斗，违背了天下之仪，命令他们停战，但对方认为这只不过是对关白自己有利的一套逻辑，所以无法接受。

北条一心想夺取真田昌幸的沼田领。但是，因为家康上洛并表示臣服，秀吉在承认信浓的真田、小笠原、木曾所领的基础上，将这些土地全部划作了家康的属地。当年年底，北条认识到国家（北条领国）进入非常时期，与秀吉免不了要有一战，于是抓紧加固小田原城及其支城，强化了不仅针对给人、还针对百姓和地方武士等人的动员体制。但是，北条也不是完全没有寻求与秀吉和解的意向。包括人质在内，他向秀吉提出了和家康同等的上洛条件，然后于十六年八月派胞弟北条氏规上洛。因为北条一直表示一切服从秀吉，所以秀吉赦免了他，派高级使者去实行分国，并要求关东诸将上洛。十七年，秀吉做出裁定，将沼田领的三分之二从真田手中割让给北条，再把家康所领中相当于割让部分的土地转让给真田。北条勉勉强强地接受了，并发誓年底派氏政上洛。七月，按秀吉的裁定，各领地进行了交换转让。但是三个月后，北条却用武力夺取了真田领有的名胡桃城（今群马县水上町）。

接到这个报告后，秀吉派使者去调查真相，然后于十一月二十四日向北条氏直发出五条朱印状（宣战布告）。第一条先声讨“北条近年蔑视公仪”，拒不上洛，且在关东胡作非为。第二条到第四条，记述了这段时间从裁定到执行再到强夺名胡桃城的经过，以及北条使者为此辩解并请求饶恕的声明。然后在第五条列举了自己迄今为止的行为，宣称自己因遵循天道而成为关白；而氏直违背天道，对帝都图谋不轨，所以必遭天罚。最后表示对违背敕命的人不得不降下惩罚，来年定将出兵，枭其首级。

小田原合战

当年小田原城被上杉谦信和武田信玄攻打时，北条有过固守城池并击退敌方的经验。那之后，北条修建了将城和城下町全部包围在内的壕沟和土墙，加固了防御工事，并且乐观地认为坚守一两个月丰臣军就会撤退。他大概是小看了丰臣军在兵粮和武器弹药方面的筹措和补给能力，还以为与东国的其他战国大名差不多。所以他将主要精力放在加强小田原城的防卫上，加固西部国境线上的足柄城、山中城和韭山城，希望在这里一定程度上阻挡敌军的进攻。除此之外，北条领地内还有上野的松井田城、武藏的钵形城、忍城、岩付城、八王子城等其他坚固的城塞。另外，北条从各村征收了米、麦等物，作为兵粮囤积在城内，确保了己方兵粮，同时也使敌方很难从本地获取粮食补给。结合北条一向对秀吉方面采取的强硬态度来看，他们并不是做好了灭亡的准备才走上战争道路的，而是自认在一定程度上有取胜的可能，准备在战成平手时再与秀吉进行和平交涉。

天正十八年三月一日，秀吉亲率大军从京都出发。家康作为先锋，从二月开始就在伊豆的国境地带准备进攻，等待秀吉到来。三月二十九日，攻击开始。山中城当天便被攻陷，死伤者众多。虽然对北条来说这是巨大的失算，但是面对号称二十一万的丰臣军，他们依然坚持抵抗了三个多月。七月五日，北条氏直终于投降。顶住了水攻、坚守到最后的忍城（今琦玉县竹田市）也在七月十六日开城投降。北条氏直因身为家康的女婿而被赦免了死罪，被驱逐到高野山。战争责任由其父北条氏政、胞弟北条氏照及老臣大道寺政繁、松田宪秀等人承担，几人被迫切腹，其首级被送到京都，挂在一条归桥处示众。这便是战国大名北条氏的灭亡，同时也象征着秀吉统一天下大业实质上的完成。秀吉将北条领国给了家康，又进入江户，将家康原有的五国全部收公。

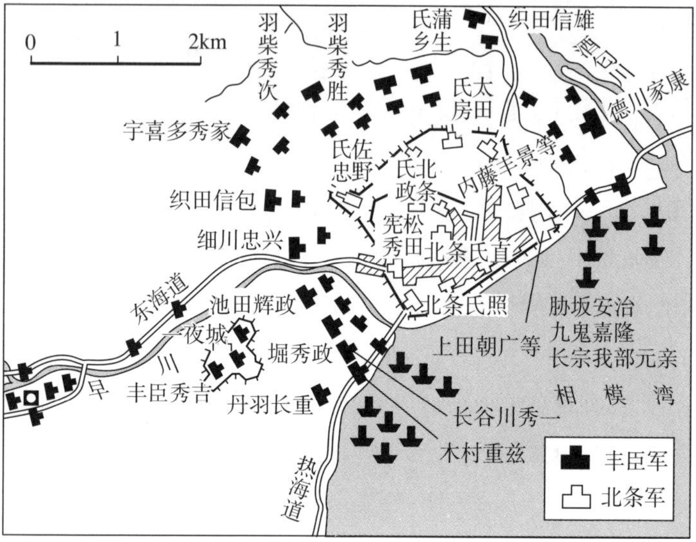

小田原合战图

这一战是北条败了。丰臣军的战斗力远远超出了北条的想象。或者也可以说误判和信息不足是他们的致命伤。他们根本没有取胜的可能。但并不能说北条战败是因为对领国的统治方式落后或者存在矛盾。矛盾和缺陷当然不会不存在，但信长和秀吉也一样。北条在检地、贯高制、知行制、编制家臣团等方面采取了许多合理的新政策，在某个时期，甚至建立起比信长和家康还系统化的统治体制。对这样建立起来的地方权力，秀吉企图用天皇和关白这种中央的逻辑去迫使其屈服。而北条拒绝服从，虽然他的逻辑也是战国大名权力的逻辑，但他反抗秀吉的傲慢态度和对敕命的大肆宣扬、保卫自己的国家（领国），这些行动还是值得评价的。笔者认为，这是战国社会的成就之一。虽然我们倾向于认为统一是正确且必然的道路，并据此赋予胜利者正当性，但是这样一来，不就得用这种逻辑给一揆和后来在奥羽地方抵抗的人定罪了吗？

伊达政宗臣服和处分奥羽

在奥羽中南部，伊达通过制定分国法、实行检地等手段强化了自身的领国统治，不断扩大势力。南边的芦名夹在伊达和佐竹之间，势力逐渐衰落，在天正十四年幼主龟若丸去世后，又陷入围绕继承权的争斗。翌年，曾跟随白川结城氏的佐竹义重次子佐竹义广成为家督，与伊达的关系紧张起来。天正十七年六月，伊达政宗率军一万余，出兵猪苗代湖北部的磨上原，打败芦名军，夺取其居城黑川城（今福岛县会津若松市）。芦名家至此灭亡。

这些行为违反了秀吉的总无事令。芦名是丰臣政权认定的大名，伊达却私自发动战争夺取其领土，罪状不言自明。所以秀吉命他归还会津并上洛请罪，会津的归属则由关白裁定。但是，或许与浅野长政等人从中斡旋有关，与北条那时不同，尽管伊达没有上洛，秀吉却未出兵征伐。本就犹豫不定的政宗在浅野长政等人三番五次的劝说下，终于决定参加小田原之战。但在预定出兵的前一天，却发生了其母保春院（最上义光之妹）被毒杀未遂的事件。因此，他六月五日才到达小田原，先是接受关于会津问题的追究，然后据说在九日又身穿白色的寿衣前去拜见秀吉。这大概是承认违反了总无事令，向秀吉请罪并表示臣服之意。他在总无事令颁布后占领的会津等地被没收，但其他当知行地的领有权却得到承认。换句话说，所谓“处分奥羽”就是命其执行秀吉的政策。秀吉和丰臣政权肯定了政宗在奥羽统治方面的能力。

除伊达政宗外，其他还有佐竹、岩城、宇都宫等北关东诸将以及安房的里见、奥羽的津轻、最上、南部、相马、岩城等人，均到秀吉帐下出仕，接受“当知行安堵”。对于不反抗、表示臣服的大名首先进行“当知行安堵”，是信长以来的传统，也是战国大名的共通做法。

秀吉计划把原来属于家康的领地分给织田信雄，但信雄不想放弃尾张和伊势。这样一来，秀吉就以不遵从裁定为由，没收了信雄的所有领地，将其发配偏远地区。然后趁此机会，把尾张和北伊势分给侄子秀次，把三河分给田中吉政和池田辉政，把远江分给山内一丰和堀尾吉晴，把骏河分给中村一氏，把甲斐分给加藤光泰，把信浓分给仙石秀久和石川数正等人。把伊势和东海地方分给自己的家人和近臣，意味着控制东国流通渠道，加强对关东和奥羽的牵制。

然后是对奥羽的处分。秀吉八月九日到达会津黑川城后，以没有参加小田原之战为由，没收了白川义亲、石川昭光、大崎义隆、葛西晴信的领地。这些地区是近年来归入伊达政宗势力的地区，没收这些领地，也有削减政宗势力范围的意思。然后，秀吉把会津领和白川领、石川领等地分给蒲生氏乡，让他从伊势松阪搬到了会津。这样安排，是要把此地当作奥羽地区的指挥部。同时，他又把大崎和葛西领分给其直属部下木村吉清、清久父子，以便从南北两侧监视伊达领。其他大名基本上还领有旧地，上杉在天正十六年以武力征服出羽庄内地方，却未被视作违反总无事令，其领有权也得到了承认。南部氏的一支、长期试图独立的大浦（津轻）为信因为早早归顺了秀吉而得到津轻地方的领有权，成为一名独立的大名。

秀吉命令领地得到承认的奥羽大名都将妻儿送到京城常住；各领国内仅留大名居城，其余城塞即刻拆除；召集各大名家臣的妻儿，安置在大名居城内；实行检地以确保大名的直辖领地，确保在京费用的征调。大名将妻儿交给秀吉做人质，家臣将妻儿交给大名做人质，这种方式强化了他们的从属性质。拆除城寨在信长时期就已出现，这也是为了剥夺家臣的独立性和反抗据点，以强化大名的权力。让家臣集中居住在城下町则是为了促进兵农分离。检地也意味着大名全面掌握领内土地，否定家臣与其领地之间的紧密联系和传统的统治方法，这样更有利于更换他们的领地或者扩大直辖地。

强化大名权力，是为了让他们在出兵朝鲜时承担沉重的兵役并承担伏见城及方广寺等处的营建，也是为了让他们随时都可以离开领国、到秀吉身边出仕。这正是全国统一最实质性的内容，目的在于加快建立中央集权体制。大名们也以秀吉的权力为背景实行这种政策，充分利用其辅助效果来强化自己的权力，也推进了丰臣的大名化进程。这是一个全国领主阶级服从于中央价值观的过程，也是一个法律、规范甚至是文化上的“统一”过程。

奥羽一揆的反击

秀吉进驻会津十天后，便命令浅野长政等人对奥州旧领主的改易土地实行检地，并让秀次、宇喜多秀家、家康、石田三成等人协助。出羽地方则交给了木村清久、大谷吉继、上杉景胜等人。为了以统一的方针实行，秀吉先规定好检地条目，再交给各负责人。上等田按一反[1]二百文永乐钱计算，以此来把握贯高，但不实际丈量，而是让各村自行申报（“指出”），展现出尊重各地实际情况的姿态。但是，将一反定为三百步，把旱田、水田都分成上中下三等，这些方式与太阁检地相同，是奥羽人不太习惯的新政策。特别是那些自古以来就生活在同一地区的人，领主突然改易，无疑令他们不安和恐惧。

考虑到这种情况，十二日，秀吉命长政向国人和百姓详细

---

1 反，这里指的是土地面积单位。一反等于三百步（坪），约等于 991.7 平方米。亦写作“段”。太阁检地前一反相当于三百六十步。

解释自己政策的宗旨，以使他们接受。但是，与此同时，他又命令，如果有人反抗，是城主就赶进城内斩尽杀绝；是百姓则整个村都斩尽杀绝，哪怕将其地变作“荒地”，哪怕追到天涯海角，也在所不惜。丰臣一方率大军进驻，以军事力量为支撑，摆出不惜杀光所有人的架势，压制反抗、推行政策。这样一来，奥羽人对新政策的反感就越来越强烈了。

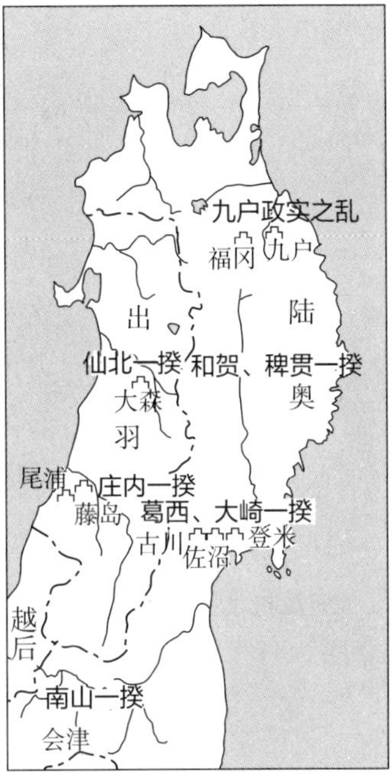

奥羽一揆地图

高压政策还不仅体现在检地方面。比如，新领主木村吉清无视惯例，让村民承担传马役（运送物资的马和人夫）。村里曾身为旧武士的浪人和有实力的农民拒绝服役，和吉清的家臣打了起来。于是吉清派军队抓捕了领头的三十余人，施以磔刑示众。虽然吉清像秀吉征讨纪州时那样赦免了其他百姓，但无疑是要以强权推行新政。以这种强硬姿态为保证，检地行动得以急速推进，秀次等人终于撤军。

于是，趁着驻军减少的空当，奥羽人开始反抗丰臣新政。九月下旬，出羽仙北地方一支三万五千多人的一揆势力揭竿而

没收的武器等物

大刀	250
腰刀	2 730
梭镖	1 336
火枪	26
箭袋	35
弓	78
旧铠甲	12
铠甲	5
京枡	40

起，由利、庄内地方的一揆势力也顺势兴起。进入十月，奥州的葛西、大崎旧领也发生了一揆，甚至攻陷了木村吉清领内的城寨。随后南边的黑川郡、北边的和贺和稗贯郡等地也发生了一揆，叛乱范围扩大到奥羽全境。参与一揆的不仅是因为领主被改易而沦落为浪人的原武士，正像浅野长政等人表述的那样，是"武士、农民一同""众武士及下层民众"，各村、各阶层的人集结起来，一同为反抗丰臣的新政和京都、京阪地区的政策（上仪）而斗争。

天正十八年（1590）十月，上杉镇压出羽仙北郡一揆后没收的武器等物如表所示。可见村民虽然还保有大量武器，但大部分是缺少金属部件的腰刀之类的残次品，火枪也很少。他们就是用这些武器与拥有大量火枪的军队殊死搏斗的。京枡[1]也值得重视。强制废除当地的度量衡，采用全国统一的京枡，正是丰臣政权的象征（参见第五章第一节）。

再次处分奥羽

因为应付不了此起彼伏的一揆，长政慌忙向伊达政宗和蒲

1 京枡，战国末期以京都为中心广泛使用的一种测算体积的度量衡，丰臣秀吉检地时曾尝试以京枡为衡量年贡与收获的全国统一标准。

生氏乡求援。家康也派去了军队。出羽的大谷吉继、上杉景胜等人也出动了军队。这样才救出了被围困的木村父子，收复了几座被一揆势力占领的城池。但一揆势力依然强劲，十二月，秀吉命令家康和秀次也前往奥州。一揆和丰臣军就在这样的对峙中过了年。

在叛乱爆发的紧张和混乱中，蒲生氏乡和伊达政宗之间的矛盾浮出表面。这其实是负责推进奥羽丰臣化并监视政宗的氏乡与奥羽本土势力之间的对抗。氏乡向秀吉报告说政宗有谋反之心。这既表现出他因一揆势力的扩大及其顽抗而惊慌不已，并对奥羽本土势力抱有强烈的怀疑，也表现出他因怀疑政宗与一揆有关而十分不信任他。这也是秀吉命令家康和秀次出兵的原因之一。

第二年，天正十九年正月，氏乡和政宗被召唤上洛。北奥南部领的九户政实借机夺取了九户城，闭城不出。南部信直向秀吉报告了九户的罪状，并请求增援。这也是为了避免自己因领地内发生叛乱而被追责、改易的一种策略。六月，秀吉任命家康和秀次为大将，率军出征。同时向以政宗和氏乡为首的奥羽大名以及佐竹义宣、宇都宫国纲、上杉景胜等人发布动员令，还派石田三成和大谷吉隆作为检使随军同行。各大名的城寨因此变得防御薄弱，被秀吉以留守居的名义派兵占领。这种方式与攻打小田原城时一样。这也是为了让各大名认识到，城寨不是大名的私有物，而是丰臣政权委托给他们管理的。

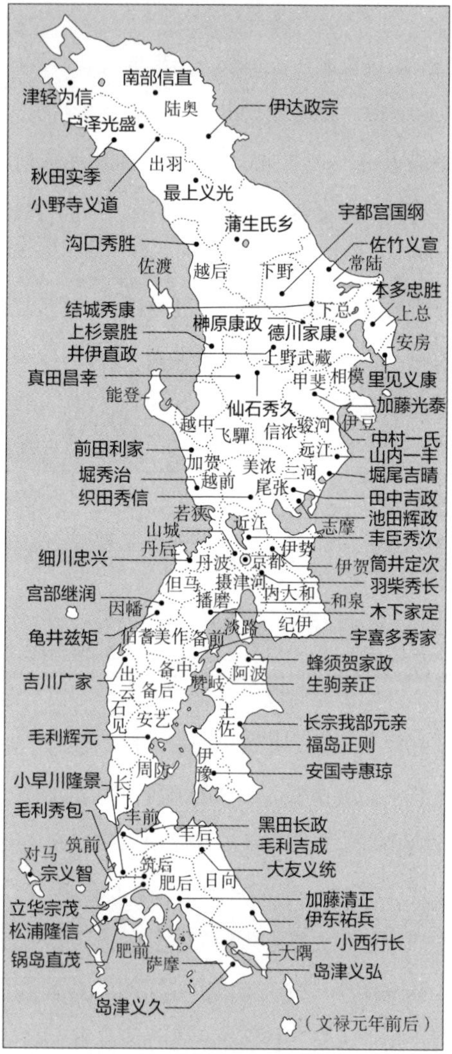

全国平定后的主要大名配置图

随着大军的推进，一揆逐渐被镇压，最后剩下的九户城也在九月初被攻克。其间，秀吉对奥羽实行了再处置。木村被改易，其领地被转封给政宗，而政宗原本的领地被没收，从米泽（今山形县米泽市）转封到岩手山城（今宫城县）。家康、三成等人将以新居城为首的原葛西、大崎领内主要城郭修缮一新，交给了新领主政宗。有些地方重新实行了检地。政宗的原领地被分给蒲生，外来丰臣大名的统治基础得以强化，相对地，政宗则被赶到因一揆和镇压而荒废了的地区。

如此这般，奥羽当地势力长达一年的抵抗被镇压。有人认为“落后”“守旧”的奥羽人反抗秀吉先进的政策，自然会失败。还有人认为因为奥羽人的反抗，“和平”被推迟。从丰臣政权的立场来看或许确实如此。但是，丰臣政权为了实现“统一”、加快出兵朝鲜，强行把奥羽地区编入版图并推进所谓“先进的政策”，正是引起纷争的原因。事实上，在镇压奥羽的同时，秀吉也发布了出兵朝鲜的动员令。

第五章

检地与刀狩

第一节 | 重新研究太阁检地

划时代的政策？

本章主要论述丰臣政权统治全国的基本政策。首先论述太阁检地，然后论述刀狩（收缴武器）令和海盗停止令、传教士驱逐令和身份法令等法令。其中太阁检地最早出现，其他政策是秀吉当上关白以后才发布的。虽然这些法令性质各不相同，但互相之间关系密切，都是丰臣政权非常重要的政策。就任关白后，摆在秀吉面前的不仅是如何征服大名的问题，还有如何收拾连年战乱造成的国土混乱与荒废、人与人之间互相对立的问题。新领主该如何统治那些失去了战败者及其遗族、浪人、领导者（地方武士等），但仍然有村民居住的村落？又该如何应对因年贡和徭役造成的领主与村落之间的对立，以及爆发一揆的可能性？舍弃田地的人、为寻找做官途径而流浪各地的人、不断涌向都市的人群……这些难题又该如何处理？难题堆积如山。丰臣政权为积极应对、认真解决上述问题而公布了许多法令，体现出其与织田政权不同的独特之处：那就是关白拥有对全国土地和全国人民的统治权这样一种政治思想。现在就让我们来看看秀吉计划如何统治国土和民众。

天正十七年美浓国检地规定的斗代[1]

等级	一反地的斗代
上等水田	一石五斗
中等水田	一石三斗
下等水田	一石一斗
上等旱田	一石二斗
中等旱田	一石
下等旱田	八斗

（一石 = 十斗，一斗 = 十升，一升 = 十合 =1.8 公升）

许多研究者认为太阁检地与信长检地及其他战国大名的检地都不同，具有划时代的意义，并予以高度评价。而笔者的观点与他们不尽相同，属于少数派。下面，笔者想通过比较信长和其他战国大名的检地来思考太阁检地的意义。

秀吉在以信长部将的身份统治播磨的天正八年（1580）就曾下令检地，本能寺之变后，他又在山城和近江等地检地，一般认为，检地的原则就是通过这一系列行动逐渐确立下来的。也就是说，以畿内近国的检地经验为基础，秀吉制定了统一标准，并将其作为检地规定推广到全国。虽然根据地域不同而有些许变化，但基本原则如下所示：

① 统一测量水田、旱田、宅地（家屋占地）面积时的所用标准，定一间长为六尺三寸（约 1.9 米），面积

1 斗代，中世至近世确定田地一反（段）多少斗的换算率或年贡量的兑换率。

检地尺　上有石田三成署名（尚古集成馆藏）

为一间四方＝一步，三百步＝一反（五间×六十间）。另外，三十步＝一亩，十反＝一町。

② 水田、旱田均分成上中下三等（有些地方还分上上和下下），各国或地区按上表制定一反地的斗代（也叫石盛，即米的量），（一般情况下宅地不分等级，一律适用上等旱田斗代，）然后乘以面积，算出石高。枡的单位则用京枡统一。

③ 按一地一人原则，在检地账上登记拥有作职（耕作权）的人的姓名（名请人[1]），使其承担缴纳年贡之责。

④ 划定村落界线（村切），以村为单位检地，制作检地账，制定村高（村的石高）。

这些规定把从前一反（亦写作一段）大约等于三百六十步的规定改成了三百步，统一了因地而异的一间的长度以及丈量长度的标准。当时度量米等物的容器也因地域和用途而异，此时也都统一成京城使用的京枡。就是说，对于统一政权来说，不论山城、九州还是奥羽，

1 名请人，江户时代，接受过检地、被登记为耕地或宅地的所有者且记录在检地账上的农民，即缴纳年贡的责任人，也叫本百姓。

一反的面积必须同样大，一升的米量必须同样多。实行统一标准至关重要。下面来看一份检地账。这是天正十九年三月由增田长盛负责的近江坂田郡岩谷村的检地账（抄本）(《山东町史》史料篇）。

上　　西口 十二间　卅六间	（步） 壹反四亩十二分	贰石三斗四合	左近卫门
中　　旱田 九间　廿六间	一反廿四分	五斗四升	同人

（中略）

一居屋 四间　八间	壹亩二分	壹斗七合	姬瓜

（中略）

一上田	九町七反七亩	壹石五斗五升代 百五拾壹石四斗三升五合

（中略）

水旱田合计叁拾五町四反三亩

此分米叁百九拾叁石叁斗二升四合

（后略）

确定每块水田和旱田的等级，记载其实际长宽（十二间、三十六间等）和面积，然后乘上斗代，算出每块地的石高（分米，即收缴额），最下面记载所有者姓名。在账面的最后按等级计算出面积和石高，然后再算出该村田地和宅地的合计面积以及村的总石高。将写有以上内容的检地账交由村民抄写，并让他们提交承认其内容的字据，这样事后就不会有人对面积和斗代提出异议。检地奉行和官吏在这份抄写本的检地账上盖章，然后交给村民保管。以上种种，都是检地奉行和官吏的任务。

石高的功能

依照检地定下来的村高，秀吉将知行权分封给大名和家臣。比如，文禄三年（1594）有这样一项针对片桐且元的记录：

> 河内国交野郡奥津村内五百三拾三石六斗之事，以今次检地为准，重新扶助[1]，皆可领知。

也就是说，在检地的基础上，将奥津村以五百三十三石六斗的石高分封给他。次年又在检地后，将筑后国山门郡的四万五千二十三石、下妻郡的一万七千八百四十五石、三潴郡的五万八千六百二十石、三池郡的一万七百石，合计约十三万二千二百石，分封给大名羽柴柳川侍从（立花宗茂）。在这种情况下，郡的石高是郡内各村石高的总数。就这样，大名从自己的固定领知里拿出一部分分封给家臣，就像上例中的片桐且元那样。富有的家臣还会拿出一部分领知分给自己的家臣。

---

1 扶助，封建时代，主君给予武士的俸禄。

这样就形成了一座领主阶级的金字塔：以秀吉为顶点，其下分列着大名、大名的家臣以及家臣的家臣，是一种多层的主从关系。而这种主从关系得以成立的关键在于根据石高分封领知（恩赏）以及受封者的奉公（兵役），因此，石高是确定领主阶级主从秩序所必需的工具，实行检地正是为了把握石高。

既然运用检地规定的标准来统一长度和容积，并据此计算石高，那么比如说一万石的领知额，从原则上来说，不论在畿内还是在其他地区都应该是一样的。所以秀吉只要计算石高，就可以把大名转封到任一地区。比如说，按照相同的标准，凡一万石的大名需要承担五百人的兵役。还可以据此建立起一个统一的大名门第及排序的体系。同样的事也发生在各大名领的大名及其家臣之间。通过建立起这样的制度，统一政权就能成为一种超越的、专制的权力。

但是，检地并非由官吏擅自实行，而是要先接触村落，让村中的代表人物做向导，然后才能进行。如果没有村民，官吏是不可能知道村落的分界、田地的等级和田地名请人姓名的。当然，决定等级的时候，官吏若根据日照和水利情况希望将其定为上等，就会和村民产生矛盾，但这也说明村民可以在检地现场表达自己的主张。虽说领主与百姓的身份区别很大，百姓的主张也有可能不被接受，但总的来说检地账是经由双方利益碰撞后定下来的，所以村民也对检地账的内容负有责任。检地官吏盖章后将检地账交给村落，此时百姓提交证书，就表示承认检地内容，尤其是其中的村高，也意味着本村承包了年贡的缴纳。

年贡额一般以村高为基准，再乘以几成、几分这样的年贡率，以村为单位计算，针对村落征收年贡。村吏（特别是庄屋、名主[1]）以此为基准，根据每一个村民的承担额分别征收，集齐全村的年贡额之后再上缴给领主。如果有不能缴纳（未进）的百姓，庄屋等人可以垫付，总之要备齐全村的年贡额后再一次性上缴。这就是年贡的“村请”。因为村落承担责任，所以村的石高非常重要。

那么，像这样通过给予所领（土地）来确立领主阶级（武士身份）内部的主从关系、领主与农民（百姓）之间的统治与被统治的阶级（身份）关系的制度，就被称作知行制，不过，狭义上用作前者即主从关系的场合比较多。另外，以这种关系为中心形成的社会被称作封建社会。秀吉以石高为基准构建起知行制，并推广到全国，建成了以全国统一的石高制为基础的知行制，后被江户幕府继承。也就是说，很明显近世的统治机制以石高制为支柱，以太阁检地为基础。正因如此，太阁检地才被称作划时代的举措，受到极高的评价。

---

1 名主，日本古代末期到中世，从公领、庄园领主手中承包名田、负责经营并向前者缴税的阶层。“大名”即来源于“大名主”。名田，日本平安中期（公元 10 世纪左右）至中世庄园公领制下征税的基本单位。

天正五年的越前检地与石高制的成立

太阁检地的原则是官吏赶赴现场、测量土地（尽管很多地方并没有实际测量）。与之相对，信长和其他战国大名没有实际测量，而是采用了让百姓和领主自己申报的方式，所以没能正确把握土地情况。这也是太阁检地被评价为划时代举措的理由之一。下面具体分析。

如前文所述，信长在统治从敌人手中夺取的无主土地和新征服土地时，让百姓自行上报（“百姓指出”）并依此掌握原领主的所领范围和征收的年贡、徭役等（但认为这就是“指出检地”的看法是错误的）。织田政权最初的检地行动是在天正五年（1577），由越前的柴田胜家和前田利家等人进行（比关东的北条晚七十余年）。关于越前检地，公文中有“国中御绳打”“检地”等字样，可见检地是用绳子（丈量长度的工具）测量的（也称丈量检地）。用绳子丈量长度这种方法在中世也有，江户时代的检地和测量也有用绳子或竹竿的情况，所以并不是什么特殊的事。而且，在越前全国实行，也表明是要在一国规模的检地基础上实行知行制。

实行检地前，胜家先让接受了“当知行安堵”的寺社等地领主以石高申报各自的当知行额（“领主指出”），检地后再将相当于其申报量的石高转交给他们。比如，根据申报，被认为与织田家有渊源的织田大明神神领的当知行额（该收缴的年贡等）为一千四百八十九石三斗，四月八日，这个石高被分配给九个村承担。

据丹生郡天谷村（今福井县越前町）遗留的资料记载，检地时规定，一反水田的斗代不分等级，一律按一石五斗计算；旱田分三个等级，分别是七斗五升、五斗和三斗七升八合。宅地的斗代与水田相同，均为一石五斗，然后乘以面积，算出全村的石高。

水田不分等级这点虽与太阁检地不同，但不能产米的旱田和宅地也以水田为基准设定斗代、算出石高这种方式，却与太阁检地基本一样。分封领主领地时是以检地掌握的石高为依据，通告村民时也是以村高为依据（以文书的形式交付）。也就是说，可以看作这时已经实行了石高制。秀吉的太阁检地和在石高制基础上形成的知行制是继承了越前检地和以石高制为基础的知行制，并不是划时代的独创。而且，越前检地划定了东南西北四方的村界（四至），检地结果也记录在坪付[1]文书中，由官吏交给村中的百姓，八名百姓代表在上面签字，然后提交承认检地内容的保证书（请状）。虽然似乎没有交给村民记载每块土地情况的检地账，但除此之外，与前述太阁检地的做法基本相同。

天正九年丹后国检地时也使用了这种“越前模式”，可以

1 坪付，中世时，记录田地的位置、面积、条件等内容的账簿。

看出五年后信长的方针就是在统治地区推行以石高制为基础的知行制，秀吉则是继承了这一方针。

那么，从以上信长和秀吉的检地以及他们对知行制的建设来看，关东北条氏的检地和知行制构想与此基本相同。北条没有采用石高制，而是采用了贯高制，那是因为在关东，以货币缴纳年贡、以贯高表示所领由来已久。就像信长也在尾张和美浓采用贯高制，在畿内近国则以石高分封所领一样，这只是地域间的差异，并不能表示先进或落后。

北条大概也进行了丈量检地，最初是在永正三年（1506），以村为单位进行的。相当于斗代的一反田标准值被设定为水田五百文、旱田一百六十五文（不设等级），然后乘以面积，算出贯高，从中扣掉百姓自有的部分，剩下的就是年贡额。分配知行和军役给家臣规定了领主阶级的内部关系，制定年贡和诸役则确定了领主与百姓的关系，两者都是按贯高计算，以贯高制为基础，知行制实行得有条不紊。所以，即使秀吉的知行制并未直接模仿北条，我们也不能忽视，以战国大名为主导的检地和对知行制的构建都是其历史前提。

大和指出与庄园

太阁检地以一人一地为原则，最终否定了庄园制。相对地，一般认为信长和其他战国大名则容忍了庄园制。关于这一问题，我们可以对比一下信长和秀吉对兴福寺等大庄园领主所在的大和国采取的政策。

天正八年八月二日，正是主张彻底抗战的本愿寺教如从大坂撤退的那天。四年前得到信长承认其大和国统治权的筒井顺庆，在接到信长拆毁大和国中城寨的命令后匆忙归国。同时下达的还有针对摄津、河内的城寨拆毁令。在与信长的战争中，本愿寺势力直到最终阶段还在畿内一带保有五十一座城寨。拆毁城寨是为了防止它们成为国人、地方武士、百姓等人的抵抗据点。连筒井顺庆的居城筒井城也被拆除，只有信长指定的、统治一国的郡山城被保留。

强行拆毁城寨给国人带来了巨大的冲击和不安。在拆除行动结束后的八月二十七日，泷川一益率领一万余大军进入了大和国。从很快就撤退这点来看，这只是一种示威行动，但也是为了让国人和寺社接受“指出”。然后在九月二十五日，泷川一益和明智光秀作为上使率领大军进驻奈良，第二天就命令全国的寺社、本所、诸寺、诸山、国人提交“指出”。领主们只能唉声叹气，毫无抵抗之力。

“指出”的内容和格式都有明确规定。领主们还被命令提交血印誓约书，发誓如实申报田地、宅地、山林的情况，若有可疑之处可以追问百姓，若有不实之处则会被没收全部所领。就这样，在上使的指示下，领主们分门别类地统计自己当知行的田地、宅地等土地的面积和收缴额，然后提交“指出”和血印誓约书。另外还制作了记录明细的账面，以便统计“指出”。收缴额原则上按前一年实际收获的数量登记，用货币缴纳的部分也被命令换算成米，全部按石高申报。

大和国最大的领主兴福寺的申报石高为一万八千二百零九石余。其中不但有其作为庄园领主，自平安时代庄园成立以来就在征收的年贡和其他物品，还有作为大和国实质上的守护而向全国征收的临时税钱和米，其收缴额虽然在最近几年大幅减少，但也有五千八百二十一石余。这大概是按照中世的实际收缴内容申报的。与兴福寺不同，申报了九百一十九石余的大乘院还留下了制作“指出”时的账面，其中记载了杨本庄、井户堂庄等庄园收取年贡的每块田地的面积和分米。一反地的收缴额情况不一，既有不少不足一斗的，也有一石五斗这样的例外。以平均值而言，比如说杨本庄的面积有七十二町一反余，收缴额共有一百三十五石八斗余，那么一反地就只收取了一斗八升八合左右的年贡。这就是庄园领主当知行的实际情况。另外，还有不少庄园的年贡征收权已经完全移交给国人或地方武士。这些庄园就由国人申报。

为了征收这样的“指出”，信长不得不使用拆除城寨、派兵威慑的手段，恰恰说明这些有几百年历史、与信长毫无关系、却拥有并独立统治土地的领主的抵抗力量有多强大，以及信长本身对他们有多么警惕和恐惧。一旦进行检地，可以预想将遭到更加激烈的抵抗。“指出”仅仅是让人申报旧有的情况

（先例），检地则是否定原来的一切，把握所有土地的情况以增收年贡。所以信长在用武力歼灭越前的一向一揆后，趁国人还记忆犹新的时候就一边推进刀狩（收缴武器），一边进行具有划时代性质的检地。关于检地，正如下一章还要论述的，虽然不完全是为了领主单方面的利益而强行推动，但实际上也采取了军事镇压和武力威胁的手段来强迫村民服从。

信长通过"指出"掌握了大和国所有领主的收缴额。至于如何处置申报后的所领，就端看信长一人的意向了。从这个意义上来说，领主已经丧失了自主权。征收"指出"之后，国人中的戒重氏、冈氏、大佛供氏、高田氏很快被处刑。之后也有几个人被杀，所领被没收。这表示违背信长意志的结果就是不但会失去领地，还会失去生命。十一月八日，信长认可了大和国的寺社、国人所申报的当知行。从越前、丹后之例来看，可以认为信长是打算将来在大和实行检地，并按石高来分封已认可的当知行额。这件事最后在秀吉的时代实现了。

天正十三年，秀吉在平定和泉、纪伊后，将筒井定次转封到伊贺，把大和交给了自己的胞弟秀长。秀长作为新的统治者从各领主处征收了"指出"。兴福寺和大乘院预计这次也能得到所领承认，所以申报了比信长统治时更多的"指出额"。比如说，大乘院就把上次没有算进去的段钱也加进去了。但即便如此，申报内容也基本与五年前一样，是收缴额而不是生产量。秀长方面对这项与信长时代不同的"指出额"进行了质询和调查，几番波折之后，最终将兴福寺的知行额定为一万五千石，将大乘院的定为九百一十四石。然后在文禄四年（1595）太阁检地后，这些庄园被分配了与各自知行额相当的村落，兴福寺得到了辰市等二十三村共一万五千零三十三石三斗三升的寺领。与信长在越前和丹后实行的方式完全相同，收缴额被原封不动地置换成了检地后的石高。在秀吉的统治下，来源于庄园制的收缴额得到承认，以此为标准，旧庄园领主被授予石高制下的知行。不论信长还是秀吉都没有否定公家、寺社等旧庄园领主，而是通过赋予知行，将其纳入自己的政权。这难道不正说明，对他们来说庄园制并非必须否定的障碍吗？

斗代的特点

有观点认为，战国大名检地掌握的是年贡额，而太阁检地掌握了生产量（收获量），创造出只给百姓留下最低生活限度的收获、尽可能榨取年贡的体制，所以具有划时代的性质。然而，笔者认为秀吉并没有试图掌握生产量。下面笔者将论述这一点。

问题在于，计算石高的基础——斗代（石盛）就是生产量吗？要说明这个问题，就不得不先考虑当时的耕作者所负担的本年贡（领主收缴的年贡）和加地子[1]（有时两者合称为年贡）两种

1 加地子，中世时名主向耕作人征收的一种额外地租。

赋税。室町时代，村民以村为单位团结起来，组成被称为总村的自治组织，共同承担年贡，这叫“村请”（也叫地下请、百姓请）。这样一来，领主只征收规定的年贡，却无法掌握到底有多少耕地之类领地的实际情况，也无法增收年贡。另一方面，只要农民努力提高生产力，就能获得超出年贡的部分，要么以加地子（亦称得分、德分、加地子得分）的形式转化为名主、武士等有势力百姓的收入，要么被拿去买卖。加地子是一种小耕地的使用费，不是年贡。通过买卖的形式，不管是寺社、武士、名主、百姓还是其他任何人，都可以从耕作者手中得到收取加地子的权利。

比如说，在后来成为江北浅井氏重臣的今井氏麾下，有一个叫作井户村备后守（定阿弥）的富裕武士，据文明五年（1473）的转让书记载，他持有多种加地子收取权，一反地的加地子高达五斗、九斗、一石、一石八斗等。同一时期，还有史料记载了赠送给摄津国洞云寺的土地，其中关于水田的情况如下：

壹段者　　在所山边极乐寺　四斗本役出也
　　斗代壹石七斗之内

壹段者　　在所山边尾曳　三斗五升八合本役出也
　　斗代壹石贰斗之内

后面还记录了另外十块地。

此处的“本役”表示领主收取的年贡，也叫本年贡或公方年贡。斗代一石七斗中，四斗本役缴纳给领主，剩下的一石三斗就作为加地子被寺院收取。也有无本役、斗代为一石九斗的土地，在这种情况下，斗代就全部被寺院收走。可以看出，领主的年贡有些是零，也有些不到加地子的三分之一，占比非常低，相反加地子的占比却很高。在领主方面看来，这表示自己的统治权正在变弱。正是为了应对这种情况，战国大名们才开始检地，以增收年贡。

值得注意的是，洞云寺史料用“斗代”来表示本年贡和加地子的总额。也有史料用“年贡”来表示。原本斗代是指一反地的年贡收缴额，而当加地子成为一种普遍现象之后，不论是承担本年贡和加地子的耕作人，还是征收这两种赋税的领主，都产生了将两者合称为“年贡”“斗代”的意识。这就是当时的实际情况。

在明确这一点的基础上再回头看秀吉的检地规定，像前述美浓国上等水田一石五斗的石盛，就很明显是对斗代的规定。文禄三年（1594）岛津领进行检地时也有如下记载，清楚写着“斗代”：

岛津分国御检地斗代

一、五间、六十间为壹反。但田垄、水沟除外。

二、上村　上水田壹石六斗代　中水田壹石四斗代

上旱田壹石贰斗代　中旱田壹石代（下略）

同年八月，奉行宫木藤左卫门、浅野长政发布检地规则，其中第二、三条规定了水田和宅地的斗代；第四条则说关于山田、野田、河道的斗代，可以先向村民打听从前的斗代并进行调查，然后决定新的斗代；第五条规定，若超过了上述规定的斗代，则可沿用以前的斗代。从这些用法可以看出，太阁检地的斗代与以前当地的斗代关系密切，有时甚至是继承了以前的斗代。因为以前的斗代绝不会是生产量，那么在同一文书中，不可能只有太阁检地所说的斗代是生产量。

从上述井户村定阿弥和洞云寺的史料等可以看出，15 世纪时，几乎所有地方的斗代都在一石以上，甚至有一石九斗或者两石这种高额斗代的地方。越前也基本相同。所以天正五年越前检地中的一石五斗，可以说也是根据实际斗代额设定的。一石五斗这个数字也作为基准值影响了秀吉的斗代设定。

在秀吉的意识中，太阁检地的斗代是根据当时社会业已形成的斗代设定的，是由本年贡 + 加地子算出的数字，也应该是新年贡收缴的标准。在这个意义上，斗代的含义与庄园成立时期以及中世检注[1]设定的斗代基本相同，从前斗代并没有生产量的含义，同样，秀吉也没有要通过检地来把握生产量的意思。另外，把田地分成上中下三等或者多个等级，按等级设定斗代的方式也在 12 世纪庄园成立时就已经出现，也不是秀吉

1 检注，从古代后期到中世，在日本庄园公领制下实行的土地调查，以确定国司和庄园领主的年贡收取量和比率。

的独创。把斗代当作年贡收缴额的用法，直到江户时代部分村落还在使用。

征收御前账

秀吉以天正十五年（1587）出兵九州为契机，开始准备征服朝鲜、出兵大陆，预备一旦平定全国便下达出兵号令。这意味着动员全国大名承担兵役，对秀吉来说也是首次公开亮相。他也正是为此才要以统一的石高制向大名们分派兵役。但当时进行过检地的地方还很少，所以以出兵朝鲜为由推动石高制完善也是其目的之一。秀吉想要让世人知道自己以新的土地制度掌握了全国土地，建立起以自身为顶点的等级体系，并以肉眼可见的形象展示新时代的开始。怀抱着这种想法，秀吉在天正十九年向全国下达了制作并提交御前账的命令。五月三日，负责此事的长束正家等人向岛津氏发出指示，命令他们在十月以前提交御前账。看到这种情况，家康领和奥羽等地也加快了检地，说明确实起到了促进作用。

御前账是进献给贵人的账簿的意思。秀吉表示要将其上交给禁中（天皇），同时为出兵朝鲜做准备，两者密不可分，其目的不仅是确立石高制和知行制。制作御前账是为了寸土不落地了解日本全国土地，以备拥有全国土地统治权的天皇随时御览，而形式上则是由代为统治的关白秀吉来发布命令。因此账面不是以大名所领为单位，而是以郡为单位，统计并记载全国范围内所有田地、宅地的面积、石高和承担川役、山役、浦役的人员数。还要制作以郡为单位的地图，上面标注海、山、河川、道路、村、寺社和田数等信息，与账簿同时提交。

仅靠石高制所不能全面掌握的山野河川以至所有空间，以及在其中生产、生活的所有人，都受关白秀吉统治——上述举措就是为了让人产生这种意识而采取的手续和手段。为此，秀吉试图利用来源于律令制、与很久以前天皇的全国统治有关的国郡制，将其作为自己关白政权的支柱。他认为，这样一来就能建立起超越领主阶级的主从制和知行制的、牢固的全国统治权。

御前账是效仿太阁检地的施行规则，在把握各村石高的基础上，以郡、国为单位统计石高，并向中央政府申报的一种“指出”。但是，还有许多地方没有经过检地，这种情况下就以旧有的收缴额为基础，算出书面上的石高。

比如，根据记载，当时岛津领的萨摩和大隅还没有进行太阁检地，而由于岛津义弘正身在京都，也不可能回国制作账簿，所以他要求身在领国内的人写下村数、田地、播种量，并按领国的度量衡计算稻米、大豆等物的收缴额，然后送到京都，再在京都换算成京枡，做成账簿。据说，其中，关于岛津从摄津、播磨获得的一万石在京经费，就是在增田长盛的指导下，来回修改了好几次才做成账簿的。由秀吉的奉行指导，通过书面上的操作，“指出”被制作出来。据说，因为石田三成又补记了八万石，岛津领最终提交了总计三十八万石的御前账。像这样，既非检地量、也远非实际情况的石高在奉行的主导下被制作出来，这种情况不仅存在于岛津领。而这就是石高的实质。

由此，全国建立起了石高制及以此为基础的知行制。在此基础上，以国、郡为单位进行统计，然后进献给天皇，就形成了以村为最小单位，村、郡、国一体的另一套国制结构。对丰臣政权来说，账簿与实际石高间的差异并不成问题（大名有自己的检地方式）。丰臣政权就这样一路向着侵略朝鲜迈进。

第二节｜刀狩令与海盗停止令

宣扬拯救百姓

在秀吉针对百姓的各项政策中，与检地同样重要的是刀狩令——从百姓手中没收武器，它与对大名发出的总无事令、对在海上活动的人发出的海盗停止令并列为秀吉的三大和平令。后面我们还将论及海盗停止令。

刀狩令是在天正十六年七月八日发布的。这时距聚乐第行幸刚过去三个多月。刀狩令的颁布对象不是百姓，而是大名和领主。它由三条内容构成，第一条是：

> 严禁诸国百姓（等人）持有长刀、胁差[1]、弓箭、枪矛、火枪及其他武器。论及理由，若令其储备无用武器，将妨碍（领主）收缴年贡，继而图谋发动一揆，对给人行非礼之事，理应予以严惩。如此一来，田地将不作，知行将荒废。故该国国主、给人、代官，应尽数没收上述武具，上缴（给丰臣政权）。

刀狩令禁止各国百姓持有刀剑等武器，理由是如果他们持有武器，就会不愿意上缴年贡，甚至发起暴乱，反抗领主。当然，对这样的人要严惩。但是这样一来，田地就会荒芜，就无法征收年贡。所以大名、官吏、代官应该收集武器并上缴。这是秀吉的真心话。一边说明为何要收缴武器，一边教诲大名和领主说这是为了他们好，并要求他们执行。这都是不能让百姓听到的话。

至于大名向百姓说明的、表面上的理由，也在第二条和第三条里准备好了。没收的长短刀不会浪费，会被熔铸成铁钉和

1 胁差，短刀的一种。

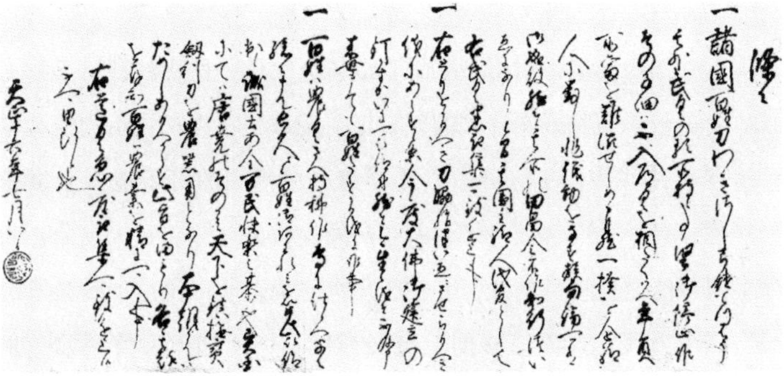

刀狩令（大阪城天守阁藏）

扒钉，用于营建方广寺大佛，这样百姓不仅能得到现世的幸福，来世也将得到拯救（第二条）。百姓只要有农具，专心耕地，就能儿孙满堂。因为（秀吉）爱惜百姓，才做出这样的吩咐。这正是天下太平、万民同乐的根基。传说在中国的尧（传说中的理想帝王）的时代，天下太平之后，宝剑利刃便被用作农具，但在日本还未曾有过这样的先例。每个人都务必充分理解此事，百姓要专事农桑（农业与养蚕，第三条）。

与第一条中的真心话截然不同，第二条说到与大佛结缘、拯救来世，第三条说百姓只要专心于农耕就能得到现世幸福。秀吉就这样将分别使用真心话和场面话的方法教给大名和领主，传授他们统治百姓的新方法，引导他们转型成新型统治者。为此，秀吉有必要向他们展示一种新的百姓形象。这种形象也有必要展示给百姓，以教诲他们。也就是说，与武士身份不同，百姓只要专心于农耕，就一定能获得现世的幸福和来世的拯救。

作为回应，前田利家果真以铸造大佛殿所用的铁钉等物为由进行了刀狩。据《多闻院日记》记载，在秀长统治的大和也有这种宣传：一方面，以武器铸造大佛用的钉子能为来世积德；另一方面，随身带刀就容易发生打架斗殴、致人丧命，而刀狩能避免这种情况，有益于现世幸福；所以说这项政策考虑到了万民的利益。多闻院英俊当然不可能知道刀狩令第一条里写的真话，但他还是敏锐地看出了这点，并在日记中写道："真正的目的是要防止一揆爆发。"

很快，八月，收缴的武器就从统治加贺国两个郡的大名沟口秀胜处转移到了奉行长束正家手中。上缴的长刀、短刀等武器总共约有四千把。第二年，从岛津领又送来约三万把长刀、短刀。有意思的是，同时送来的还有一根大佛殿的柱子。事实上，刀狩一事也包含了为秀吉的建造大佛事业做贡献、向其尽忠的意思。据弗洛伊斯记载，毛利辉元还送来了六艘载满刀剑的船。

恐惧一揆

柴田胜家在消灭了一向一揆之后，已经在越前部分实行了刀狩。如前文所述，天正十三年攻打纪州时，秀吉降服了组成纪伊总国一揆的地方武士、百姓和寺院势力，然后没收武器，让百姓专心务农，让僧侣专注佛事，提出了新的身份和职能观念。这被认为是兵农分离政策的开端，至天正十六年发展为刀狩令。

藤木久志评价刀狩令是“丰臣和平令”之一，他认为，实际上被没收的主要是长刀和短刀，数量也并不是那么多，民间武器是否全都被没收了是值得怀疑的，并举出许多为驱除妨害农业的鹿、猴等动物而允许百姓持有枪和火枪的案例。他认为刀狩令的主要目的并不是解除百姓武装，而是要改变中世那种百姓也可以随意佩刀的意识，并将之转变为许可制，加以限制。这样的看法，包含了颠覆向来认为刀狩令就是没收武器、解除武装这一观点的意图。这种看法的认识基础是兵农分离在中世就已实现，因此与将刀狩令看作兵农分离政策的观点格格不入。

确实，秀吉的刀狩行动是与提出专心务农这一百姓身份观并行的。不得不说，村中不想当武士或其家臣、只想专心种地的人有很多，还有很多人一边种地一边从事商业和手工业，所以秀吉的逻辑拥有广泛的社会基础。因此，秀吉的政权实质上是一种能够保障百姓身份的政权。这一点的意义尤其重大。但是，一旦忽视这种政权在现实社会中是怎样实现的，一味强调身份标记和意识的问题，就容易越过现实中那许多在信长和秀吉为确立自身权力而发动的战争中进行抵抗的人们，形成一种因为他们领先于时代所以获得了民众支持的印象。事实上，不论信长还是秀吉，都因为在统一战争中遭到一揆势力广泛且顽强的持续抵抗而感到棘手，在用压倒性的军事力量歼灭反抗势力或令其投降后马上实行刀狩，正是因为担心百姓手中有武器就会再次发起叛乱。

刀狩之所以发展为全国范围的法令，其中也有天正十五年发生的肥后国大规模一揆的影响。九州平定后的六月，佐佐成政作为肥后国大名进驻隈本城（今熊本市），七月，领国各地便发生了由国人主导、百姓参加的一揆，甚至诱发了丰前中通一揆和肥前谏早一揆，动摇了秀吉对九州的统治。为此，秀吉本来计划举办十日的北野大茶会只一天便不得不中止。导致一揆的原因是，佐佐成政没有将朱印状上的所领交给出仕于秀吉且得到了承认的国人，而且，秀吉要求第二年才实行的检地，他打算马上就实施，还对百姓提出非法的要求。

这次一揆虽然是由隈部等有权势的国人发动的，但根据记录，据守在隈部居城的共有一万五千余名男女，其中男性八千余、妇幼七千余，而其中只有八百余名武士，也就是说90%左右的男性都是武士以外的人。据说城中有火枪八百三十支，弓五百零五把。至于刀，是几乎每一名男性都有的。国人、地方武士、百姓的大规模叛乱势力与佐佐军以及小早川、龙造寺、立花等九州大名的大军对峙半年有余，以至于秀吉不得考虑派遣两万甚至十万大军去镇压。但是，第二年一月，一揆被平定，百余名被视作主谋的国人被斩首。秀吉处决主谋的理由是，如果佐佐成政统治不当，地方武士和百姓应该向关白申诉。不申诉直接发动叛乱是违法行为。所以这场战争被视作纠纷，纠纷的另一方——佐佐成政也被勒令切腹，最后以双方各打五十大板的方式了结。百姓则得到赦免。

作为对一揆的战后处置，秀吉派遣浅野长政、加藤清正等九名上使进行检地，然后把肥后的北半部分给加藤清正，南半部分给了小西行长。看看两人在出兵朝鲜时发挥的巨大作用，就能知道这也是在为出兵做准备。加藤清正第二年又实行了检地。虽说已不可能再发生大规模的一揆，但这并不是因为人们欢迎检地，而是不得不接受。刀狩令就是在一揆被镇压的半年后下达的。

笔者认为，秀吉还是害怕一揆。因为征服者而失去武士身份和权利的浪人和当地武士很多，而百姓也因为检地、增收年贡、繁重的徭役而对新政充满不安和不满。天正十五年出兵九州时，秀吉让本愿寺的下间赖廉同行，正是为了防止一向众发起叛乱并利用他们。只要有武器和城寨，像肥后那样抵抗半年、像奥羽那样抵抗一年也不是不可能。在进行过刀狩的九州，秀吉在文禄元年（1592）进入名护屋城时又进行了一次刀狩。据弗洛伊斯记载，拒绝的人会被处以磔刑，除武士以外的所有人都须交出武器，于是在肥前长崎一共收上来四千把刀、五百支枪、五百把弓、三百杆火枪和一百件铠甲，在有马领则收缴了超过一万六千件刀剑。他也提到，人们交出武器时很不情愿。这很明显是为了防止九州在出兵朝鲜时爆发一揆。

与没收武器密切相关的是拆毁城寨的“破城”行动。永禄十二年，在打败北畠氏之后，信长在伊势进行了“破坏国中诸城”的行动。像这种在镇压敌人后进行的大规模破城行动实际上比刀狩早许多年，大和国在征收指出时也进行过。消灭柴田胜家后，秀吉也在近江实行过改知行和破城，拆毁各国城寨，并在给侧室的私人信件中表明这样做是为了以后不再发生暴乱。也就是说，他表明破城是为了防止出现敌对行为。天正十四年，秀吉在命令毛利辉元准备出兵九州的同时，也下达了拆除毛利领城寨的命令；岛津臣服后命令九州诸国破城；奥羽平定后也命令拆除家臣的居城……凡此种种，都表明破城是平定各地以及贯彻丰臣政策不可或缺的措施。城寨不仅是家臣自立的据点，也是一揆抵抗的据点，对统一政权来说是不能存在的事物。

海盗停止令的目的

与刀狩令同时，在天正十六年（1588）七月八日，秀吉下达了海盗停止令。这份命令由三条内容构成：第一条是“诸国海上贼船之事，应坚决禁止”，是说最近听闻伊津喜岛（斋岛，今广岛县吴市）有人盗窃船只，这是不可以的；以此为由，第二条则命令各国领主调查每个海滨的船头、渔师等操船的人，让他们提交宣誓绝不从事海盗活动的联名状，并由国主（大名）收集后提交给秀吉；第三条规定，今后若因领主大意而导致出现海盗，（秀吉）将严惩海盗，并没收领主知行。

所谓海盗，就是指拥有许多船只、以水运为业、在海边或岛上建起海城并统治着某片海域的海上武士集团。他们以保护费或通行费为名，向通过自己统治海域的船只征收通航税，保障船只的航行安全，但对不服从的船只会发动袭击并夺走货物和船，因而被人畏惧。濑户内海西部有伊豫的河野氏、忽那氏，还有以能岛、来岛、因岛为据点的村上水军，十分有名且实力强大，尤其是能岛的村上武吉，在战国时期曾是毛利水军的支柱。但是，村上在服从毛利的同时仍保有极强的独立性，并没有停止海盗活动。在村上方面看来，作为自中世以来建立起地域统治权的当地领主，这是理所当然的行为。

但是，在天正十三年平定四国时，秀吉将伊豫分封给小早川隆景，并命令他进行破城，其中自然也包含了村上氏统治的城寨，展现出限制其活动的姿态。第二年，秀吉任命毛利氏为出兵九州的先锋，同时指示毛利辉元对领内各城进行拆除，并关闭所有海陆役所（关所）。关闭海关就意味着禁止收取通航税。到天正十六年，又发展为海盗停止令。所以破城不仅是针对一揆的措施，也与海盗停止令密切相关。

但事实上不论毛利还是小早川，都没能制止村上水军的海盗活动。秀吉终于不得不自己出面镇压。至于这是发生在天正十五年平定九州后的事，还是发生在其他时间，众说纷纭，尚无定论。总之，村上水军从事海盗活动的报告传到了秀吉耳中，于是他命令隆景前去惩办。为此，他还特意在书信中写道：虽说惩办一事本应由他亲自指示，但考虑到这是隆景领地内的事情，所以还是命令隆景去处理。在实施处罚之前，秀吉命令村上武吉之子元吉前往大坂，给了他一个辩解的机会。另外，他宣称若隆景解决不了问题，自己将派遣大军，表现出强硬的态度。而天正十六年的停止令则明确规定由秀吉来实施处罚，表明海上是秀吉的统治范围，保障海上通航安全、惩处违反者也是关白的权限。

平定九州后的天正十五年六月，肥前国高来郡深堀的领主深堀纯贤因为多次对中国船、南蛮船以及许多商船进行海盗活动而受到惩处。那时在筑前、筑后、肥前等地，已经下达了除秀吉承认的城寨以外，所有城寨，包括小型住宅建筑都要拆除的命令，同时也禁止了所有海盗和强盗活动，而深堀违反了这些命令。据弗洛伊斯记载，深堀似乎是长崎一带的大海盗，因为掠夺长崎居民、造成极大危害而遭到控诉。针对深堀，秀吉要求他交出人质、拆毁住宅，并没收了他的知行。

信长已经废除了陆地上的关所，秀吉又把这项政策扩大到海上。他们的目的在于建立起一个能保障所有人自由且安全通行全国陆海领域的体制。秀吉作为关白，主张自己拥有对全部国土的统治权。而实施上述措施，就是为了保证他的政权具备一个统一政权的实质。

除此之外，海盗停止令还有两个现实目的：一是为了出兵朝鲜，需要掌握船只、船头和水手的情况，所以停止令第二条要求调查船员并命令他们提交誓约书；另一个是为了贸易，为此，有必要命令领主以渡唐贼船为名，取缔不仅在国内、还在中国沿海胡作非为的倭寇。藤木指出，这样做是为了与大明进行勘合贸易。秀吉认为只要取缔倭寇，大明就会同意恢复勘合贸易，他还命令岛津设法让大明提出勘合贸易要求。

天正十九年九月，秀吉在发给锅岛直茂、加藤清正等九州大名的朱印状中说，他早就指示过要让“月氏、震旦、高丽、新罗、百济及诸外国回船”不论来到日本何处都能安心做生意，责备南蛮黑船对唐船实施海盗活动，并让各大名警告他们今后必须停止这种行为。这是将取缔对象从日本船扩大到了中国、朝鲜和南蛮等各国船只。

虽然保障所有船只的自由航行和安全是为了促进贸易，但同时也是为了独占贸易。为此，秀吉在天正十四年六月罢免了由信长任命的堺政所松井友闲，让心腹石田三成和小西立佐接任，强化了对贸易商人所在地堺的掌控。天正十六年，秀吉将南蛮贸易的重要港口长崎变成直辖领，还亲自恢复了与中国的贸易往来，试图独占以进口中国生丝为核心的贸易利益。

第三节　身份法令与基督教禁止令

天正十四年令——奉公人[1]与百姓的规范

检地与刀狩不但确定了百姓的身份，还发挥了区分武士和武士以外身份的作用；海盗停止令则从水上交通、流通和贸易中排除了武力因素。秀吉在将武士身份整合到关白之下的同时，还致力于推进由关白统治全国人民、全国国土（包括山野河海）体制的建立。但是，只有这些还不算完成。要解决现实中的各种问题，还必须发布许多相关法令。在此，先让我们看看与身份相关的各项法令，再看看基督教禁止令。

首先，秀吉于就任关白后的第二年正月十九日发布的十一条规定和于三月二十一日发布的三条追加法被合称为天正十四年令。这是他作为君临于领主阶级和百姓之上的关白制定的第一部天下法，由以奉公人和百姓为对象的条文组成。

第一条规定，禁止武士的下级奉公人（诸奉公人）——侍（不是一般所说的武士）、中间（最下层的武士）、小者（负责杂务的武家用人）、荒子（最下层的用人，也被称作下人）不向主人请示便逃跑，其他大名、给人若想作为新主人接纳他

---

1 奉公人，受雇侍奉武家、主君的人士。

们，必须征得原主人的同意。这类人脱逃（逃亡）、随便更换主人的事件在室町、战国时代经常发生，这会导致要人（人返）的原主人和新主人之间产生矛盾。第一条条文就是为了防止此类事件发生。但是，虽然它继承自上一代的政策，却还是将问题遗留到了以后。

第二条到第七条是关于大名和给人如何管理百姓的。条文首先规定百姓须定居在村里，不得荒废田地。这条规定从身份上明确区分了百姓与第一条中的诸奉公人，明文规定百姓须定居在村里并专心种地。另外，关于年贡征收，规定给人要在自己领知的村落进行检见（查看作物长势和收成），计算收获量（用枡计量），将其三分之一留给百姓，剩下三分之二上缴（二公一民）。关于这一条文有两种解释。一种说关白规定年贡率一律为二公一民。另一种解释说年贡率的决定权在每个给人手中，但如果百姓和给人在年贡率上意见相左，则可使用此项规定。笔者认为应该是后者。

第三条规定，如果遇到旱灾或水害（旱水损），则需调查收获量，若一反地的收获量在一斗以下，就全部留给百姓，要使百姓次年还能耕作；若超过一斗，则按二公一民的比例分配。另外，追加法第一条也说若出现损免出入（在因受灾而减免多少年贡的问题上产生矛盾）则按二公一民分配。奉行人之一石田三成在文禄五年（1596）三月向领内各村下达命令，其中也规定，如果给人与百姓在年贡征收的问题上意见相左，则按枡计量后决定。如果这样还不能统一意见，就把整块田地的水稻都收割了，再将稻米分成三等份，然后抽签按二对一分配。这种二对一分配法（二公一民）可被视作发生灾害或出现给人、百姓矛盾时的具体解决办法。

这也说明当时百姓与给人经常在年贡问题上产生矛盾。这种情况下百姓有可能逃离村落，放弃耕作。那样田地就会荒芜，年贡则会完全收不上来。这才是秀吉和领主们最担心的事情。为了防止这种事态，裁决者（关白）以超越矛盾双方的立场提出的解决办法，就是二对一分配法。另外，有必要对百姓和给人双方施加一定的限制，所以又设置了第四条和第五条规定。第四条禁止百姓拒绝缴纳年贡和拒绝服徭役，禁止移居邻乡、他乡，而其他地方的给人也不能包藏他们。第五条规定给人不能给百姓添麻烦，要有区分地征收年贡，不能随意向百姓提出无理和非法的要求。

第六、第七条规定要以京枡计量枡数，一石只能加收两升附加税（内米），不得征收任何其他税米；堤坝（蓄水池）在农闲时期的正月修筑，如果发生决堤这种给人和百姓无法解决的问题，则要向关白报告，由关白出面解决。

第八条转而对奉公人的服装、鞋帽做出规定：要用绢做的衬里，裤裙、足袋[1]不能用衬里，诸侍不得穿尻切（用皮包裹

---

1 足袋，日本式短布袜。

鞋底的草鞋），陪侍时要穿足半[1]，中间、小者平时只能穿足半，不得穿皮足袋。可以看出，给人与侍以下的人在身份上有很大差别，侍与中间以下的人也有很大差别。这是为了确立武家社会内部的身份秩序，特别是对下级奉公人做了明确规定。

如上所述，天正十四年令由对诸奉公人和百姓的相关规定组成。同一份法令中存在对不同身份的规定，是因为诸奉公人基本上都是村落出身，而且其生活基础也还在村落，所以该法令还具有村落管理法的性质。连续战争使大名和给人大幅更换，村中也有很多浪人。恐怕是因为新领主在管理各自村落时肆意而为，与村落之间产生了很多矛盾，所以，该法令在表明奉公人和百姓应遵守的基本规范的同时，还教诲作为奉公人的主人以及管理百姓的领主，给人（或称大名）在关白政权下应如何行动。因此，该法被看作丰臣政权身份法令的基本法。

天正十八年的浪人驱逐令

这之后，秀吉还在诸奉公人和百姓政策上煞费苦心。特别是对于前者，天正十八年十二月有一份向江北直辖领地下达的非一般性法令，让我们先来看看该法。因为该法令的目的一开始被表述为“浪人停止、驱逐一事”，故被称作浪人停止令，但

1 足半，无后跟的草鞋，人穿上容易跑动。

实际上应被称作浪人（牢人）驱逐令。此时，全国大名刚刚臣服，天下统一不久，无疑有许多奉公人看到战争结束便离开主人（欠落），回到村落。因此，法令第一条便说“无主且不耕作之武士，应予以驱逐”，命令从直辖领的村中驱逐离开主人、回到家乡但又不种地的武士（中间及其下身份除外）。第二条也与此有关，说可以不驱逐以前有过经商或工匠经历的人，但又规定应驱逐在本法令颁布后才开始经商或做工匠的人。

这条天正十八年令只将诸奉公人中的侍视作问题。他们大多出身于村中有势力的名主、长老、肝煎[1]和富裕百姓家庭，与一般的百姓、小百姓和下人等人有别，在村中甚至整个地区都被人称作“侍分”或“侍众”。他们曾是大名、给人的家臣（被官[2]），作为骑兵或足轻参加过战斗。所以不论在村中还是在大名的军队里，地位都比中间、小者、荒子高。像秀吉或秀吉的直属部下那样，只对一个主人尽忠、受到重用且出人头地的人也不少，但是也有许多人不愿意离开村落，或者因为自立意识过强而随便更换主人、返回家乡。然而，他们即便回到村里也不会放弃做官、专心种地，一旦战争爆发，他们就会找个新主人继续挣钱。

藤木久志指出，这种侍、中间、小者、荒子等下级奉公人

---

1 肝煎，江户时代名主、庄屋、村长或领导的别称。

2 被官，原来写作“被管”，中世时指侍奉上级武士的下级武士。但不仅限于指称武士阶级，也可以指广义上的随从。

是可以用金钱买到的佣兵和杂兵，与主人之间联系薄弱。他们上战场是为了掠夺财物、贩卖妇孺，战场对他们来说是赚钱的地方。这正表明了战争中的抢劫与奴隶买卖的实情。

这类人因为天下统一而大量返回村落，这样村中就有了许多佩带武器却不耕作的浪人。一旦他们的不满爆发，再与百姓的不满结合起来，就有可能导致一揆兴起。虽说天下已经统一，但社会是流动的，并非所有人都赞同并屈服于秀吉以武力实现的“和平”。面对奥羽一揆的扩大，恐怕秀吉自己也感到社会在某些方面十分不稳定，不知何时又会爆发不满。当然，仅凭驱逐是不能解决问题的，颁布法令的目的在于让他们回到主人身边。毕竟，奥羽的战争还在继续。

身份固定法令

继上述直辖领紧急对策和十四年令，秀吉又发布了三条天正十九年令。第一条禁止奉公人中的侍、中间、小者、荒子成为町人或百姓。如有在前一年七月秀吉出兵奥州以后，也即天下统一以后新成为町人和百姓的，经调查（人改）一律驱逐，如有隐瞒，则严惩整町或整村。

第二条是针对百姓的严厉政策：禁止百姓放弃耕作，转而从事商业或租赁，如有违反，不仅本人，连村民也要受罚（这是对十四年令的继承）；另外，如有既不奉公又不耕田者，代官经调查应将其驱逐出村（对十八年令的继承），若有怠慢，就处罚给人，町人如果藏匿百姓，则处罚全乡或全町。

第三条禁止收留未经原主许可便出走的武士和小者等人，这是对十四年令的继承。若接到原主的通报，要将其绑缚起来送还给原主；若违背命令，故意放跑其人，要用三颗人头换一人，交给原主；若不执行，则该主人应受惩罚。

以上为天正十九年令的内容。禁止奉公人和百姓改变身份，目的是固定各阶层的身份，所以该法令被称作丰臣政权的身份法令或身份统治令，被评价为确立了近世士农工商身份制度的划时代政策。对此，高木昭作认为这是一种还乡令，只是强化侵略朝鲜体制的一种临时立法而已；藤木久志则强调它是为了防止奉公人和百姓流入京都等都市的一种都市对策法。

把上述法令看作侵略朝鲜（唐入[1]）的暂时立法，是因为天正二十年正月以后出现了许多以“唐入”为名的奉公人对策以及统计町中或村中家数、人数的政策。可以设想，在发布天正十九年令时，秀吉确实抱着“唐入”的念头。不过，也不能据此就说该法一定是临时立法，因为它还继承了十四年令、十八年令。确保人数与禁止奉公人逃跑或迁徙并令其定居在原主人身边，对统一战争和侵略朝鲜都是必要的。总的来说，丰臣政权预测到未来还会发生战争。大概就是在这种

1 丰臣秀吉将以征服大明为目标和朝鲜半岛侵略行动称作“唐入”。

情况下，十九年令才试图固定身份：奉公人是奉公人，町人是町人，百姓是百姓。这不仅仅是实现理念和制度这种层面的问题，实际上，奉公人成为浪人流入都市和百姓放弃耕作流入都市的问题已经相当严重，迫切需要从体制上加以控制，而不是暂时解决。

秀吉死后还在继续的大坂城营建，淀城、伏见城以及各地大名居城和城下町的建设，为流入都市的人口提供了打零工（日雇）的机会。以他们为对象的各种买卖也十分兴盛。大名、给人为了承担军役也临时雇用这些人，以替代那些本来就流动不定的奉公人。虽说都市繁荣是秀吉的政策支柱，但其膨胀程度已经超出了他的意图。文禄三年（1594）关白秀次领尾张清洲町的住户统计显示，一千一百十一户人家中，从国内村落移居过来的有二百六十九户，近四分之一，从其他领国移居来的也有一百二十五户，占 11% 还多。可以看出人口流入城市的情况。为此，四月，前者就被送回了村落。

秀吉还发布了禁止百姓打零工的日用停止令。但是，这并没能遏制人口向都市的流入和村落的荒废。

基督教禁止令

在平定九州后，天正十五年（1587）六月十九日晚，秀吉逼迫基督徒大名高山右近弃教，在遭到拒绝后当场将其放

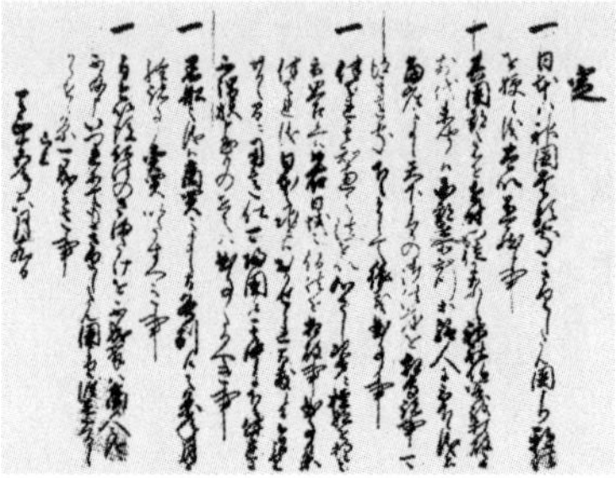

基督教禁止令（松浦史料物馆藏）

逐。另外，针对时任耶稣会教省候补省长的加斯帕尔·柯艾略——当时正身在停靠于博多湾的葡萄牙船上，提出了强行对人民传教、将日本人当作奴隶买卖等四条质询。在此基础上，当日又签署了伴天连[1]（传教士）驱逐令，在二十日上午由使者当面交给了柯艾略。其内容除了传达给大名之外，还在筥崎八幡宫门前、堺、京都、奈良、高野山、伊势神宫等地竖牌布告。第一条是“日本为神国，从基督教之国传授邪法一事，甚为不妥”，将日本作为神国摆在基督教国家的对立面，禁止基督教即邪教的布教。第二条指责基督教将大名和领主变成信徒，令他们破坏神社佛阁。大名和领主的所领是暂时的，并非永久交给他们（秀吉拥有转封和更换领主的权限），所以所有人都应遵守“天下御法度”。第三条说传教会破坏“日域之佛法”，是歪门邪道，所以不能让传教士待在日本境内，限他们于二十日内回国。但第四条和第五条却说保障黑船（葡萄牙贸易船）的贸易，只要不妨碍佛法，商人也好，其他人也好，都可以从基督教国家来日本，明示了促进贸易的政策。

---

1 伴天连，意为传教士，是葡萄牙语“padre”一词日语音译的汉字写法。

传教与贸易关系紧密、难以分开，因为秀吉想要奖励贸易，结果没能彻底执行第一条到第三条，后来基督徒数量急剧增加，据说二十年后增长到原先的三倍多，达到七十万人。但是，大村纯忠没收了献给耶稣会的长崎教会领，将秀吉想要实现的贸易独占推进了一步；一些地区还破坏了教会，对基督徒实行了迫害。另外，该法还有一点受人关注，那就是明确指出大名和领主的领地只是暂时给予他们的，随时都可以更换。这种想法在信长时代还不存在，是秀吉成为关白后，从掌握对全部国土和人民统治权的立场提出的一项新主张。从此，虽然全国土地和人民的统治权仍在朝廷手中，不会转移，但是出现了大名代替朝廷管理领内土地和人民的认识，至江户时代则成为人们的广泛共识。这种逻辑容许了转封和改易，也使得没收教会领地成为可能。这一点在前一天即十八日发出的十一条“觉”中阐述得更为清楚。这份文书现仅存伊势神宫文库的史料手抄本，文书针对的范围虽不可考，但可看作是以大名和领主为对象发布的。

这部法令也表示知行是暂时的，大名和给人虽然可以更换，但百姓不可替代，所以给人不得向百姓提出无理要求。允许百姓自愿成为基督徒，但大名和给人不得强迫领内百姓信教。另外，拥有二百町、二三千贯以上知行的给人若想成为基督徒必须得到政府（秀吉）的许可。第六至第八条列举了一向众盘踞各地佛寺且不缴纳年贡、加贺的一向一揆赶走国主富樫氏并让和尚掌握知行等事，以其为“天下之障碍”，并将大名和给人的强制信教政策和教会领视作比上述事例更为严重的“天下之障碍”。第十条禁止将日本人贩卖至外国，也禁止在国内买卖人口；第十一条禁止以食用为目的买卖牛马。

上述十八日、十九日的两种法令被合称为基督教禁止令。严格来说，前者是禁止强制改信基督教的法令，后者是传教士驱逐令，实际上既没有阻碍人们自愿皈依基督教，也没有强迫基督徒改宗。但是，法令对大名和给人的信教与传教施加了一定限制，要求他们服从天下之法而不是唯一绝对神（上帝）。出兵九州后，秀吉亲眼看到基督教大名高举十字旗勇敢战斗的样子，了解到以北九州为中心有十几万基督徒存在，再加上登上黑船后切身感受到其威力，无疑将领主和民众掀起基督教一揆的危险性与一向一揆的力量重叠起来，并感到恐惧（藤木久志）。这说明秀吉的统治还很不稳定。

第六章

村落社会

第一节　村落自治与领主

村请的继续

关于战国时代村落和村民的详情，本章仅从实行太阁检地和兵农分离等政策后村落及村民有何变化这一视角来观察村中的情况，也将涉及村中的对立和矛盾。

秀吉作为信长的部下获得了原属浅井长政的领地，成为新的统治者，并命令各村提交指出。为了征收年贡和分派各种徭役，有必要把握村落原来向浅井及其家臣缴纳的年贡、公事、夫役的数量。像这样，新领主开始管理时，村落提交百姓的指出、申报原领主的统治内容作为先例，得到新领主承认后再由村落承担起赋税——这一整套手续是中世以来的习惯做法，也为秀吉所沿袭。

这种村落与领主的关系，是一种契约关系。当然这还只是百姓与领主、被统治者与统治者、纳税人与收税人之间的关系，并非近代意义上的对等契约关系。但是，以此为前提来看，掌握了先例的村落和百姓要让不知道先例的新领主认可先例，而决定两者关系的是指出，可以说主导权是掌握在前者手中。至于为何会出现这种情况，是因为从 15 世纪到 16 世纪，以村落（总村、自治组织）为单位承包缴纳年贡等税役的责任——也即村请（又称百姓请、地下请）的制度广泛建立。在村请制度下，领主没有必要知道村中的田地实际上有多少、是谁在耕种、谁来缴纳年贡等问题，因为记载了这些详细情况的账簿由村中有势力的阶层，如被称为沙汰人、名主、年寄、乙名[1]或者庄屋的人掌握和管理。他们负责从村民中征收年贡等物并缴纳。

很多情况下，每块土地上都有下作职、作职、百姓职、名主职等几重复杂的权利关系，而保障这些权利的责任也在村落。一般情况下，下作职或作职拥有耕作权，而在其上的作职或百姓职、名主职还拥有收取像地租这种盈余（加地子）的权利。这些权利都记载在买卖证明上，但仅凭此并不一定每年都能收到地租。耕种者不纳税、出现纠纷时，村落要么强制征收，要么进行调解，承担着保障、保护加地子收取权的责任。

像这样，以村请体制为前提进行指出征收，除了越前等实行过检地的地区以外，信长的统治也都依赖于村请和指出。但是，检地并没有否定村请。在前文提到的越前天谷检地中，检地结果是以打渡状[2]的形式通知天谷百姓的，但并没有记载

---

1 “沙汰人”，原意为执行或传达领主等命令的人；“年寄”，在这里指村落社会或町等团体中的领导者；“乙名”，长老之意，指村落的代表。

2 打渡状，日本中世特别是室町时代，各国守护派遣代官前往当地，将领地或职务交给幕府认可的知行人，此时使用的证明文书就叫打渡状。日语“渡”有转交、递交之意。

每块耕地的面积和名请人。以地、字[1]为单位，统计田地和宅地的面积、石高，由能够公开代表村落的组织通知村请的主体——百姓，再让他们提交表示接受的保证书就行了。至于在此基础上，哪个村民缴纳多少年贡，领主是不需要知道的，只要在村中处理就好。

太阁检地将检地账交给了村落，同时也要求村落提交承认检地内容的保证书，按照全村的石高制定年贡，从村民手中征收然后上缴给领主，所以与上述村请的情况基本相同。

参加检地

太阁检地原则上是在检地奉行的指挥下，由官吏和书记等一行人，手持以六尺三寸（约 1.9 米）为一间的竹竿（棹）在各村巡回测量。以村为单位测量，所以必须确定村落的范围（村境），然后对村中所有的田地和房屋进行登记。还必须掌握每块旱、水田所在地的地名（小字）、等级和名请人。因为村民掌握着这些信息，所以检地没有村民的参加和协助是进行不了的。一定会有一名或数名村民作为向导参加检地。检地规则也会告知村民。因此，可以说检地是在领主与村民的合作下完成的，其成果便是检地账。

---

1 字，市町村内的小区划。

但是，这绝不是领主和村民出于对等的立场和共通的利害关系，边说“让我们一起检地吧”边进行的。太阁检地是秀吉和领主一方为了否定旧有的统治方法，在统一政权下建立新体制而实行的，说到底是为领主阶级制定的政策。不是出于村民的意愿，而是由领主一方强制推行。

本能寺之变后的第二个月，秀吉首先在山城实行检地，随后又连年在畿内近国实行检地。这样一来，不论在山城还是近江，都有过半百姓逃散，以村为单位进行抗争。村民结成一揆，一致逃出村落。他们不交纳年贡，到了春耕时期也不回村，放弃了耕作。这显然是对检地和年贡增收的抵抗。秀吉命令奉行将未缴纳的部分以借贷的形式宽限到秋天，想办法让村民们回村，开荒种地。他没有采取惩罚性质的强硬措施。毕竟，如果不能展开农耕，年贡是一粒也收不上来的。但是，未缴纳的部分不是被免除了，而仅仅是宽限，到了秋天则要连本带利一起返还。百姓的负担并没有减轻。这只是保护统治者利益的权宜之计。

文禄三年（1594）岛津检地规则的第一条指示领主，若发现抗拒检地、逃往他国的诸侍、百姓，必须抓捕并上交。直到晚年，秀吉还不得不预想到对检地的广泛抵制，并在此基础上一边威胁惩罚，一边制定动员所有领主镇压抵抗的体制，唯恐抵抗会发展成一揆。

近江东南部，今堀、今在家等有名总村所在的地区在天正十一年和十二年连续实行了检地。第二次检地时，今堀村的百姓被要求提交誓约书，共有六条：①不得谎报郡、庄、乡的界线；②如实申报各自田地的年贡等税，一粒一钱都不能少；③若有人向检地官吏赠送礼物、礼金（贿赂）以求通融，要如实上报；④检地后如有新开垦或再开垦的田地，也要如实上报；⑤不得谎报田地的上中下等级，减少斗代；⑥不得通过同给人及其代官拉关系来隐瞒土地。在文书最后，让百姓发誓若有违背，允许将其同族、家属、女眷及孩童都处以磔刑。检地官吏向各村展示文书的样本，再让他们提交同样内容的正本。

试图依靠磔刑的威慑力来正确把握边界、等级等信息，反而说明若无百姓的如实申报，检地就不可能完成。合作的媒介就是威吓和誓约书。比如说，文禄三年的检地规则中有这样的内容：山田、野田以及位于河滩上的耕地等田地，因为生产力低下，可不使用标准的斗代，可向村民打听惯例之后再决定适当的斗代。至于山手钱[1]、滨小成物[2]（小成物 = 小物成），也是先让村民提出申报，掌握先例后再适当决定。这都是试图以原有的斗代、公事为基础来决定新的斗代。也可以说是以村民如实申报为前提来决定检地的具体规则，绝不是按照统一标准、从上至下强加给人们的。太阁检地基本原则

1 山手钱，中世时，村民从领主的山林获取物产（砍柴、收集落叶等），就要向领主缴纳税钱（或者税米），称作山手钱。

2 滨小成物，将于海中、海边取得的渔获品上缴给领主。

的这种特点很重要。因为这样一来，对村民来说，规规矩矩地向检地官吏申报前例和实情，积极参与决定田地的等级、斗代和小物成等就比较有利。

检地规则还要求仔细区别田地的上中下等级、用水情况、是不是麦田等一年两熟的田地、是否易遭旱灾或水灾等情况，然后决定斗代。领主积攒了足够的经验之后，也逐渐能看出这些区别。在检地现场，村民的主张与检地官吏的判断相遇，有时势必会因各自的利害关系而碰撞出火花，造成紧张的形势。虽然村民身为身份较低的一方，只能以“侘言[1]”的形式来向身份较高的一方提出主张，但是为了不损害自己的利益，该提出的时候就会提出。

誓约与磔刑

将检地规则与检地结果一起展示给村民，并按手续征得他们的承认与誓约，这是以村落的力量为前提的，自中世以来，村落和百姓就主动向领主提出自己的主张，使其认可，然后承担村请。丰臣政权为了征调夫役，还进行了户数调查，确定了除寡妇、残疾人、僧侣等人以外能负担夫役的户数。在进行这种调查时，也让村落提交了如实申报的誓约书。藤木久志指

1 侘言，请愿。

出，除此之外，在发布刀狩令、报告偷盗、提交指出、发布朝鲜出兵逃跑禁止令等事上，提交誓约书也是必需的。因为依照指示和命令，进行实际调查、收集、申报的都是村落。丰臣政权的法规和政策都将村落认定为主体，并依靠其主体活动得以实现。这也是对村落自中世以来所形成的力量的一种接受。

但是，正因如此，村落自身也承担了很大的责任。检地时被迫发誓不得混淆边界、不得私自降低等级和斗代，如有违反全族人都愿受磔刑；发布刀狩令时则被要求发誓惩罚隐藏武器的人。针对上述情况，有一种评价认为：向村民解释政策及其意图，在双方认可的基础上提交誓约书，所以掌握政权的一方有正当理由处罚违反者，也就是说，丰臣政权的做法不是强权，因为村民具有主体性。侵略奥羽时下达的斩杀令也是对违反誓约行为的制裁，是正当的。确实，向国人、百姓说明秀吉的命令，尽量使双方都满意——这点是很重要。但是，掌权者接下来又说，万一出现了不同意的人，格杀勿论，不管他们是国人还是百姓，也就是说他们根本没有设想违反誓约的情况。一边以大军压境，强迫对方首肯，一边又强调首肯的村民具有主体性，这其实是在否定不愿接受侵略者逻辑的人和反抗者的立场。

确实，领主的统治建立在说明与同意的手续之上，无论中世还是近世都是如此。但是，这只是领主为了统治百姓而采取的政策和手续。村民拥有主体性、是主动同意——这种说法，只是史料记录的一个方面和现象，但它同时也不得不记录另一方面的强制和强权。丰臣政权为了将自己树立为统一政权而推出了各种政策（而非由村落推出），又为了在短时间内贯彻这些政策而总是对村民采取强制手段。这是一种压倒性优势武力下的强迫，也是在严惩和暴力之下取得的一致。丰臣政权能够统治是因为获得了村落和百姓的支持——这种说法虽然在某种意义上正确，但若把这种支持形容成被统治者一般性的、自发的支持，那就大错特错了。弗洛伊斯在《日本史》中有关九州刀狩的记载并非虚构。秀吉“派出大量官吏执行刀狩令，耀武扬威地四处宣扬所有人都必须交出武器，不得有任何隐瞒，违抗者将被处刑。……当地的基督徒们……对此感到非常悲哀，但却无可奈何”。用磔刑来威胁人们并使其服从，恐怕才是真实的情况。

禁止斗殴和磔刑、铁火

文禄元年，摄津国的鸣尾村和河原林村（今兵库县西宫市）两个相邻的村落因用水问题发生纠纷（称作“水论”）。据酒井纪美研究，那年夏天炎热异常、持续干旱，鸣尾村的村民为了把水渠的水引到自己村落的水田里，埋了一根横穿过河底的导水管，结果造成了纠纷。双方都拜托附近的村民前来助威，用弓和枪打斗，甚至还有人骑马。15 世纪到 16 世纪，村与村之间经常像这样，围绕用水或使用原野、林地的问题发生暴力冲突，也会造成人员伤亡。这都是因为村民耕田需要用水，要在山野间开发田地，要利用草木。村民为了主张或落实自己的权利，动用武力排除侵害。但这仅是解决问题的手段之一，人们在事前事后都会以调停者的仲介、诉讼等手段尝试了结纠纷，这是地域社会中的惯例。

这次用水纠纷中也有两村的长老（年寄）进行调停，但还没有来得及解决问题，丰臣政权的奉行便开始介入。他们把村民叫出来，问清事情的来龙去脉，然后将村民投入大牢。结果，十月份，这些人被处以磔刑。听闻此事的兴福寺多闻院僧侣记载道："夏日因水论而斗殴的八十三名摄州百姓被处以磔刑。理由据说是天下已经全面禁止打架斗殴，竟然还有人违反，实在不像话。"被处决的人中还有代父受刑的十三岁儿童。僧侣为这个孩子的孝行所感动，称赞这是与末世不相称的行为。

被处刑的人里有二十五名鸣尾村村民，还有河原林村的人，以及来为双方助威的人。这次处刑还发挥了这样一项作用，那就是它否定了当时村落中普遍存在的自行解决纠纷的习惯，将其视作打架斗殴，并对违反喧哗停止令的人处以严刑，以儆效尤。

后来，藤木久志提出新的观点，认为在刀狩令和海盗停止令发布的一年前，即天正十五年四月二日以前，秀吉就已经发布了喧哗停止令。喧哗停止令被视作“丰臣和平令”之一，也是禁止以暴力解决村落间纷争这种中世做法的法令。虽然至今还未找到名为喧哗停止令的法令本身，甚至或许真的没有这样一部法令，但是丰臣政权和大名试图禁止斗殴，并将纷争的裁判权交给领主是确定无疑的，这种努力也逐渐影响了村民的意识和行为，具有了约束力。

但是，纠纷频发，各村都提出自己的传统和先例，而新领主不可能知道当地的惯例与先例，这时要判断谁错谁对，谈何容易？他们只能向村落的长老或代表询问先例后裁决，如果这样都不行，就只能交给神来判断了。因为领主不知如何判断是非，就将争执双方的代表叫到神前，让他们把手放进滚烫的开水中，这叫“汤起请”，或者让他们用手捏住烧得通红的铁，这叫“铁火”，然后判定烫伤程度大或先扔掉热铁的一方败诉。这是一种很残忍的方法。虽然喧哗停止无疑是“丰臣和平”的一个重要环节，但是，真的能说它拯救了人民，使其免于中世以武力解决问题的习惯造成的各种悲惨情况（战死、负伤、战争经费的负担）吗？它直接地否定了各地惯例，认为秀吉的统一法令和法规不仅要覆盖领主阶级，还要覆盖百姓和町人。这不正是统一政权的统一理念和统治逻辑吗？

第二节 | 百姓的权利与义务

决定名请人

天正二年（1574）春，也就是秀吉成为江北地区的大名的第二年，他向各村宣布，去年实际缴纳年贡的人可以拥有作职。在信长与浅井、朝仓的长期战争中，浅井的家臣及其被官都忙于战争。因为有些人放弃了农耕，所以秀吉要承认除这些人以外、实际在村中种地并缴纳年贡之人的“作职”权。战争结束后返乡的武士及其仆从与实际的耕作者之间大概发生过冲突。太阁检地继承了这一方针，承认缴纳年贡者的作职，并将其登记为名请人，所以作职的规定意义重大。

第二条针对近年来重新开发荒地的人，承认其对该地的永久所有权。从这里可以看出，经过长年战乱，耕地荒废的情况日渐严重，通过对耕地的重新开发来增加年贡收入大概就是新统治者最直接的目的。这也是战国大名共通的政策。这项政策的意义在于，承认荒地为开垦人所有，无论原来的主人是谁都无权夺取，从而否定了原来所有者的权利。在这点上能主张所有权的只有浅井旧臣及其仆从。秀吉试图通过承认勤于耕作者的耕作权和所有权来复兴村落。

如上所述，关于土地的权利错综复杂，所以检地时谁是名

不同名请额的人数分布

名请额	人数
五十石以上	1
四十石～不满五十石	0
三十石～不满四十石	1
二十石～不满三十石	0
十石～不满二十石	5
五石～不满十石	4
一石～不满五石	23
不满一石	21

（大和国五百井村，出自水本邦彦《近世村社会与国家》，无主地等除外）

请人的问题对村民来说非常重要，也是引起纠纷的火种。在天正十一年首次接受秀吉检地的近江今堀村，村民们聚在一起制定了三条规则：在检地账上登记名字的人拥有该土地的所有权；不霸占别人的土地；若有人制造麻烦，就将其从总村组织中除名。从这里可以推测，在登记名请人的问题上曾发生过纠纷。不过，今堀村的人们一起商量并定下规则，以自己的力量防止纠纷发生，成功应对了检地。将谁登记为名请人是由村落决定的，这是因为在村请制度下，只有村落了解由谁承担哪块土地的年贡。

那么，实际上是什么人成为名请人了呢？让我们看看名请额。上表记录了文禄四年（1595）大和国平群郡五百井村（今奈良县斑鸠町）在检地时，本村的名请额和村民前往邻村兴富村耕作时的名请额。尽管其中也有承包了五十石、三十石以上极高数量的人，但五十五人中不足五石的有四十四人，达

80%。其中又有约一半人都不足一石，论面积几乎不到一反地。像这样，多数人只承担少量名请额的情况，在其他许多村的检地账上也能看到。村里还有完全没有名请地的“零额人”（也叫“水吞”）。虽然其中也有一些人从事小佃农或者用人之类从属性极强的职业，还有人从事农业之外的职业，但不可否认的是，村民之间的阶层差距非常大。

考虑到有些村把全部耕地都登记在一个人名下，那么即便数额很少，拥有名请地一事的意义也十分重要。当然，这并不是秀吉或者检地官吏好心赏赐的。应该考虑到，15 世纪到 16 世纪，耕作权是一种相当重要的权利。从加地子的成立过程来看，很多时候都是因为土地所有人缴纳不起年贡等租税而请别人垫付，于是产生了借款，为了偿还借款就只有从形式上“卖掉”土地。但是，土地并不会移动，耕作者仍以作职或下作职的名义保有耕作权，只向土地购买者缴纳加地子。另外，很多情况下，耕作者也要缴纳年贡。因此可以认为，大多数情况下，耕作者即年贡缴纳者，也即检地账名请人。

但是，拥有征收加地子、佃租等租税权利的都是村中有势力的人，很多时候，他们主张自己才是名请人，只是委托耕作者保管土地。所以，围绕名请与土地“所有权”的纠纷在检地后也时有发生。近江佐和山城城主石田三成在文禄五年发布的法令中规定，承认以前检地（天正十九年）时登记在检地账上的人的作职，既不得转让给他人，也不得以从前属于自己为由夺取他人的作职。恐怕在检地之后还是有纠纷发生。下面就让我们看看江北的一次纠纷。

井户村与六和对被官的扶助

曾仕于江北浅井氏的箕浦城主今井氏是一个实力强大的国人领主，控制着米原以北的交通要冲，从湖东北上而来的道路在这里分作北陆行和美浓行两个方向。他有一名叫井户村的被官，据说是今井一族出身。井户村家族从15世纪中期开始购买了多处加地子收取权，并以替人垫付年贡、再委以其作职的形式积蓄经济实力，急速扩张（参见第五章第一节）。因此，虽然他们可能很早就拥有了武士身份，但其经济基础却是加地子和金融活动，是与村落关系紧密的武士。因此，尽管他们在身份意识上与从百姓转型为被官的下级奉公人的侍从（地侍）不同，实际上却与地侍非常相似。这个家族的人很多，有的在姊川之战中负伤，有的在佐和山城参加守城战，很多地方都出现过这个姓氏。像井户村氏这样的人，在浅井等战国大名的军事力量中占有很大的比重。

井户村与六就是其中一人。浅井灭亡后，与六回到箕浦村，改名为平兵卫这样一个普通百姓的名字。另一方面，与六的兄长（小二郎）秀胜虽然走上了武士之路，但据说其子武藏守和半左卫门在元和元年（1615）的大坂夏之阵中切腹（或被杀），家系就此断绝。令人意外的是，战争结束后，在实行兵农分离政策的过程中，许多战国时代的武士或者从百姓变成地侍的人都像井户村氏这样，兄弟俩分别成为武士和农民，走上不同的道路。

井户村与六拥有许多能收取加地子的土地，但自己并不耕种，即便在他的武士之路断绝之后，土地耕作权也仍属于耕种者。其中有人因为在与六身边服兵役而得到了耕作权或加地子作为俸禄（御恩）。到天正十九年太阁检地时，百姓似乎被告知了前述将拥有作职者登记进检地账的方针。若按这个方针，与六是不可能成为名请人的。另外，与六本身既不想变成百姓身份，也不想被登记到检地账上成为名请人。从中可以看出曾经身为武士之人的武士观和百姓观。

南山城的国人狛氏和近江甲贺郡的国人山中氏等人也持同样想法，他们在武士之路受挫之后便归乡，但即使一直住在村中，也与一般百姓保持距离，并不断寻找出仕的可能。与六如何不得而知，但其子喜吉似乎有出仕的志向，曾前往他国，后来因“自觉应成为百姓”而回村。这个家族直到江户初期都还很有势力，替人缴纳年贡、从事金融业，但没有当过庄屋或村官。因为只有百姓可以从事这些职业，所以可以视作他们没有这种意向。

不过，虽然不想在检地账上记名，但与六认为他的被官等人承包的土地是属于自己的。为此，他想出了一个方法。他要求被官等人向自己提交誓约书，承认这些土地的作职是与六给他们的扶助；若其子孙随意买卖，与六可以进行追究；即便在检地账上登记承包了土地，与六也可以随时收回。于是，一份日期为三月十二日、收信人为井户村与六、题名为“所得扶助的作职记录并提交”的长篇文书就做成了。上面记载着各人得到的有作职的土地，以彦三郎为首，共有二十六人署名、画押（简单的签名）。下文展示了其中的一部分：

饭村川原西庄境北春至日
七段小　　　　　　　　彦三郎（画押略）

（之）
峡添　五反小□内
壹亩　　　　　　　　　　同

立岩川原　应交给孙左卫门
小　　但和与六大人的得分一起作为扶助　　同

这三块地中，对前两块彦三郎只拥有耕作权（作职），对第三块拥有耕作和收取加地子（作职所得）两方面的权利。文中记载的土地都可以被分成这两个类型。前者比较多，可以认为收取加地子的权利（检地后被称作“作得”）在与六手中。彦三郎写下的两种土地合计有一町步[1]多，表明他依靠这些土地生活。像他这样拥有两种土地的人还有卫门太郎和与五郎，他们三人因为充军役而得到了一部分土地的得分（作得）作为扶助，其余土地与其他二十三人一样，得分都缴纳给与六。两

1 一町步，即表示面积的一町，为与表示长度的一町区分而加上“步”字。

种土地合计达八町余（包括河滩等荒地）。

这令人联想起加地子收取权占其收入很大比例的战国时期的小型武士和地方武士。像彦三郎、卫门太郎和与五郎那样的人成了与六和国人的被官，支撑着战国大名的军事力量。这种情况一直持续到检地。然而，检地带来了极大变化。与六的加地子收入额虽然没有变成零，但大部分被年贡吸收，遭到大幅削减。另一个巨大的变化是彦三郎等人的检地账登记。与六虽然让他们发誓同意自己随时收回土地，但这份文书并没有任何效力。正如石田三成所规定的，登记在检地账上的人也即作职的所有者、耕作人，原则上一块土地只能有一个领主、一名耕作人，所以既不是领主又不是耕作人的与六的权利就没有任何官方保障。这正是检地的巨大作用。公认名请人的土地所有权、耕种权及其百姓（农民）身份，与固定武士身份的政策互相补充，共同推进兵农分离。

介若遗孀的主张

在与彦三郎等人一样得到作职作为扶助的人中，有一个名叫弥七形部的人。他的孙子介若死后，其遗孀被与六之子喜吉以换代为由要求重新提交手印，以证明作职是喜吉委托给她的。但她没有答应，于是被要求返还土地，结果只好在宽永六年（1629）向代官所提出申诉。遗孀主张说，土地是自家代代相传的，现在突然说要收回，是新的说法，让人为难，无论在太阁时代还是大御所时代，检地账上登记的都是自家人的名字，至今为止也一直在承担各项徭役，从来没有人提过这种要求。

喜吉反驳说，土地是父亲井户村平兵卫（与六）传下来的，因为家里田地多，所以委托给了家臣，也有委托证书。虽然介若后人说自己才是名请人，但不仅井户村家，近江国有家臣的人大部分都在检地账上登记了家臣的名字，然而委托证书上写着即便成为名请人也可以凭主人的意愿随时交还土地。

显然，检地时登记在账上的名请人不是与六，而是从与六处得到了作职作为扶助的人们。喜吉说近江国中都是这样做的，大概不会错。而介若家后人的主张则告诉我们成为名请人一事拥有多么大的力量。在石田三成的时代，也有人说作职是自己的并要求收回。那之后过了三十多年，其间又经过了一次检地，仍然有人要求收回作职。但也有人一直坚决抵抗，表示自己才是名请人。彦三郎的第四代后人、彦作的遗孀也在宽文十一年（1671）为抗议收回作职而向官府申诉。这就是检地赋予耕作人的力量。

但并不是任何地方都像近江这样。有的地方将井户村与六那样的人而不是耕作人登记为名请人，还有些地方用“井户村与六分弥七形部”这种“……分……”的形式将权利写在检地账上。这种情况之所以会出现，大概是因为原武士、地方武士、土豪一类有势力的百姓在村落或地区社会中一直扮演着比其他人更重要的角色，在这种历史背景下，他们对领主的态

百姓耕作的样子 （出自《洛中洛外屏风图》舟木本，东京国立博物馆藏）

度、方针也产生了影响。

不应忽视，直到江户时代，井户村氏还将曾得到作职作为扶助的二十六个人称作“家臣”“被官”，而对方也将井户村氏称为“主人”。战国时代的主人－被官关系一直延续到江户时代，被官除了要缴纳作得以外，有事的时候还要奉公。这种关系在 17 世纪后期因被官的自立而出现了消解的倾向，而其起点则可说正是名请制度。所以不论是多么小的土地，只要自己耕作过、挥洒汗水开垦过，就可以作为自己的东西登记在检地账上，这一点具有十分重要的意义。有了统治者的公开承认，即便出现纠纷也有权进行合法抗争，这才是检地最终被人们接受的主要原因。

徭役负担与身份

被井户村家要求返还土地的介若和彦作的遗孀在反反复复的申诉和反驳过程中坚称自己是名请人，并宣称自家人一直在耕地、承担各项徭役，每年也都缴纳年贡。百姓不仅要缴纳与其承包土地数量相符的年贡，还有承担徭役的义务。正因为尽到了这些义务，他们的百姓身份才能得到保障，也能维持对土地的权利。

但他们不仅对领主负有义务，对其所在村也负有义务。比如村里要建造或修理蓄水池、水渠和道路时，村民就要负担劳役或金钱。若因为用水或山野的权利、村落的边界等问题与邻村发生纠纷，也是村民集体承担诉讼费用。这种做法诞生且继承自中世以来的村落自治。这种时候各人负担多少一般是以其名请额或家庭为标准制定的，而村民也因为负担此类徭役而被村落承认为百姓，获得村落集会时的发言权和村中举办各种活动时参加、得到座席的权利。承担领主和村中的各种徭役（负担、义务）与百姓身份及其各种权利的认定关系密切。

从其他各种事情上也能看到这种情况。检地规则规定，在河川中捕鱼的人要承担河役，使用山野的人要承担山役，使用海滨的人要承担滨小成物（滨役），为此，要先让他们申报先例，然后据此制定新的徭役量。这些徭役并没有被包含在检地石高里。很多地方从中世起就征收这些徭役，也有一些地方是第一次征收。对村民来说，没有这些徭役当然是最好的。但是通过承担徭役，身为承担者的人和村落便获得了对这些地区的占有权和使用权，而没有承担的人则被排除在外。

山野河海的出产并非无穷无尽。从古代到中世，在漫长的时间里，使用者及村落的权利内容和使用规则都逐渐成型。有时是使用者和村落自发建立规则，但更多时候是通过对领主承担徭役而得到权利，比如向领主缴纳鱼蚌类产物，就获得河海的渔业权；向领主缴纳木材、柴薪、木器（或者换成钱），就获得木材的采伐权，等等。当这些权利受到侵害时，承担徭役就成了主张自己正当性的最大根据。不但可以期待领主的支持，也容易获得邻近村落的协助。

以近江南部、琵琶湖东岸的安治村与邻村须原村为例，两村因为收割芦苇的权利，从信长治下到江户时代不断发生冲突。在诉讼时，安治村主张说芦苇是上缴给大人（信长）的杂税、是大人征收的，又说早年曾是永田刑部少辅大人的知行，总之，以上缴给大名和领主为由，宣称须原村没有权利。另外，安治村还因为用渔网从村头的湖里捕鱼而与野田村发生过冲突，那时他们也以自己缴纳御上米、拥有权利为由，要求野田村的人离开。

同样的例子也能从以海洋为生的人身上看到。安治村的例子表明，通过上缴鱼贝类产物或贡米就能获得渔业权。在此基础上，下文将论述水主役[1]。前文讲到，海盗停止令命令对在各海湾活动的船头和船员等乘船的人进行调查，目的是动员他们作为士兵和运输人员出兵朝鲜。除此之外，大名发动战争或者上洛时也需要征用他们，也就是征用船只和船员。而这些人通过承担徭役，便获得了在本海域经营渔业的权利。对这种情况，三鬼清一郎通过伊势、志摩、纪伊等地村落的事例解释得很清楚。

因负担徭役而获得山野河海的使用权，或者村落获得圈定

1 水主役，中世领主为军船或水运船征用的水夫徭役。江户时代是向沿海渔民和农民征收的一种税。

地界的权利，这种现象在中世也有，并不是近世才出现的。但是，从16世纪到17世纪，新领主与领民之间的这种关系被重新评估、重新组织了。同时，土地经过重新调查，根据新的斗代算出新石高，再据此制定百姓的各种徭役。同样的情况也出现在匠人身上。作为匠人参与统一政权或大名的筑城事业（服匠人之役），便有可能获得匠人身份和营业权，得到官方承认。职业、身份与徭役密切相关的新身份制度就这样逐渐形成了。

第三节 | 农道与兵道

大名的灭亡与再仕官

一般认为，江户时代的士农工商身份制，是通过兵农分离政策（包括兵、农、商［工］各种身份的分离）建立的。但是近年有新观点认为上述观点的根据——天正十九年八月的所谓身份法令并没有规定兵农分离，还有观点认为中世已经实行了兵农分离，甚至有研究者认为秀吉从未有过兵农分离的政策（参见第五章第三节）。那么，在此就让我们从兵农分离的视角来观察一下武士与农业、与村落的关系。

在信长和秀吉进行统一战争的过程中，有的大名灭亡，有的大名被改易，其家臣、陪臣就成了浪人。他们是如何应对这种情况的？让我们以天正十八年灭亡的北条家为例。家主北条氏直被流放到高野山后，他的族人、重臣等三百余人也跟了过去。虽然后来氏直被提拔为一万石的大名，但很快就病死了。于是，他的家名被其叔父、曾为韭山城主的氏规的子孙继承，北条氏成了河内国狭山藩的一万石大名。除此之外，相模玉绳城主北条氏胜在下总成为一万石的大名，武藏忍城主成田氏长在下野乌山成为三万七千石的大名（两者的家系后来都因无嗣而断绝）。也有少数支城主成为大名。

不要说其他支城主或本城的奉行人阶层，就连很多本城主的家臣和支城主的家臣也都出仕德川本家，成为旗本或御家人[1]，或者侍奉德川一族。也有很多人成为阿波蜂须贺氏、陆奥津轻氏、骏河中村氏等各地大名的家臣。有些人很快就出仕，有些人经过许多波折，直到大坂之阵的时候才仕官。还有人把吉良氏改成莳田氏，把板部冈氏改成冈野氏，改名换姓后重新踏上武士之路。相反，也有人继承了别人的名字，比如佐野城主北条氏忠的女儿。北条氏忠跟随侄子北条氏直去了高野山，氏直死后则隐居在伊豆的河津，不久后死去。其妻子和女儿姬路请求安艺的毛利辉元，让与姬路结婚的毛利重臣、出羽家的

1 御家人，指获公认可以侍奉将军的武士，江户时代特指没有资格谒见将军的下级幕臣。

次子继承了北条氏名（《小田原市史》通史编 原始古代中世）。

当兵还是务农

如上所述，有许多人侍奉新主人，以武士身份存活到江户时代，大部分还比当北条家臣时的待遇更好。也有人像水野长胜这样，因为与德川家有姻亲关系而受到重用。此人出身于尾张，信长在本能寺毙命后，他转而出仕武藏钵形城城主北条氏邦。城破后，他又成为德川的旗本，得到了旧领附近的赤滨村（今埼玉县寄居町）等地，共八百石，之后又充任伏见城在番[1]等职，最终得到了大和国内的两千石。长胜聘请了氏邦旧臣做自己的家臣。赤滨村的大久保本来是北条旧臣，城破后回到老家赤滨村，后来因受长胜请求“协助”，其代代相传的名田和房子都得到了承认。其子胜家跟随长胜在伏见城工作，后因故回到赤滨村。再后来又应长胜之孙忠贞之邀成为家老，得到了百石知行。其子三人本都仕于忠贞，后来长子回到赤滨村定居，其余两人依然侍奉水野家。这一阶层的人都与村落关系紧密，不断在回村定居（暂时）和出仕之间摇摆，最后兄弟三人分别选择当兵或务农，以这种方式应对战国时代的结束和新时代的到来。

从北条氏邦的重臣、上野权现山城城将吉田氏身上也能看

1 在番，守卫城郭的士兵。

到这种处世法。吉田实重（真重）的孙子定重出仕于纪伊德川家，其弟重基继承家业后在上吉田定居。从家谱可以看出，这一阶层的人与村内的家族、附近北条旧臣的家族都有姻亲关系。近江的井户村家也是这样。各地都能见到这种兄弟分别当兵或务农的处世法。

但是，从总计数万的北条家臣、陪臣和奉公人的比例来看，绝大部分人还是抛弃了武士的身份，定居于村落，成了百姓。武藏的道祖土氏在归乡务农前曾领有二十五贯文知行，自己骑马带领两名步兵承担兵役，还是直辖领的代官。伊豆半岛付根的渔村狮子滨的植松佐渡守在归乡前领有四十余贯知行，服兵役时由自己乘马带领四名步兵。还有很多人像武藏荒川乡的持田四郎左卫门和野卷村的逸见藏人那样成为近世的名主。另外，有很多人不是单纯回归故里，而是移居别的村落，开发许多田地，成为名主。这些人直到江户时代还替北条氏传递其签发的知行分封状等文书，延续了北条旧臣的传统。他们号称“鸿巢七骑”“入曾村十二众”等，如其所示，一个村里通常有五个到十几个这样的人。

最先重新仕官的人基本上在战国时代就已经是不事耕种、不经营土地的专业武士了。他们委托所领村落有势力的百姓或者家臣等人为代官，征收年贡等物，通常与村落没有直接联系。但是按惯例，修建寺社等建筑物时，他们要作为大施主出资，也要参与神事祭礼，在战乱和灾害时进行危机管理，在遭受损害时允许减免年贡，在修复水渠和耕地或者重建村落时采取各种措施也都是他们的责任。而村落也将这些事看作领主理所应当的义务，所以每个领主与村落之间的联系都很紧密。而兵农分离政策就是要切断这些联系。

但是，战国大名的给人、家臣、奉公人中，只有一成多是专业武士，其他近九成都是在村落或城市里拥有房产、经营农业或收取加地子，或者进行金融与商业活动的人及其次子与三子。这些人里情况比较好的就由兄弟分别当兵或务农，剩下的基本都定居于村落，其中一部分人流入城市，走上工商业之道。

这令人联想起以福田与一为首的信长的弓众：一百二十名弓众和马回在故乡尾张建房、安置妻儿，自己则单身赴任安土。战国大名的兵力大部分是由那些既当兵却又贪恋农耕和村落的人以及经营工商业的人组成的。或者应该说，这些人在务农与经商的同时也想获得武士的身份，走上仕途。织丰时期战国大名的灭亡迫使他们不得不选择一种身份。做不到的人就只能当浪人了。

上杉转封会津

转封（国替）的目的是将组成大名军事力量的人从其各自的地盘上连根拔起，丰臣时期尤其如此。典型的例子就是转封上杉并以此巧妙实现兵农分离。

庆长三年（1598）正月十日，秀吉命令越后的上杉景胜转封到陆奥会津。这是让他接替因御家骚动而被转封到下野宇都宫的蒲生秀行（蒲生秀乡之子）在会津的家业。石田三成被派去负责此事，接收上杉旧领越后和北信浓的城寨，再将从蒲生氏手中接管的会津领内城寨转交给上杉。这表示不仅领地，就连城寨也是政府的所有物，由旧大名还给政府，再由政府交给新大名。交接工作进行得十分仔细。

秀吉对景胜说："汝家中之人，武士自不用说，下至中间、小者，只要是奉公人就全部带走，一人也不要留下"，对不走的人要即刻惩处。同时也命令不得带走任何拥有田地、缴纳年贡并在检地账上登记为百姓的人。转封明确区分了兵农，是兵农分离政策的一环。

景胜想要将包含奉公人在内的全部兵力迁到会津。这不仅是执行秀吉的命令，也是因为领知量一下增加到三十万石，需要更多兵源来承担兵役。北信的葛山众、井上众、屋代众等原住性极强、基本没有实现兵农分离的下级家臣也都被连根拔去。本来只有二十六至三十七石的人增加到百石，原来有百石的人增加到二百石，每人都增加了二至四倍的领知，成为入驻出羽米泽城的直江兼续的属下。今日，在长野市内曾属于葛山众的地区，已经看不到他们留下的痕迹，与他们有关、继承了他们血统的人也一个都不剩了。不知他们究竟是怀着怎样的心情被迫离开故乡，来到冰天雪地之中的？

搬迁时当然也要带上妻子儿女。奉公人孙七郎因为没有把妻儿带来而在四月受到了质询，被上面的人命令一定要将妻儿召来身边，他本人也不能逃跑，并为此提交了誓词。大名和重臣将菩提寺和神社也迁走了，但原来的地方并不是什么都没留下，而是以分割的形式留下了一些同名寺社。而像更级郡八幡社松田氏那样既是神职又是武士的人，则要么将其族人作为神职留下，要么让他们分别踏上武士或神职的道路。

上杉氏离去后，堀秀治从越前北庄转封到这里，在秋天进行了检地。查看检地账，会发现许多名请人旁边都写着“去往会津的给人”“给人去往会津”的字样，而他们的土地就成了“当荒”。因为给人同时也应当是名请人，所以他们去往会津之后，土地自然就被闲置、无人耕种了。有些地方约八成土地都是荒地，鱼沼郡云洞村（今新潟县南鱼沼市）就是这样一个例子。这恰恰说明此处兵农未分离。虽然秀吉命令领主把给人和奉公人都带走，把检地账上的百姓留下，但他并没有考虑到现实。

经过此次转封，国内终于建立起只属于百姓的村落：村里没有武士身份的人，只有居住于此且在检地账上登记过的百姓。也有极少数给人留在村里，没有去往会津。还有很多人与其兄弟分别选择前往会津或者留在村里。他们可以选择走哪条路。但是，留下的人就失去了士兵的身份，去往会津的人则放弃了农民的路，二者只能选一。兵农分离政策就这样得以实现。

畿内近国的改易和转封

下面，让我们来看看畿内近国的例子，这里大部分的侍臣留在了村落。天正十三年闰八月十八日，大和国领主筒井定次被传唤到近江坂本，得到转封伊贺的命令，第二天回到大和，二十三日为准备进入伊贺而上洛，二十四日便带领众多国人迁入了伊贺。这道严令完全没有给他犹豫的机会，其侍从也被一个不留地赶出了国境。同日，多武峰还实行了没收所有弓箭、长枪、火枪、长短刀、甲胄等物的行动。随后秀长与兄长秀吉率领五千人的军队进入郡山城，将留下来的武士赶了出去，“诸侍一人不落，全被赶出其所熟居的乡里，浪迹于全国山野与女人身边，疲惫不堪，悲叹不已”(《多闻院日记》)。

在这之前，伊贺国为了迎接新大名的到来，强迫所有武士选择是要当浪人还是当“百姓之属”。虽然伊贺的总国一揆在天正九年就已经溃散，但组成一揆军事力量的国人及其被官、侍从、足轻等人大半留在原地，仍保有他们长期培植起来的势力和权利。近江的甲贺郡也一样。天正十三年值得铭记，这一年强制执行了将这些人从其势力范围驱除的政策。曾经参与攻打纪州一揆的甲贺众也遭到改易，理由是其承担修建的堤坝决堤。几代人的统治领地被收回，也不被允许留在原地，只能成为流浪之身(浪人)。闰八月，信乐的多罗尾四郎也被放逐。可以认为，这一系列行动的主要目的是将身份在侍从之上的国人和武士贬为平民，但同时也造成了许多问题，特别是全面否定了植根于村落的下级武士的领主权，逼迫他们选择成为浪人还是百姓。

这种否定从国人到侍，诸奉公人的领主权限以及武士身份，并使其浪人化的政策，以及认可百姓身份居住权的政策，难道不就是兵农分离政策吗？这显然与同年在纪州进行的没收百姓武器和提出专心耕作的百姓身份观密不可分。而从村落的角度来看，由原则上专事农耕的百姓构成的村落逐渐建立起来，而以武士或侍从身份留在村中则不再可能。

在这后一类人里，有不少人继续寻求仕官之路，但可能性很小。更不用说兵农未分离、还在村中居住的人，对他们来说，这条道路逐渐被堵死。很多人就这样留在村中，也有些人一时离开、成为浪人，但不久又回来，或者移居到其他村落。而到了江户时代，他们有的宣称自己与百姓出身不同，自称为侍众；有的成为庄屋、名主，或者成为长老、肝煎阶层的一员；有的负责佛事、祭礼、宫座[1]，维持了自己原有的特权地位和职责；也有不少人主张自己在山野河海和水利等方面的旧有权利。在这种情况下，他们仍然寻找仕官之途。大坂冬之阵、夏之阵提供了他们所期待的出头机会和活跃舞台。特别是大坂方面雇用了很多这种人。但战争结束后，他们又只能成为浪人，回到村落。有些人接近大名，虽然定居村落，却根据自

1 宫座，神社氏子的祭祀组织，与神职不同，负责统筹祭祀活动。

己的血统而自称“无足人”（在乡武士）、“乡士”，以独有的称呼成为与武士和百姓都不同的人群（藤田达生）。但这并不意味着兵农分离政策不存在或者不彻底。正因为有否定兵农未分离、本领土著型武士身份的政策，才使得这些人不得不成为浪人，没能再度仕官并获得武士身份的人就这样被排挤出了武士阶层。

有时，这些人会为了保持自己的特权地位而维持村中的身份制度。比如，丹波国有个村落，在战国时代将五个姓氏的家族称作侍分，而这五个家族的人虽然定居村中，仍试图维持自战国时代以来的侍分地位。为此，他们定了许多规矩，比如要求自己手下的下人和小百姓不得佩刀，不得打伞，不得穿雪踏[1]、高齿木屐，见到武士必须脱帽行礼，不得取像武士一样的名字，小孩不能对父母用尊称，女孩的名字前面不能加“阿”字，等等，以此表现村中存在严格的阶级差别、身份差别。

庄屋的作用和特权

正如前章所述，兵农分离政策不会把决定以百姓身份生活下去的人赶出村落。有很多依靠村落和地域社会经营农业或进行金融活动的人，即使在战国时代和江户初期失去了武士身

1 雪踏，方便雪上行走、穿在脚上的一种竹子编的网状物。又称竹皮屐。

份，也并没有失去村中的经济和社会地位。还有像井户村那样并非百姓的租税收取者。每个村里都有几个这样的人，其中拥有百姓身份的被称作年寄、肝煎、长百姓[1]等。下面就让我们来看看这些人作为村官——庄屋所承担的特别职责。

大和国五百井村名请额排名第二的大方氏曾是庄屋，在筒井定次转封时跟随他从大和迁居到了伊贺，但在庆长十三年（1608）筒井改易后又回到了村中，据传此后代代都做了庄屋。虽然没有史料显示大方氏原本就在五百井村，但其以给人、武士级的身份定居村落，成为庄屋一事仍值得关注。这家人后来通过替人垫付年贡等活动积累了很多土地。

南山城上狛村有狛氏国人，因为出仕织田信长而获得了三百一十一石余的知行。本能寺之变后因为没有再仕官而失去了武士身份（浪人化），在村中旧馆闲居。他身为武士，既不经营农业，也没有做地主，于是只能求官。据说宽文十一年（1671）终于实现愿望，留下原来的家臣离开了村落。狛氏曾经的家臣们才是村中的侍众阶层，江户时代有的成为百姓（后有人没落），有的成了庄屋。但在上狛村，是外来定居的浅田氏而不是狛氏家臣成了庄屋。多数情况下都是原本就住在村里的人当庄屋，但像浅田氏这样从别处来当庄屋的人也不少。

领主期待庄屋完成的职责首先是按时上缴以村为单位定下

1 长百姓，指近世的村官，或有势力的百姓。

来的年贡并承担徭役。此即为村请。村请成立的前提是领主不参与村中诸事，由村民自行决定、自行解决，表现出村落的独立性（独立于领主）。但是，即便统一收取年贡，村里也有交不出年贡的人。这时候，庄屋就会替他们垫付，保证领主与村落之间不存在未缴纳的状态。这就是庄屋的职责。交不起年贡的百姓就欠下了庄屋的债务。之所以常有庄屋等在村落和地区里有势力的人被提拔为代官、下代官，广泛从事年贡、小作物的征收，原因之一就是他们有能力替人垫付。

近年来的研究较为关注村落的法人格，强调村落的独立性，另一方面，则较为轻视村中的阶层差异及其造成的内部矛盾。但是，比如说在执行刀狩令时，前田利家命令“各村的长百姓”提交誓词，庆长五年（1600）五月，石田正澄命令“庄屋、长百姓、肝煎”写下保证每年都按量上缴年贡的誓约书，也就是说，领主关注的是负有村请的庄屋和长百姓。

在检地方面，文禄三年，石田三成在萨摩国进行检地时，免除了对一名庄屋和一名肝煎宅地的检地。在一国方针之外，免除对个别庄屋等人宅地的检地——这样的例子很多。他们大多建有被水沟和高墙环绕的广大宅邸，这本身已经象征了他们在村中的权威，再加上免除年贡的特权，更加增强了他们在经济方面的权威。

总百姓[1]运动

摄津国东天川村（今大阪府高槻市）在江户时代初期发生了庄屋和总百姓之间的纠纷，最后发展到诉讼。让我们通过这件事来看看村中的矛盾和对立。主要问题起因于文禄三年的太阁检地。检地是在九月二十九日到十月五日之间进行的。其间，检地奉行一行人的饮食都由庄屋提供，油、酒、味噌、醋、米，甚至包括鲷鱼、章鱼、鰤鱼、鲤鱼、鲫鱼等各种鱼类，一共花费了八石米。花了这么多钱，还不算食盐和其他杂事。因为这些费用没有让村落承担，全部由庄屋个人出资，所以他从奉行那里得到了可免除年贡和检地的土地（除地）。

这是进入江户时代之后，每当发生总百姓控告庄屋的村方骚动时，庄屋正当化除地由来的一般说法。虽然不知道数字是否准确，但他们为行贿奉行而承担了额外开销一事大概是真的，因为别的村落也发生过同样的事。除地有十四石二斗六升，所以面积在一町步以上。庄屋说这是奉行赏给他个人的，百姓却说是给村落的，并控告庄屋私自占有。

庆长十三年（1608）十月，在由总百姓提交的诉状上，包括除地一事在内，一共控告了庄屋十二项非法行为：缴纳年贡时，庄屋私吞了一份贡租；不让人在检地奉行专为修建仓库交

1 总百姓，江户时代本百姓的别称，他们在检地账上做过登记，耕地、宅地都得到了官方认可，承担年贡和徭役。

给村落的土地上建仓库，而是建在其他土地上，还让总百姓承担年贡；藏匿检地账，另做账本；征收年贡时，把自己两石的土地算作一石，把小百姓一石的土地算作两石；借条上明明写着前年未缴纳的一百一十俵年贡按三成利借米，去年却收取（让人偿还）了四成，等等。关于这些事，因为庄屋也有所反驳，所以不能说总百姓说的都是真的，但至少能看出检地账的管理和年贡的计算都是庄屋独断专行，并没有向总百姓公开。

除此之外，总百姓还控诉庄屋私自收采芦苇和莲藕；有百姓的宅地因为洪水而荒废，庄屋甚至一个人跑去收割那上面生的草。

从这个时期开始，围绕年贡的计算和庄屋的除地，全国各地总百姓对庄屋的不信任感和不满都一下子爆发出来。通过此事，庄屋的特权被重新评估，计算年贡时增加了庄屋以外的负责人，改成百姓也能够监督的形式。主导此类运动的不是庄屋，而是村中的长百姓、年寄等有势力的阶层。此后经过数十年，到17世纪后期，以小百姓为主体的运动（村方骚动）兴起，追问庄屋、长百姓等人的不正当行为，批判他们独占村政。从这些事看来，可以推断，在丰臣政权之下，所谓接受检地、提交誓约书等认同村落权力的行为，都是在庄屋、肝煎等村中大人物的独断专权下实现的。正是在村请体制下，权力与庄屋、长百姓的这种关系，以及他们在村中的特权和对村政事实上的独占才得以成立。而打破这种情况的正是小百姓自己的力量。

第七章

丰臣秀吉的重商政策与都市发展

第一节 | 对流通和贸易的促进和掌控

废除日本国诸役[1]

秀吉将信长刚开始着手建立的石高制统治体系推广到全国，完成了近世封建社会的框架。不仅如此，他还继承了信长计划实现的流通和贸易政策，营造规模超越安土的城郭和城下町，让全国大名都在城下修建宅邸，完成了近世武家政权“首都”的范式。这种范式也被各大名领的城下町吸收。武士阶级聚集在都市，以都市为直接的生活基础，追求新型的权力，同时推进都市与流通的改组。本章就将论述这些问题。

秀吉在天正十年（1582）的清洲会议上得到山城国后，马上于十月废除了设在京都出入口的关所（禁里领率分关）。信长的关所废弃政策并不彻底，而秀吉果断将之推行下去，免除了商人们的关税负担。天正十三年七月成为关白后，又进一步发展了这个政策，禁止向商品和商人征收役钱（税）。九月十八日，秀吉在写给毛利、小早川、吉川的信中命令道：“有个薄姓公家向诸国的牛征收役钱，我从未允许过这种没道理的事，不管他是公家还是门迹寺院的人，都给我绑了交上来。”

1 诸役，中世的各种杂税。

薄诸光被捕后横死，家系断绝。同年十月，大村由己在《四国御发向并北国御动座记》中说："从公家、武家到地下商人，停止诸役，打破诸座。此举乐者多，悲者少。"薄诸光正是违反了这项否定役钱征收和座的政策。

遵照秀吉的这一政策，浅野长政禁止北近江今津的批发商对从若狭来的商货征收役钱。今津位于琵琶湖西北岸，是日本海一侧的重要港口之一，通过九里半街道与若狭的小滨相连。另外，它还是琵琶湖船运的码头之一，位于连接日本海与京都的物流大动脉之上。关于禁止的理由，长政说是："日本国诸役，京之收入（关钱）、兵库之关、诸滨之役，此类古来即有之役悉皆终止。"他在别的时候还说过"日本国诸役悉皆没收"。也就是说，取消了包括在关所和港口对商品征收的役钱在内日本国内所有役钱的赋课权。若有商人前来，批发商不能征收役钱，而是要通过提供食宿来赚取利润。允许对一匹马驮的货物收取一升米的庭物（手续费）。另外，长政还要求将从小滨来的商品都搬运到今津，不能放在其他港口，以保障今津的特权。

这是全盘否定了天皇、公家、寺社、武士、工商业者等人原有的征收役钱的权力，在此基础上，再将权力交给实际负责流通的人和集团，由官方规定合适的手续费和运费，建立起新的流通秩序。

最初驻扎在坂本城的浅野长政于天正十四年前后移居到了大津，他将大津滨七浦的船主和坂本、坚田、对岸木滨（今滋贺县守山市）的船主整合在一起，组成新组织“大津百艘船仲间”。这个组织一直存续到江户时代以后。自中世以来，坚田一直拥有对往来船只征收役钱的权限，但似乎因为上述政策而丧失了这种权限，与此同时，水运行业进行了以大津为中心的重组。其背景是大津在流通上的重要性增加了。中世时，从坂本向京都运送物资比较方便，但在秀吉营建大坂城（后又营建淀城、伏见城）后，京都与大坂之间的物流比重增加，于是往来京都和大坂两方都很便利的大津就受到了重视。

天正十五年二月，浅野长政对新组织发布了五条规定。第一条规定说，从其他港口来的船只不得运送大津的货物和旅人，保证了百艘船对大津航运的独占；这种特权是对他们承担长政和统一政权公务（役仪）的回报，而不承担公务的船只（大津百艘船以外的船），哪怕是大津本地的船只也不能运送大津的货物和旅人（第二条）；也不能在其他港口承接公务（第三条）；长政家中的人不得随便征用船只（第五条），等等，规定了许多保护措施。这些特权一直延续到江户时代。

承担公务、缴纳役钱与保障营业权、独占权是硬币的两面。为了前者，统治者需要一个固定的组织；而前者又是因为后者才得以实现。这难道不就是中世时座和本所的关系在另一种形式下的再现吗？组织的成员确实变了，其权利的保障者也变成了大名和统一政权，座这个名称也几乎不用了。但新的行业组织是自下而上自发形成的（也正是这种力量使座解体），在此基础上，又接受了自上而下的重组政策，成了拥有新特权的组织。而这种组织又逐渐对在其外部成长起来的经营者进行压制。我们也应该研究它与中世共通的部分。

控制近江和日本海的物流

和信长一样，秀吉也试图掌握近江和日本海方面的物流。为此，他将秀次调到近江八幡，将浅野（后为增田长盛→新庄直赖→京极高次）安排到大津，将丹羽长秀和浅野先后调到若狭小滨，在另一条物流大动脉的起点越前敦贺（以七里半街道等道路与琵琶湖北岸的海津和盐津相通）相继安排了蜂屋赖隆和大谷吉继。除此之外，他还任命了坚田对岸卢浦观音寺的诠舜为代官，管理琵琶湖水运。

秀吉去世前不久，于庆长三年六月写信给诠舜，在信中对湖上的往来船只做了五条规定。第一条制定了统一的航运费，规定从江北的朝妻、海津到大津，五十石船只的运费均为银十六文五分，然后再以此为标准决定其他大小船只的运费。这样就保证了营业和收益。作为交换，要求各船只每年缴纳七百枚银（第二条）；轮番征用各港口船只运送直辖领的稻米、木材、板材等物（第三条）；要求各船只每日上缴五条鲤鱼（第五条）。上缴鲤鱼大概是允许其在湖上捕鱼的代价。诠舜还兼任直辖地江南的志贺、栗太、蒲生郡的代官，将相当于近江全

河川上的运输 （出自《洛中洛外屏风图》舟木本，东京国立博物馆藏）

国三成石高的领地都设为直辖地，征收木材、柴薪、煤炭等物。再加上对湖上水运的控制，近江成了对丰臣政权来说非常重要的一国。

控制湖上水运，不仅保证了在运送藏米和筑城所需的大量木材、板材时有船只可征用（运费由官方制定并支付），还带来江州船运费银千枚这种高额收入。另外，在大津卸下的货物，运输时要依靠马借[1]才能翻越山岭，向他们课税可以让大津驮所得到银七百枚的收入。这些情况都可以从庆长三年的《丰臣家藏入目录》中看到，其中还记载着大坂过书船[2]手续费银三百枚、同新过书船手续费银七百枚。这应该是通过控制连接京都和大坂的淀川以及其他河川水运获得的运输费。另有直辖领堺缴纳的诸座税银二百五十枚、地租银千枚。

控制都市和物流带来大量收入，增强了政权的财政基础。废除关钱虽然具有划时代的意义，但在陆地和水上的交通要冲征收役钱（银）这一方式本身最后还是被继承了下来。一直以来，以废除关所和座为例，秀吉政权与中世权力的不同得到了

1 马借，中世时利用马匹运送物资的运输业从业者。
2 过书船，亦写作“过所船”。持有通过关所许可书的船只。

比较多的强调，但这样的评价是否恰当呢？虽说妨碍物流的旧有权限曾一度遭到否定，但最后还是被重组为新政权的一部分，在征收役钱这一点上，甚至可以说和中世有同质的一面。

当然，秀吉的政策既是对新事态的回应，也是应新兴商人、运输业者、手工匠人的诉求而生。因为他们的出现，寺内町、各地的市町等新城镇形成，门前町、港町、宿场町的发展激化了与旧有秩序的对立和矛盾。虽然战国大名手握判决权，在裁定纠纷和形成新秩序方面做出了一定贡献，但是对移动范围超出领国的物流却鞭长莫及。所以出现了会津商人司簗田氏那样的例子，不是大名，而是商人依靠自己的人脉来解决纠纷。庞大的物流网横跨割据的各大名领国，商人和运输业者自行解决遇到的各种问题，但这是有局限的，所以他们都期待一个超越大名割据的强力政权出现。

这样看来，秀吉的政策是应新兴势力要求整顿物流秩序的政策，而并非打破现状的政策。只要不影响流通，许多负责物流的组织都没有遭到否定。不过，秀吉的政策不仅是为了促进物流发展，也是为自己谋求军事上、政治上、经济上的利益。让代官全面掌控湖上水运，和征调大津、八幡、大沟（今滋贺县高岛市）等枢纽城市（港口）的船只、集散物资一样，不外是令其为自己的军事利益和经济利益服务。掌控往返大坂的过书船也一样。尽早实现对这个地区的强力掌控和控制若狭、越前（讨伐柴田胜家）一样，对丰臣政权的成立来说意义重大。

信长时期也是这样。从这里也可以看出秀吉政策的出发点正是信长的政策。

掌控东国物流

控制东国物流的重点是掌握伊势、尾张。但要实现这一目标不得不等到天正十八年织田信雄改易。在等待期间，秀吉让秀次进入尾张清洲，统治尾张一国和北伊势。同一年又消灭北条，将德川家康迁到关东，然后将其旧领三河、远江、骏河分给秀次手下的大名们，从而控制了东海地区。另外，秀次还参与了对设在伊势国内的藏入地[1]的统治。虽然对东国及其物流的掌控被拖延至此，但作为对这个短板的补偿，秀吉统治了近江，又于天正十三年派胞弟秀长进入大和郡山城，领有了大和、和泉、纪伊和伊贺的一部分。正如我们在讲到信长时说过的，伊势、尾张与东国间的物流并不仅限于这一个地区，日本海方面的物资通过近江流入，畿内、西国的物资和贸易品通过近江、畿内流入。另外，纪伊水运连通着西国水运和东国水运，位于双方的枢纽位置，而其要冲之一便是杂贺一揆的据点——纪川河口一带的港口。消灭一揆势力和控制纪伊意味着掌控东西方物流的枢纽，从这个意义上来说也是秀吉的一项重要成果。

---

1 藏入地，战国、江户时代大名的直辖地。取年贡米等物直接纳入大名的藏（库房）之意。

以日本为中心的朝贡贸易构想

天正十一年，秀吉没有选择近江或京都，而是开始在大坂筑城。他有意在控制西国的同时也控制物流大动脉濑户内海，并在那之后还要掌控贸易（或者说参与贸易）。这也曾是信长的目标，天正十年五月，他曾准备同时出兵四国和中国地方。继承了同样目标的秀吉以议和的形式使毛利屈服，又在天正十三年征服和泉、纪伊，完全掌握了西日本物流的东部终点。在此之上，又平定了四国，把濑户内海也纳入自己手中。然后他命胁坂安治进驻淡路岛，命蜂须贺家政进驻阿波，并在沿海港口配置了从小培养的近侍部将以及亲信宇喜多秀家等人。虽然没能完全除去毛利，但是通过平定九州将贸易枢纽博多和长崎划为直辖领，又通过海盗停止令切断了村上水军及其他势力对水上物流的控制。

由此，秀吉完全掌握了以大坂和堺为中心的西国水上物流。虽然这时他已经有了为出兵朝鲜做准备的念头，但还是选择先积极参与贸易。平定九州的第二年，即天正十六年，秀吉没收了长崎的教会领地，将长崎划为直辖领，任命佐贺的锅岛直茂为代官，接待并管理源源不断入港的黑船（葡萄牙贸易船）。他还免除了长崎各村的地子钱，以促进长崎繁荣。同时他派遣小西立佐带两千贯白银前往长崎，收购了葡萄牙贸易船上的全部生丝。对于此事，葡萄牙商人最初很不情愿，但立佐利用自己基督徒的身份促成了商谈。

南蛮船来航（出自《南蛮屏风》，神户市立博物馆藏）

另外，葡萄牙商船进入萨摩港的时候，岛津义弘将此事报告给秀吉，秀吉便立刻派石田三成为奉行，带着两万枚银去收购生丝，同时指示在这之前任何人不得进行买卖，要等奉行买完之后，剩下的部分才能开放给商人；更进一步，他又指示他们转告葡萄牙商船，他们可以自由往来任何一个港口，每年来五次还是十次都无妨，他会收购全部货物。

可见，秀吉不仅想要收购直辖领长崎的生丝，还想垄断各大名领港口外来船上的生丝，正是为此才极力鼓励贸易船来航。这项方针在天正十五年的传教士驱逐令中已经表达得很明确了。买到生丝之后，再将其运送到畿内高价出售，尽情享受独占贸易的利益。秀吉死后，浅野长政曾在书信中对木下家定下令，要他将秀吉正室——北政所[1]（宁宁）通过贩卖生丝给京都商人而获取的银两上缴。另外，秀吉还曾让人把一万三千石藏入地的稻米送到石见银山去换成白银，再用这笔钱到长崎去购买进口的船只和火药等物。这样一来，直辖领村落的稻米、

1 北政所，原本指三位以上的贵族正妻，后来专指摄政、关白的正妻。

银山的银子就与贸易港有机联系起来了。

能够比任何人都优先收购进口商品，说明秀吉的军事和经济力量都超过了其他人，并建立起了相应的体制。只要直辖领的银山不断产出白银，不论来多少贸易船，秀吉都能进行收购（垄断），以强化自己的权力。而他之所以能这么做，是因为当时全世界三分之一的白银都产自日本，日本是世界上屈指可数的产银国，在世界贸易体系中占有重要地位。

信长也曾有过控制贸易和外交权的强烈意向，但他所能掌握的只是前往九州收购贸易品的堺商人和负责运送、销售商品的濑户内海东部商人、回船业者以及生野的银山。所以对信长来说，保护传教士活动和基督教的政策，不但包含抑制佛教势力的意图，更是行使外交权（包括贸易权）的一种形式。这也是没能完全掌握西国的信长的局限。秀吉则超越了这种局限，在整顿好独占贸易的国内体制的同时，还尝试建立外交关系。与进行日明贸易时同样，贸易和外交是密不可分的。如何组织、促进与亚洲各国及葡萄牙之间的贸易关系是一个重要的问题。

秀吉并不满足于坐等贸易船来访。在上文提到的写给岛津的信中，他表示："收购所有生丝是为了促使贸易船来航，而不是为了自己做生意。"这是秀吉特有的说法。虽说增加外来船只与追求自己的利益密不可分，但前者本身无疑也是秀吉所期待的。秀吉想将日本变成东亚世界的贸易中心（之一）。前面我们已经述及，秀吉收购所有贸易船商品的做法同时也保证了贸易对象的利益。这是他对当时东亚世界的中心——中国朝贡贸易体制的模仿。秀吉行使外交权，要求高山国（中国台湾）、西班牙领地马尼拉、葡萄牙领地果阿向其朝贡，很明显是想创建以日本为核心的朝贡贸易体制，以取代中国。增加外来贸易船是实现这个构想的紧要环节之一。只有这样，才能让人们认识到日本在亚洲贸易体制中占有重要地位，并获得实际成果。

这些构想，最终发展成征服大明、出兵朝鲜的妄想。

共享贸易之利

小濑甫庵的《太阁记》成书于江户时代初期，虽说其中许多内容与史实不符，不能全部相信，但作者当过丰臣秀次的家臣，也是秀吉同时代的人。据这部《太阁记》记载，文禄三年（1594），堺的菜屋助右卫门（纳屋助左卫门）靠吕宋壶赚了一大笔钱。他从吕宋岛回来后，通过堺的代官石田正澄向秀吉献上了唐伞、千支蜡烛、两只活麝香鹿等物，另外还向秀吉展示了自己的五十个真壶（吕宋壶）。于是，秀吉将这些壶摆在大坂城西之丸大厅里，在与千利休（天正十九年自杀）商量之后，将它们分成上、中、下三等，分别定价，然后出售，不出五六天几乎全部卖掉，剩下的都被秀吉收购。菜屋助右卫门因此一夜暴富。

吕宋壶是中国南部或东南亚制造的一种陶壶，从室町时代开始在日本被用作茶壶。越前朝仓氏的城下町一乘谷也有出土。上述故事并不全然可信，但它象征着当时通过廉价收购、高价卖出而获取暴利的一种普遍现象。事实上，吕宋壶确实曾被大量进口，秀吉自己也发了大财。之所以这么说，是因为他曾委托若狭小滨的豪商组屋[1]贩卖七只吕宋壶，实际卖掉六只，上缴的代金就有一百三十四两。除了一只没有卖掉，剩下六只的价格从六两到四十九两不等，差别很大。除生丝以外，他还优先收购各种商品，然后再高价售出，不放过任何积累财富的机会。这也反映出秀吉这个人真实的一面。

尽管如此，秀吉确实保证了从日本前往海外的贸易船的利益，无疑也曾试图促进日本人的外贸活动。我们不仅能从小濑甫庵的《太阁记》中感受到秀吉这种政策的氛围，也能从他利用组屋兜售商品的行为中看出他想要将豪商纳入贸易体制的企图。让人们在自己的管辖之下尽情做生意、积累财富（同时自己也能赚钱），笔者认为，这就是秀吉梦想建立的一种体制。事实上，日本人本就抱有强烈的贸易意向。据说，从庆长九年到宽永十二年（1604—1635）间，共有三百五十六艘所谓朱印船获得了江户幕府签发的朱印状，前往海外进行贸易活动。这些船只的派遣者有岛津、加藤等九州大名，也有中国人，还有京都的豪商角仓了以父子、茶屋四郎次郎，大坂豪商末吉孙左卫门、长崎豪商末次平藏、荒木宗太郎和其他商人。没有史料能

1 组屋，活跃于文禄、庆长时期（1592—1615）的豪商组屋氏，为福井县小滨的船运和贸易者，又名须屋。

证实朱印船贸易制度是否从秀吉时期开始，但这个时期有很多去往海外的贸易船。与其说政府签发朱印状是为了管制贸易，还不如说是为了证明该船不是海盗船、倭寇船。这是外贸对象的要求。因此，方便从日本出发的船只做生意才是该项政策的主要着眼点。从这个角度来说，海盗停止令也是非常必要的。

让商人和运输业者得利

出兵朝鲜需要大量兵粮、武器、弹药等物资。秀吉提高博多和名护屋[1]的米价，以便稻米向该处聚集。装载着稻米等物的船只驶向北九州，然后再渡海前往朝鲜。主导这种趋势的是各大豪商和大名身边的特权商人、回船业者等人。他们并不是无偿为政府服务，而是旱涝保收的军火商人。做这样的布局，是为了让日本的商人和商船进出九州、朝鲜，并最终进入大明的宁波（秀吉妄想中的首府，当时日明贸易的到达港）和北京。

秀吉不仅在全国设置了藏入地，让直辖领的矿山和都市有机结合，积极参与贸易，还试图将其领国内的物流扩大到全国规模。为此，他积极录用物流要冲所在港湾都市的商人。其中之一就是若狭小滨的组屋源四郎。组屋源四郎承包了陆奥津轻（今青森县）藏入地二千四百石年贡米的销售。按金子一枚等

1 名护屋，在今佐贺县唐津市。丰臣秀吉出兵朝鲜时的前线基地。

于二百四十石计算，每年合计应向秀吉缴纳金子十枚（合一百两）。掌管此事的奉行浅野长政指示南部信直："组屋预定在你的南部领地售卖藏米，你要设法保证他无论在何处都比其他商人优先售卖。"与权力勾结的商人，凭借权力的庇护获得商业利益，而权力也希望保证他们得利。

其结果，组屋在稻米青黄不接的六七月间，以一枚金子一百零八石米的高价卖出了一千零二十六石藏米，以承包额两倍以上的价格卖出。后来，在稻米大量上市前的八月，又以一枚金子一百二十石米的价格卖掉了七百二十石。米价虽然稍有下降，但也还是承包价格的两倍左右。组屋把剩余的六百石米走水路运回小滨，用其中二百石做运费，剩下四百石在小滨以相当高的价格卖掉。其他各种杂费以及鼠害损失共计五十四石。结果，他获得了二十三枚三两的销售额，除去上缴的十枚承包额以外，剩余获利十一枚三两。能将这份结算文书提交给浅野长政，说明丰臣政权是公开允许豪商利用地域和时期米价差获取暴利的一个政权。政权也利用这种手段获取了利益。我们还应该注意到运费相当高。出兵朝鲜时，浅野长政让组屋和古关氏把兵粮米从小滨运送到名护屋，运费是每千石米二百石。

秀吉命人大量运输秋田、津轻、南部领出产的秋田杉等高级板材，其中包括建造自己乘坐的船"大安宅丸"的材料、建造三十艘淀船的材料、桥梁板材和营建伏见城的建筑材料等物。根据山口彻的研究，文禄四年（1595），秋田大名秋田实季受命从秋田运送八百间桥梁板材到敦贺，其费用结算书显示，伐木工人的饭米按一人一日一升计算，共需七百七十石，另外，从秋田到敦贺的船费为八百七十二石余。这些费用都从藏入地的年贡米中支付。仅单纯计算其间的船运费用，每间就需要一石多米（实际用现金支付）。若是西国的木材，从山里运到港口，然后只要水路运送即可，十分方便。秀吉却偏偏让人从遥远的东北走陆路、以极高的费用运送到大坂，其中恐怕包含了让统一政权的威严彻底扩张到最北部地区的意图。但是，这一行为的主要目的，大概还是让豪商进出并承担起这条线路上的物流，让他们与这条线路上的运输业者联系起来，建立起全国性的大规模物流系统。组屋等人成长为豪商并有效控制这条物流线路就是从丰臣政权时期开始的。

秀吉专制、利己、看似傲慢的各项物流政策，被认为是一种促进全国物流发展、刺激贸易活力的重商（主义的）政策。他命令京都的金工后藤德乘铸造天正大判、命大坂的大黑常是铸造极印银等行为，不但是上述重商政策的一环，也表明了他试图脱离中国货币圈的志向。后来德川家康发行庆长金银货币就是对这种志向的继承。

第二节 | 创造新的都市空间

修筑大坂城

秀吉在天正十一年（1853）四月消灭柴田胜家，六月二日在京都举办信长一周年忌法事，然后进驻大坂，开始准备筑城。虽然筑城工程九月一日才开始，但在那之前就进行了划定城郭地界和城下町区划的工作。堀秀政于六月底命令近江的佐和山运送木材，由此可见家臣和大名们的宅邸划分在六月中旬已经实行。八月七日，浅野长政动员近江国的各行业匠人前往大坂筑城，并表示会免除他们的杂役。二十八日制定了采掘和搬运修筑石墙用石材的规定，其中包括单向通行和搬运、禁止一切争斗、禁止对百姓的非法行为，等等。

大坂城修建在位于上町台地北端的大坂本愿寺和寺内町的原址上。北侧是从京都流过来的淀川与从大和国、河内国流过来的大和川的交汇处，两条河交汇后流入西侧的大海（大坂湾），此地恰好位于河川和海上交通的要冲，这一点我们在前面论述本愿寺时已经提及。大村由己在当年十一月写成的《柴田退治记》中描写道，此地既是五畿内的中心，又是水上交通要冲，每日有成千上万大小船只靠岸。另外，从上町台地南侧至天王寺、住吉、堺、津等地的三里[1]余地间，“延绵皆为町店屋、十字路等，为大坂的山下”，在筑城的同时还修建了山下町（城下町）。最重要的是，此地有成为水陆交通和物流一大中心的潜力，地理位置十分突出，这才是一个（追求）统一的政权在选择筑城地址时最看重的。在这一点上，秀吉政权与信长的目标相同，不外认为掌握物流动脉是统一政权存续的重要条件，所以选择了最合适的大坂。从天正四年的政权统治范围内选择安土，也是出于同样的目的。作为信长的继承者，秀吉放弃了与安土相似的山崎，进入更加靠近海洋的地区，试图以海洋、海外贸易、外交为政权的重要基础，并已可以实现这个目标，这表现出秀吉政权与织田政权的阶段性差异。

规模宏大的本丸

筑城工事首先从本丸的天守台开始。据说动员了大量人手从事突击作业，人数最开始只有两三万，到年底时达到了五万，所以第二年八月秀吉就正式入城了。此时，虽然包括天守阁在内的主要建筑大多已经完成，但工事在那之后还持续了一阵。然后，在天正十四年年初，第二期工程动工，本丸外侧又建起了70多米宽的护城河和二之丸，工程一直持续到天正

---

1 里，日本长度单位，一里约等于4千米，大约于丰臣时代确立。

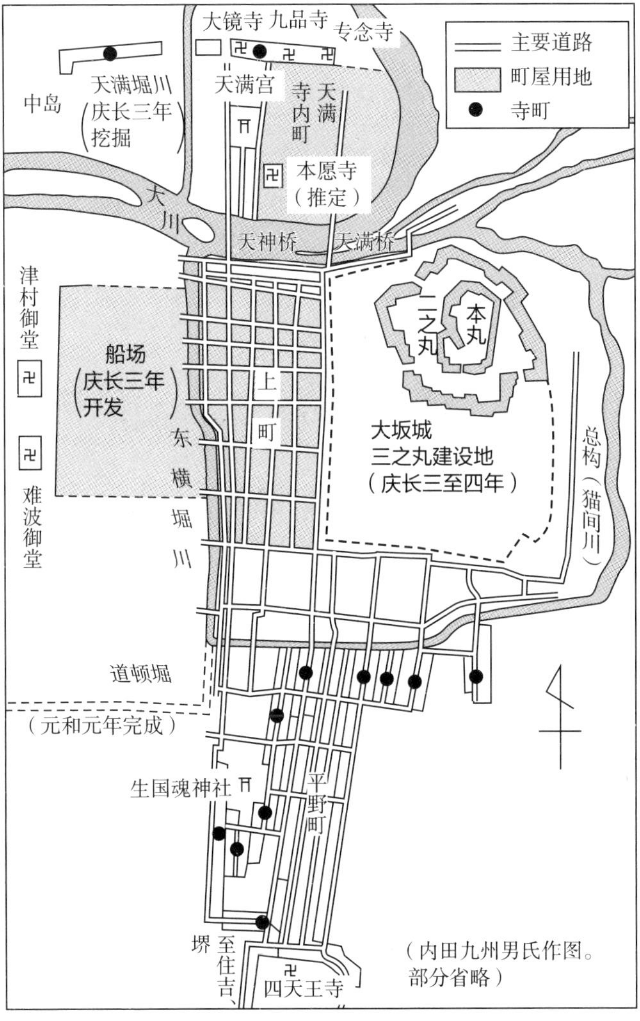
大镜寺
九品寺
专念寺
主要道路
町屋用地
寺町
中岛
天满堀川
（庆长三年
挖掘）
天满宫
寺内町
天满
本愿寺
（推定）
大川
天神桥
天满桥
津村御堂
船场
（庆长三年
开发）
上町
本丸
二之丸
大坂城
三之丸建设地
（庆长三至四年）
总构（猫间川）
东横堀川
难波御堂
道顿堀
（元和元年完成）
生国魂神社
平野町
堺
至住吉、
四天王寺
（内田九州男氏作图。
部分省略）

大坂复原地图

十六年。至此，筑城工事看似结束了，但在文禄三年，又展开了把城郭和城下町都包围在内的“总构[1]”工程。从庆长三年到庆长四年，又进行了三之丸的营建，之后才终于结束。这样，在庆长十九年（1614）大坂冬之阵时令德川军感到棘手的坚固防御工事终于建成了。现存本丸和天守阁的前身，是夏之阵后江户幕府营建的，规模超过秀吉时代。幕府把秀吉时代的天守阁遗址埋在地下，在上面填土，建起巨大的石垣，从而扩大了天守阁的规模（现存天守阁是明治元年［1868］原建筑烧毁后，于昭和六年［1931］以钢筋混凝土重建的）。

今天，通过江户幕府京都大工头中井家传下来的设计图，我们可以了解到秀吉时代本丸部分的构造。本丸被巨大的护城河和壕沟保护着，南北长约 530 米，东西宽约 200 米，大致分为三个部分。最中间是被称作诘之丸的秀吉的居住空间，还有正室和侧室（人质）等人居住的奥御殿，东北角是天守阁。通过发掘得知，当时的本丸位于现今地表的约 1.6 米以下，比德川时代的地表低 50 厘米左右。其外围是中段带状曲轮（位于现今地表的 7.4 米以下，在其下层还发现了更古老的烧土层），下面还有下段带状曲轮，内外共三段。本丸北侧还有一圈专门用来品茶的山里曲轮（天正十二年正月曾在此举办宴会）。

本丸南部是政厅所在的表御殿，其西侧是米仓等建筑。这

1 总构，城郭整体的外围。

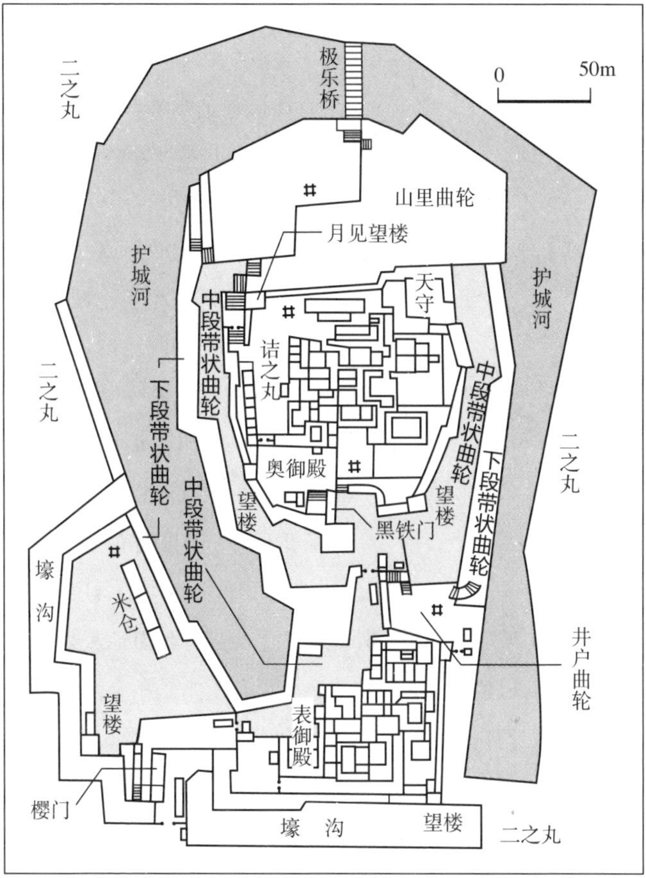
二之丸
极乐桥
0
50m
山里曲轮
月见望楼
护城河
天守
护城河
中段带状曲轮
诘之丸
二之丸
下段带状曲轮
中段带状曲轮
奥御殿
下段带状曲轮
中段带状曲轮
二之丸
望楼
望楼
黑铁门
壕沟
米仓
井户曲轮
望楼
表御殿
樱门
壕沟
望楼
二之丸

丰臣时期的大坂城本丸

秀吉营造的大坂城（出自《大坂夏之阵图屏风》，大阪城天守阁藏）

一带与诘之丸的中段带状曲轮在一个水平面上，所以比奥御殿低大约5米。可见秀吉与信长一样，将自己的居住空间建得比政厅高一截。大坂城规模远超安土城，仅上述本丸部分就比后者从天守阁到三之丸的主要城馆部分还广阔。大坂城四周环绕着宽阔的护城河和高大的石垣，形成一个与世隔绝的空间。

天守阁从外观上看有五层，加上内部石垣中的楼层共有八层，比安土城还多一层。外观上，上半部分是黑色灰浆墙面，下半部分是黑色裙板，整体黑色，屋顶上则是贴金箔的檐瓦，金碧辉煌。室内有绘着花鸟或中国故事的屏风画。天正十四年，大友宗麟和耶稣会的加斯帕尔·柯艾略一行人为击退岛津前来拜见秀吉时，秀吉满脸得意地带他们参观了本丸。看到有三榻榻米大的黄金茶室，大友宗麟惊讶地写道："天井和墙壁内外皆为黄金，纸拉门的格子上都贴着黄金和赤纱，实在是妙不可言。"这间茶室是预制装配式的，可以搬运，曾在禁中茶会上使用，出兵朝鲜时还被搬到了肥前名护屋。茶室里的茶具也都以黄金制成，看到的人无不为之折服。秀吉说天守阁内装满黄金、白银、生丝、缎子、茶具等物，还有长短刀等各种武器。这令人想起信长当年在向堺的豪商天王寺屋（津田）宗及展示完所有御殿后，还特意摆出一万枚黄金的事。考虑到德川家康也积蓄黄金，想必他们是将收集黄金看作建立统一政权的一个必需条件。拥有黄金也令发行货币成为可能。

发展城下町

天正十一年十一月，弗洛伊斯记录了秀吉要将天皇和五山[1]等寺院转移到大坂城下的传闻。秀吉似乎确曾有过迁都的想法。据内田九州男研究，皇宫的备选地点大概在大坂城北侧天满宫所在之处，是一片四周被河川环绕的中岛地区。这一带的北侧建有寺町，据推测原本是五山新址。但这项计划没有实现，天正十三年，本愿寺得到了其中一部分土地，搬迁至此。这样，川中岛地区便成了寺院土地和町人地。

与此相同，大坂城南侧也建起了由寺院和町人地构成的新町。天正十一年八月，从四天王寺北侧向城郭方向开通了两条南北向的大道，其两侧划分了长二十间的长方形地块，形成了新町的宅地。然后，平野乡的居民被命令全部搬进来。为了逼

1 五山，规格最高的五座寺院。印度和中国都有特指。日本模仿中国禅寺规格，定天龙寺、相国寺、建仁寺、东福寺、万寿寺为京都五山。后又定有镰仓五山，为建长寺、圆觉寺、寿福寺、净智寺和净妙寺。

大坂城与热闹的城下町（出自《丰臣期大坂图屏风》，奥地利埃根贝格城藏）

迫他们搬迁，在外形酷似“城郭”、曾为市区的平野地区，竹木被砍光，沟渠被填平，居民遭到驱赶。这与信长当年的做法如出一辙——弓箭众在尾张的房子连同竹木一起被夷为平地，妻子儿女则被强制搬迁到安土。新町被称作平野町，其中也有野土町等明显来自旧平野乡的地名。豪商代表末吉利方的养子孙左卫门吉康将宅邸建在了最南边的横町。虽然并非所有平野居民都是自愿搬迁，但末吉等平野乡的大商人应是参与了新平野町的地段划分。据说从这一街区的北部往西，共有八丁目寺町等十二个寺町相连，一直延伸到南边的四天王寺。

如上所述，有两条大路连接起南北寺町和町人町。东边一条是经过天满桥的谷町筋[1]，西边一条是经过天神桥的天神桥筋。谷町筋的东侧还开通了一条从平野町东侧直达二之丸外沟西侧的大路。这些道路显示，南北中岛地区和平野町也是城下

1 筋，大街，路。

町的有机组成部分，是根据一个完整的城下町规划建成的。但是，这两个地区同时也具有防卫城郭和城下町中心部分的作用。文禄三年，以这两个地区为外郭，修建起了一道将两地之间的区域包围在内的总构。北边以大和川、淀川（大川）为壕沟，东边以猫间川为壕沟，西边新挖掘了东横堀川，南边也新挖掘了干壕（一部分有水）。这一总构的首要功能是防卫，与京都的御土居作用稍有不同。

在总构这个周长大约两公里的四方形内，东北角有大坂城本丸、二之丸，二之丸中有武家宅邸，二之丸的南侧和东侧也有大名和家臣的宅邸。除此之外的其他部分都是町人地，其中心在城郭西侧的上町。但是，在总构内的西北角（原东区京桥三丁目）发掘出了有九栋建筑物的大名级别的武家宅邸，说明总构周边可能也有武家宅邸。关于武家宅邸以及町人地区的内部结构，除发掘资料以外没有其他文字资料。在发掘东横堀川边的中小企业振兴中心建设地时，发现在南北向道路的两侧有侧沟，还检测出了朝向道路、宽七八间（约 15 米）、深将近十三间（约 24 米）的长条形町人地。长方形区域背后有排水沟，内部则发现了建筑物遗迹及其础石、水井、垃圾坑等设施。可以看出，这里是被有计划地建成一个“两侧町”——以南北向道路为基准，两侧面对面的宅地与东西向道路一起构成一个町。据说到了江户时代，这样的两侧町大多是沿着东西向道路建成的。总之，沿着南北、东西向道路划分的街区多为长方形，长方形街区是这一时期町的特征。

在计划中，这条南北向的道路从天王寺往南一直通向住吉、堺，道路两侧建有住房，与大坂相连。当时，贸易商人居住的堺被当作大坂的外港，所以有必要让堺与大坂形成一个整体。但是堺在庆长元年（1596）的大地震中受到毁灭性破坏，失去了外港的功能，其功能逐渐被大坂的船场代替。当然大坂街区，特别是沿河的住家也倒坏得很严重，据说有超过六百人被压死。

东横堀川西边的海岸上有船场町，一般认为是在庆长三年按计划建成的。此地原本就有商人和贸易商居住。同年春天，卧病在床的秀吉担心幼儿秀赖的将来，命人在总构中修建了三之丸。建造船场町就与此事有关。三之丸内建有细川、宇喜多、前田等豪强大名的宅邸，因为在冬之阵中被破坏，其大小范围不明，一般认为是建在二之丸的南面和西面。为此，秀吉命人将该地原有的一万七千间町人住房全部搬迁到船场。因为船场本为低洼地，所以人们在这里填土，在四周修建排水沟（所谓“太阁下水”），最终形成了一个具备港口功能的新城下町地区。这样，城下町就拓展为总构内和总构北、总构西、总构南四大区域。每个町内原本就有门前町、港町等街区，但经过新修道路、划分街区被建成了全新的町，待新的町人移居进来，就形成了一个拥有二十万人口的日本最大都市。

建设京都御土居

秀吉在天正十九年免除了京都的洛中和大和郡山、大坂城下的地子钱。天正十六年向天皇等人进贡的京都地子钱共有五千五百三十两白银和八百石稻米。由此可见都市的地子钱是一笔可观的收入，却被秀吉免除了。这正是秀吉都市政策的一个重要特征，那就是吸引商人和匠人进入都市，同时否定了一直住在町内的公家、寺社、武士等主体作为领主收取町内居民地子钱的权利，把都市全域变成自己的直辖领。

秀吉于天正十五年和十七年在京都实行了检地，由此掌握了各宅地的地子钱（天正十七年以石高计算）、宽度、纵深、面积和名请人等信息。很多宅地后面还有田地，他也掌握了这些田地的面积和地子钱（石高）。在此基础上，天正十九年，他在京城外的村里，为原本从上述地区收取地子钱的公家和寺社按比例分配了替代的地皮，否定了他们在京城内的领主权，然后实行了地子钱免除政策。

在此前后，秀吉对京都实行了改造。首先，从天正十四年到十五年，营建聚乐第，同时在周围修建了由大名宅地和町人地组成的聚乐町。这等于是在京都创建了城下町。战国时代的京都，在相当于从前平安京东半部（被称作洛中）的地区划分出了上京和下京，形成了许多被称作“町”的两侧町。各町又形成町共同体，数个町共同体再组成町组，在此基础上，最后

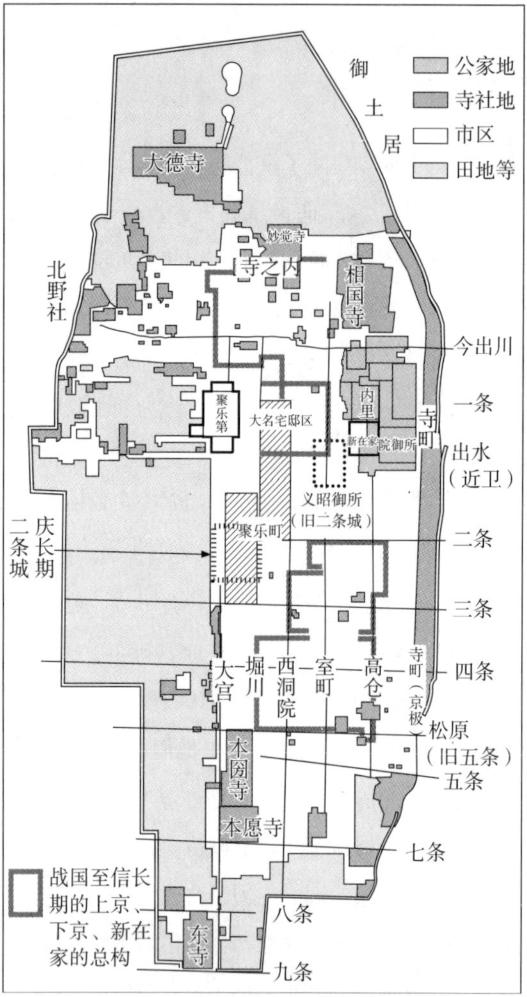

丰臣时期的京都（出自仁木宏《空间、公、共同体》，部分省略）

形成了上京中和下京中两个总町。在上京和下京之间，是聚乐第和城下町，它们发挥了连接上下两京的作用。天正十九年闰正月，为了扩建大名宅地区，秀吉又将禁里六丁町搬走，进行了“京中宅地替换”。

从前一年开始，秀吉在原有的南北向道路正中新开了一条名为“贯通”的南北向小路，在两侧划分了像大坂那样的长条形区域，并让町人移居其中——这也是实行“京中宅地替换”的目的之一。为了开通“突拔”，田地被改建为町人居住的市区。最引人注目的是，寺院也同时被搬到别处，形成寺町，还建起了被称作“御土居”的总构（总堀）。如左页图所示，总构从鸭川西岸开始，不仅将上京和下京——洛中地区囊括在内，甚至将不是市区的右京和北边的大德寺周围都包进来，修建起壕沟和土墙，留出十个出入口。

总构的中心是聚乐第，天皇居住的内里和公家的居住区域则在稍微偏东的位置。从聚乐第向南是大宫通。寺町在东边，沿总构南北排开，具有抵御鸭川泛滥和外敌入侵、守卫市区的作用。特别是前者——应对水灾，是总构和寺町最为实在的功能。另外，其他大寺院被配置在南部或北部，本愿寺被从大坂天满迁至南部，北部则修建了被称作“寺之内”的地区。因此，可以说这些针对寺町和寺院的重新规划，其目的与大坂的建设相同。另外，我们还特别应该注意京都的寺、町分离政策。在京都，町人所信仰的法华宗寺院里本就存在寺内町，其他寺院门前也大都有门前町。秀吉借着搬迁寺院和划分市区的机会，采取了切断寺院同町、町人之间联系的政策。由此，町人地从公家、寺社等领主的统治下解放出来，在关白的统治和保护下，作为町人居住地形成一个整体，町人共同体逐渐发展成型。

天正十九年十二月秀次就任关白后，新京都作为关白的城下町得到继续发展。但在四年后的文禄四年（1595），伴随着秀次的失势和自杀，聚乐第被拆毁，大名的宅邸也被拆除。今天大德寺的唐门和西本愿寺的飞云阁都被认为是聚乐第的遗迹。就这样，京都的町失去了城下町的性质，却作为具有高度技术水平的手工业生产地和商业都市继续发展。

可以说，秀吉都市政策的目的，是创造以城郭为中心的新型都市空间，按身份划分町人地、武家宅地和寺町，形成彼此独立的町。当然，这也与他所推行的士、农、町人身份分离政策相关。

大名的城下町建设

在丰臣政权下，大名也新建或改造了各自领地内的城郭和城下町，且都表现出模仿秀吉都市政策的特点。也就是说，他们一边引进以石高制为基础的知行制，一边模仿秀吉的城郭建筑和都市政策、流通政策，并以这种方式实现了对领国的统治，强化了大名的权力。

例如，织田信雄对尾张清洲城进行改造，采取了将城郭、家臣团宅地、町人宅地和寺社用地分别用沟壕隔开的政策。然后修筑将上述地区都包含在内的总构，把寺院都集中到东部，强化了防御体制。与此同时，还实行了让家臣集中居住在城下町的政策、吸引商人和匠人前来居住的政策和邀请有影响力的寺院前来的政策。

天正十三年，秀次在进入近江八幡后就在八幡山修筑城郭，把家臣团的宅邸都集中在山的南麓，然后用八幡堀把南侧的町人地与北侧的武家地完全分开。町人地以东西向和南北向的道路划分为整齐的长方形街区。其中又按职业种类，分别形成木匠町、铁匠町、牛马商人町等町。他强制原来住在安土城下的町人和各地的商人、匠人等人迁入城下町，试图将该地建成湖东地区最大的都市。为此，他在此地修建了像安土那样的港口，还将下街道也接入町内，计划建成一座水陆交通和物流枢纽都市。

关于东国，让我们看看市村高男对下总国结城城下町改造这个典型案例的阐释。结城氏是镰仓时代以来的名门，但在战国时代受到北条压迫。天正十八年，德川家康的次子、曾为秀吉养子的秀康成了结城氏的养子，于是家族得以复兴。就在这位秀康的指导下，当时各种身份和职业之人混居的城下町得到了改造。

秀康将家臣团的宅邸集中到城郭附近，建成户野町（殿

近江八幡的城郭与城下町（出自小岛道裕《战国、织丰时期的城下町》，部分省略）

町），同时在其西侧开通“御朱印堀”，把町人地隔开。町人地最初由十个町构成，御朱印堀就建在其四周（后来外围也形成了町人町）。中心是大町、西宫町等商人町，北部和南部则是铁匠町、染坊町、木匠町、锯工（大锯）町等工匠町。御朱印堀内侧町人地的地子杂税被免除，以吸引商人和工匠搬迁进来。寺院被集中在御朱印堀内侧的西部和南部边缘，围绕在包括武家地在内的市区四周。

如上所述，丰臣政权时期，大名的城下町也按武家地、町人地、寺社地区分，形成按身份和职业分区的都市空间。这一都市空间不是自然出现、自然形成的，而是掌权者依照明确的政策创造出来的。秀吉（继承了信长）创建的都市理念，又被丰臣政权和各大名接纳，从而在全国各地建造起具有共同特征的都市：将武士从村落分离出来，集中到城下居住；把商人和工匠等人集中到统一政权或大名的城下，建立具有物流中心功能的大型都市；在都市内，将身份制以明确的、可视的形式表现出来。这样的都市形象与政权形象是密不可分的：对试图推行重商（主义）政策的政权来说，都市是必不可少的。但是即便如此，也不能说都市和町人都屈服于政权的逻辑，被紧紧束缚在其统治之下。事实上，町人、豪商们正是借着新的都市政策和重商（主义的）政策，一点一点积蓄起力量。

一边让领地内外的商人和工匠都集中到城下或直辖都市居住，使他们成为町人，一边否定原有的町并将其看作村落，将其居住者看作农民——这两种政策互为表里。比如原本极具代表性的寺内町近江金森、河内富田林、大和今井等地，虽然保留了寺内町时代的区划和景观，却被改作了村落。但是，政府没能完全禁止当地居民继续从事商业和手工业，所以富田林村在江户时代也仍旧作为一个工商业中心，保留了乡村城镇的特征。

第三节 | 豪商的活跃与町人自治

小西立佐、小西行长父子的活跃

下面，让我们从脱离政权自立的角度来看看都市、町人、豪商的形象。先看从商人成长为“海洋司令官”和大名的小西行长及其父小西立佐。

天正十四年（1586），堺政所的松井友闲被罢免后，他的职位由石田三成和堺出身的小西立佐继任。据传，天文二年（1533），小西立佐出生于堺的大商人、药种商小西家，但实际情况不明，与小西家的关系也不确定。他很早便以京都为中心活动，次子小西行长于16世纪50年代后期生于京都。立佐与在天文十九年上洛的方济各·沙勿略有一面之交，是畿内最早的基督徒之一，教名为常珍，长子小西如清（本特）、次子小西行长（奥古斯都）等子嗣也都是基督徒。堺的大贸易商人日比屋了珪父子也是虔诚的基督徒，了珪的女儿嫁给了如清，孙子弥左卫门则娶了行长的女儿，两家关系非常密切。了珪的长子兵右卫门了荷做了行长的家臣。一般认为立佐也是商人。

立佐作为传教士的使者拜访信长，还在弗洛伊斯为了获得信长的传教许可前往岐阜时提供种种方便，大概就是在这个过程中与秀吉建立了密切联系。天正八年，秀吉平定播磨时，曾将立佐派到播磨国的港口网干（今兵库县姬路市）。行长则在某个时期成了备前国宇喜多直家的家臣，在直家臣服于秀吉、投向信长阵营一事中立了功。天正九年，行长被分封到播磨室津，受到秀吉重用。从这一系列事件推测，立佐父子应该是与濑户内海到堺之间的水运有关。

信长死后，在秀吉确立自己霸权的过程中，行长负责管理小豆岛，从姬路运送木材、锔子，保护运向四国十河城的兵粮，在天正十三年的纪州攻击战中提供船只，在同年秀吉出兵四国时运送兵员，等等。濑户内海西部被毛利控制，但东部从盐饱到堺之间的水运和水军却被行长控制，弗洛伊斯称他为“海洋司令官”。立佐还被任命为和泉、河内藏入地的代官。

天正十四年，出兵九州被提上日程，秀吉任命立佐为堺政所，正是为了保证兵粮等物资的征用和运送。行长以此为契机，从濑户内海西部进入九州，与父亲立佐一起，控制了从堺到九州的水上物流。同时还应该注意，在平户（今长崎县平户市）的松浦臣服一事上，行长从天正十四年便开始以联络人的身份从中斡旋。平户是葡萄牙商船和中国商船的到达地，是南蛮贸易基地之一，日比屋了珪等许多堺的商人都在此经商。可想而知，行长在此地有很多人脉，所以对秀吉来说，要想尽快让松浦臣服并控制平户，行长是最合适的人选。天正十五年，行长率领水军到达长崎并南下，柯艾略、弗洛伊斯等葡萄牙商船的代表都搭乘他的船只与秀吉会面。第二年，秀吉派遣立佐去购买生丝，就是因为身为基督徒的他与传教士和葡萄牙商人有这层关系，而这对秀吉的强势商谈而言是至关重要的一点。

在推行博多复兴政策时，行长还被任命为奉行，负责町的规划（太阁町割）。身为町人的博多豪商岛津宗室（宗叱）和神屋宗湛也参与其中。这项政策是为出兵朝鲜做准备。行长借此强化了同有影响力的博多町人之间的关系。另外，据弗洛伊斯记录，行长“被授予了对海岸地方各大名的监督权”，“监督西国地方”（《耶稣会日本年报·下》），负责管理九州一带诸大名。

天正十五年，肥后一带发生反对佐佐成政政策的一揆，并波及肥前。行长被派往九州镇压，成功后的第二年，原佐佐成政领地中的南肥后被分给了行长，行长从此成为国持大名。出兵朝鲜时，他作为先锋队长，率领宗义智、松浦、有马、大村、五岛等西九州大名攻入朝鲜。在天正十五年五月，行长已经成为宗义智的联络人，后来他把女儿玛利亚嫁给义智，并让他皈依基督教，两家结成了紧密关系。行长也参加了出兵前与朝鲜的交涉，以岛井宗室为使者，令其随宗义智一同前往朝鲜交涉。这三个人的交情，诞生于堺—博多和对马—朝鲜这条贸易路径，或者说诞生于连接起上述路径与中国、葡萄牙商船的贸易网络。而拥有这种背景的参与者内心深处的想法都是尽可能回避出兵朝鲜。

如上所述，行长不仅拥有贸易、流通渠道和与商人间的关系网，还拥有与基督徒大名等九州基督徒间的关系网，所以他对秀吉来说，不论在经济上还是军事上，都是统治九州、出兵朝鲜不可或缺的人才。秀吉自天正八年以来在征服西日本上取得的成功，可以说在很大程度上与积极利用立佐、行长父子有关。以他们为代表的商人和运输业者，充当了攻打西部的先锋。据弗洛伊斯记载，秀吉带立佐同往名护屋，任命他为“管理自己全部金银财宝的出纳官，并财产管理人”，其间，还任命立佐长子如清为临时堺政所。这充分说明，在筹措军需物资和在名护屋的生活物资方面，立佐起到了重要作用；另外也说明，对秀吉来说，堺这个地方的价值不可估量。

豪商们的茶汤世界

信长和秀吉积极录用小西父子这样的商人，并让他们参与到政权中来。他们利用商人、控制商人，既是为了建立统一政权，也表明在他们的政权构想中，流通和都市都是政权不可或缺的基础，所以不得不将商人变成政商，依靠他们的能力和关系网，创造出对自己的构想有利的趋势。武士在这个领域内的能力原本十分弱小，所以通向大名的道路才向行长之流的商人敞开。

当然，从商人的角度来看，因为他们在都市和流通渠道中的特权需要由政权赋予，所以有必要接近政权。但是不论信长还是秀吉都是主动积极地接近商人。而充当两者之间媒介的，则是茶具和茶会。商人在茶汤这个精神世界中追寻着所谓的“侘茶”，茶汤是由他们培育出来的文化，从村田珠光（1423—1502）到武野绍鸥（1502—1555），直至千利休（1522—1591）手中，终于发展到顶峰。应该说，在这里，新型武家势力是被商人接纳为同伴的。

对信长和秀吉而言重要的是，这是一种新的文化，独立于受天皇和公家保护的传统文化的框架之外。两人都频繁举办茶会，以便加深与堺和京都等各界商人的交流，强化相互依赖、相互勾结的关系。在他们举办的茶会上，由堺的今井宗久、今井宗薰父子、天王寺屋（津田）宗及、千利休等人充当茶头。千利休一手操办禁中茶会，还参与大坂城山里曲轮的营建，创造出恬静、闲寂的世界。信长和秀吉也都收集了大量茶具，看似沉迷于茶汤，实际上并未能开创出独特的境界，最终领导茶汤文化的还是茶头和商人们。

从天王寺屋津田家代代相传的茶会记录《天王寺屋会记》中，可以看到茶会商人和武士、僧侣间的交流，还能看到堺南北的町人和长老等人也参加茶会，而且很早就能看到对马的立石氏、博多的商人和琉球的僧侣等人的名字。宗及之父宗达的弟弟道叱是与丰后的大友交情很深的商人，天王寺屋似乎是以博多、对马和九州、濑户内海为商业圈。参与朝鲜贸易的博多豪商岛井宗室从天正八年八月起参加宗及主办的茶会，在那以后的十年间，与小西立佐、千利休及其他许多堺商人以及明智光秀、松井友闲等人都多有交流。天正十四年大友宗麟到达大坂，在乘船抵达堺之后，马上被宗及招待参加茶会。同一年，石田三成被任命为堺政所后，也马上被宗及招待参加自己主办的茶会。

在出兵九州被提上日程的那一年十月，开发了石见银山的博多豪商神屋宗湛从其避难的唐津上洛，从十一月起，辗转于京都、堺、大坂、奈良各地四个月，与商人和秀吉、石田三成等人过从甚密。据《宗湛日记》记载，他与在堺的博多商人宗传、宗及、道叱等人交往最多。宗及为他打通了很多关系。十二月，宗湛出家，师从千利休的参禅之师、与秀吉交情很深的大德寺古溪宗陈。

次年正月二日，住在大坂的宗及通知住在堺的宗湛，明日早朝茶会时可谒见秀吉，望火速前来大坂。宗湛急忙携两张虎皮、一张豹皮、两匹高级麻布、一斤沉香赶往大坂，在石田三成的宅邸受到款待。翌日，又谒见了秀吉。秀吉向他展示了自己收藏的茶具，让三成伺候他吃饭，还招待他品尝了千利休亲手沏的“四十石之茶”，款待之热情超乎寻常。这样，他与石田三成也拉近了关系。宗湛还被招待参加秀次以及千利休举办的茶会，顺便拜访了大和郡山的秀长。二月，又被秀吉招待参加在大坂城山里曲轮召开的茶会，由秀吉亲自为他沏茶。值得注意的是，这些交往都发生在秀吉出兵九州的前夜。

在降服岛津并进驻筥崎后，秀吉任命泷川雄利等家臣负责复兴因战乱而荒废了的博多市街，同时让岛井宗室和神屋宗湛作为町众代表参与其中。事实上，若无这两个人的参与，要复兴并重新划分市区是不可能的。两个人因此立了功，得到宽十三间、深三十间的宅邸，并获得免除各种徭役的特权。宗及、利休、绍安父子等人当时也随秀吉前往九州，经常在筥崎举办茶会。

此后不久，宗室、宗湛等博多长老又开始为修建小早川隆景（被分封至筑前）的名岛城、建设城下町和出兵朝鲜而奔波。

士商相克

综上所述，我们可以看出天王寺屋宗及已经深入到丰臣政权内部，而千利休却更在其上。天正十四年，秀吉之弟秀长对来到大坂的大友宗麟说："私底下的事问宗易（利休），政军之事问宰相（秀长）。"宗麟自己也深深感到"除宗易外，无人可向关白大人进言"。千利休在本能寺之变后迅速接近秀吉，曾负责向岛井宗室、岛津氏传达秀吉旨意等工作，他能在理解秀吉意图的基础上充分活用自己身为第三方商人、大名的优势，充当两者之间的联络人。千利休总是随侍在秀吉身旁，天正十八年进攻小田原时，伊达政宗因晚到前线而被秀吉责骂，是千利休在中间做了各种工作才终于让他得到赦免。直到秀吉统一全国，千利休都维持着这样的立场。

如此深受信赖的千利休，却在天正十九年二月十三日被秀吉责令回堺蛰居。同月二十六日，又被强制护送到京都葭屋町千利休宅邸，并于二十八日被命令切腹自杀，享年七十岁。秀吉将千利休的首级悬于一条归桥狱门，并立木牌公示其罪状。这说明，千利休是作为罪人被处刑的。公示的罪状主要有两条，一是千利休因曾为营造大德寺出力而造了自己的木像，还将其放置在该寺的山门前；二是千利休私自买卖茶具，获取了不当的利益。

但千利休为何突然被迫自杀，真相并不是十分清楚。可以想象的是，同年正月，担任“公仪”的秀长病逝，利休失去了支持自己的人；另外，秀长与利休形成了一种平衡，没有了秀长，利休也失去了存在价值。然而，最重要的原因恐怕还是天下统一已经实现。统一政权的任务正在从千利休所擅长的“隐秘之事”也即政治转变为创建统一制度。武家从商人手中夺取政治与经济主导权的目的已然显现。而努力推进这一路线的正是石田三成。

在小西行长渡海前往朝鲜之后，秀吉不也正是采取了同样的策略吗？也就是说，他命近臣寺泽正成（广高）担任九州大名的联络人，统治博多并在立佐死后接任室津、小豆岛的代官，目的在于控制九州和濑户内海的物流。他还命令正成替代锅岛直茂担任长崎奉行，负责与葡萄牙人、西班牙人交涉，管理贸易。这大概是秀吉的新策略。他想要摆脱一直以来对立佐、行长父子的流通、贸易商人关系网和基督教关系网的依赖，重新构筑近臣和官吏统治的体制。这种意在削弱日渐膨胀的政商大名势力的策略，其实和赶走千利休一事目的一致。千利休的悲剧之死，大概既是缘于他那极高的教养和能力、强烈的求道之心，也是因为他与豪商们一样，都拥有对自主自尊的追求。

町人的自治和自律

永禄十二年（1569）三月，信长在向上京下达的选钱令附加条款中宣布，违反选钱令的人，“当由该町自行处置”，町内部处罚不了时，“由总町的其余町众协力处置”，总町还无法处罚时，应及时报告信长。对于这项规定，朝尾直弘等人再三指出，正确的解释应该是先由违反者所在的町处罚，若处罚不了再由总町协助处罚，而不是处罚所有町人。也就是说，有“町”这样一种与“村”（总村）相对应的町人自治组织，在此之上，还有上京、下京等总町组织。这一规定说明，以此为前提，信长把处分权（检断权）下放到了町和总町组织。

另外，为了让町人完全理解并遵守此项选钱令及其附加规

町人町两层楼的住家连成一排 （出自《洛中洛外图屏风》舟木本，东京国立博物馆藏）

定，信长还命令“由町的领导层向全町”下达指示。町与总町之间还有一个叫作町组的自治组织，各町长老借此聚集在一起，召开町组集会，发誓遵守法令。这说明自治组织像从前一样发挥着作用。然后，在自治组织无力应对时，就由信长根据町的紧急报告进行处罚。值得关注的是，町组集会还曾商定向信长提议施行能增加流入京城稻米数量的政策。由此可见，町组不仅仅是统治机构的下层组织，也是町人为追求自身利益而建立的团体。

天正元年（1573），因为与义昭对立，信长烧毁了上京。后来在进行复兴时，在向新在家绢屋町下达的掟书中有“町中之事，应各自制定法度并下达、实施”之句，也就是说，允许町组织独自决定有关町内事宜的各种法令。

如上所述，在信长的统治下，形成自室町时代并持续发展的、以町为基础单位的多层町人自治组织并没有解体，还在继续发挥作用。在丰臣政权下，天正十六年的冷泉町、文禄三年的本能寺前町等地也都独自制定了町内法令。诸如此类，町作为制定法令（掟）的主体一直延续到江户时代。比如在本能寺前町，町人的打架斗殴和各种纠纷都是通过“在町中广征异见”来解决的，从中可以看出町试图依靠自身力量实现町内和平的传统。

但也正因如此，许多町内法令中包含极具排外性的条款。例如，冷泉町规定，对将町内住宅卖给奉公人或“道者”（即艺人）之人，罚款三十贯文；若有人租赁房屋，则必须向当地长老提出申请，得到同意后还需支付二百文礼金。本能寺前町规定，本町房主若想让其亲戚、熟人或者任何人在町中过夜，都必须向町组织报告；而不论租住者是房东的亲戚还是熟人，若他（她）想再转租给别人，必须向房东提出申请，禁止随便让人在租住者暂居的房子里留宿。为了限制奉公人和艺人入内，不仅限制他人购买住房，还监视常住居民和只住一晚的客人。这些规定都是町人为了将身份不明和不同身份的人赶出各自的町共同体、消灭犯罪和暴力行为、防止火灾、维持町内和平与秩序而制定的。维护和平与秩序、保卫财产和债权，对町人（商人、工匠）来说既是最现实的问题，也是最迫切的愿望。丰臣政权的都市法就是以他们的愿望和自治、自律为基础展开的。

确立町人身份

天正十一年六月，秀吉对洛中和洛外提出了七条规定，表现出作为统治者积极推动并实现都市和平与秩序的意向。其内容包括不新增徭役，处罚斗殴双方（没有动手的人可免于处罚），处罚失火者和纵火者，禁止赌博。除此之外，若诸奉公人无理欺压町人，可向奉行控告；未经秀吉许可的浪人不得留住；不得越过奉行人向他人申诉，等等。同时命令京都奉行前田玄以彻底取缔诸奉公人的各种违法乱纪行为。

秀吉、玄以以及各大名的奉公人大量进入京都，且往来频繁。浪人也大量流入。还有许多人为了成为商人和工匠，持续从各地流入京城。为此，原来的市区扩大了两三倍，出现了许多新町。据弗洛伊斯记录，本来京城只有八千到一万户左右的人口，在天正十九年已超过三万户，且仍在扩大。估计当时的总人口达到了十万人以上。据说，在那些从事营建城郭和方广寺的人里，有许多人因受伤或生病而沦落为乞丐，遍布京都街头。

在秀吉的统治下，大坂、京都和各地的城下町都作为都市持续扩张。为了统一天下而实行的各种政策同时也带来了巨大的负面影响。秀吉想要将都市建设成统一政权的直接基础，因此对他来说，如何维持治安就成了最紧急的任务。通过这种途径，还能向町人展示自己统治的正当性。但是仅靠奉行们的警察职能，要实现这一目标显然是不可能的，所以玄以借助了町人的力量。他要求严防火灾并进行巡夜，还要求町人直接向自己告发违反天正十一年七条规定的人和奉公人的敲诈勒索等不法行为，不得有丝毫隐瞒，并让他们提交了誓约书。这说明他依赖于町人自治和自律的力量。七条规定同时也发给了被称作下京中和上京中的总町组织。

同时，秀吉提出了否定町人中世以来各种习惯的政策。比如规定除了在年初和八月朔日赠送贺礼之外，不得与奉行互通音信；诉讼时不得赠送礼钱；若有奉公人敲诈勒索，应立刻上告，不然一旦被发现，受害和加害双方都要受处罚。这都是为了杜绝行贿和私了行为。这也等于是在说，若不遵守或不执行上述政策，就不得批判政治，说什么“无政道”一类的话。这表明当时的都市问题已相当严重，而且在天正十一年，为了贯彻政权的各项政策，也有必要对町实行直辖统治。这样一来，町中除了町人，再无其他身份的人。町人不再受个别领主统治，也不必与个别武装力量或政权联手处理问题，町人身份被确立为一种能够与统一政权和大名的“政道”直接对峙的法律主体。

第八章

出兵朝鲜与政权动摇

第一节 | 丰臣秀吉的外交政策

表明征服中国的构想

天正十九年（1591）十月，秀吉开始营建肥前的名护屋城（今佐贺县唐津市），以作为出征朝鲜的基地。第二年即永禄元年三月十三日，出征朝鲜（高丽）的先锋队开始渡海。由此，长达七年的朝鲜侵略战争拉开了帷幕。本章将以出征朝鲜为中心，围绕出征前后的情况，简单介绍秀吉的外交政策。

虽然信长也曾提出过出征大明的构想，但秀吉是在刚刚当上关白的天正十三年九月，就在写给直属部下一柳市介的信中表达了不仅要命令（统治）日本国、“还要命令唐国”的意思。他后来也时不时地表达过这个意思。次年，秀吉对到访大坂城的耶稣会教士柯艾略说，待国内平定之后，他会把国内事务都交给秀长，自己则要集中精力征服朝鲜和中国。现在正在命人采伐能建造两千艘大船的木材，希望柯艾略能筹措两艘装备精良的大型军舰和训练有素的海员。他还说，征服的目的是为了留名后世，自己要做自古以来日本历代统治者想做而没有做到的事。他的目标在于让中国人臣服于日本，但自己并不想住在中国，也不想要中国的领土。征服中国之后，他要下令在全中国建立天主堂（教会），命令中国人全部皈依基督教，然后自己就返回日本。这些话显然是为了让耶稣会和贸易商人协助自己而说的，但柯艾略等人本来也想以武力征服日本和中国、传播基督教，不知他们听了做何感想。

这一年，秀吉已经做好平定九州的准备，他指示毛利辉元和黑田孝高要有出征朝鲜、征服大明的思想准备。次年，天正十五年五月征服岛津后，秀吉在写给北政所的信中说，鉴于壹岐、对马已表示臣服，“高丽亦应出仕日本内里（天皇）”，他将命令高丽尽快准备船只，若对方不答应，来年必将惩罚；还夸口说要在自己的有生之年掌握唐国。事实上，秀吉果真命令从对马前来出仕的宗义调、宗义智父子想办法让朝鲜出仕日本，弄得宗氏父子苦不堪言。虽然距离实际出兵还有四年多的时间，但平定九州对推进侵略计划起到了决定性的作用。秀吉将九州作为政权基础，实行了“五畿内同前[1]”的强力统治，一心要将其建设成出兵大陆的桥头堡。

既然秀吉的目标是征服大明，那么朝鲜的臣服与出仕就是其前提条件，也是当务之急。他以为朝鲜听命于对马的屋形（宗氏），并在这种错误认识的基础上，想要利用宗氏使朝鲜臣服。但是，对马的耕地很少，岛民生活所需的米、食材和其他生活物资都要通过对朝鲜贸易获得，所以对宗氏来说，与朝鲜保持良好关系并顺利进行贸易比什么都来得重要。所以宗氏父

1 五畿内同前，同前通同然，意即与畿内五国同样，直属于秀吉，听其指挥。

子绝对不敢将秀吉的臣服要求原封不动地传达给朝鲜。为此，宗义智想出一个计策，他请求朝鲜国王派遣一支使节团前来日本，祝贺秀吉统一全国。经过艰难交涉，双方终于约定在天正十八年三月派遣使节团。

三月，以黄允吉为正使的使节团一行从汉城（今首尔）出发，七月到达京都，下榻大德寺，等待正在从小田原出征奥州会津的秀吉回京。十一月七日，终于在聚乐第谒见了秀吉。朝鲜国王的国书内容自然是祝贺"日本国王殿下"统一日本六十余州的。但秀吉可能以为这就是前来表示臣服的使节，所以态度傲慢、目中无人。他还故意拖延回信，令使节团不得不在堺苦等。

秀吉的侵略构想及其理由

所谓出仕，原本是日本国内战争中大名和武将采取的一种表示臣服的礼仪，命令朝鲜向日本天皇出仕，就是将这种礼仪强加于外国。对拒绝出仕的人实施惩罚，这也是秀吉在日本国内采取的战争逻辑。将国内的逻辑原封不动地延伸至国外，并据此要求别国臣服，与其说是因为他无知，不如说是因为傲慢。事实上，秀吉就是将出征朝鲜和大明看作国内战争的延伸。

比如，秀吉在写给出兵朝鲜的毛利辉元的朱印状中说，自己虽本为小臣，但"或领五百骑，或率千骑，以小击大，攻克日本国中（诸大名），骁勇将士尽皆从命”，所以“讨伐处女般的大明国，则如大山压卵”，而且“不仅大明，天竺、南蛮亦将如此”。他还以同样的论调激励出征军：“即使是日本这箭雨之国（长期处于战事中的国度），我亦能以五百、一千之骑，降服众余。诸位人数众多，更应率先攻入长袖之国大明”，早日使其臣服。这些话的意思是说：自己以小臣之身，在战国乱世持续不断的严酷战争（箭雨）中，仅凭五百或一千人的军队就平定了全国。所以要想征服宛如处女一般的国家、长袖（嘲讽贵族和僧侣之语）之国明国，那还不像大山压碎鸡蛋一样简单？这种征服欲甚至延伸到天竺（印度）和南蛮。

这是一种简单得令人惊讶的逻辑。在今天的我们看来，出兵朝鲜已经是草率的暴行，想征服大明更是天方夜谭。当时的人也这么想。尽管如此，为何秀吉却生出如此想法和计划，甚至付诸行动？这实在是个不解之谜。思考其理由，还是要先考虑到当时国内问题众多，所以不得不这么做。比如，朝尾直弘指出，在统一国内的过程中，秀吉曾不止一次以“打到唐国去”为口号统领其属下大名；在强制执行总无事令的过程中，对那些表示臣服的大名，他以勾起他们对“唐国”领土的欲望来消除其不满。除此之外，朝尾直弘还举出了小牧、长久手之战失败所造成的自卑和对外知识不足等原因。藤木久志曾认为侵略大陆是为了克服全国统一后中央集权加强和大名权（地方分权）加强之间的矛盾。这与弗洛伊斯的看法相通，他认为出兵的目的是把有可能造反的人都送到朝鲜去。但藤木久志近年来又认为，全国平定后，国内战场关闭，那些以掠夺为生的士兵无处释放能量，所以要将他们强行送往朝鲜，以保证国内的和平与安定。

总而言之，上述观点认为，为了解决在统一国内的过程中出现的各种问题，出兵成了无法避免的结果，或者说是必然。大名抱有强烈的领土欲也是事实。确实，认为内部矛盾和国内政治问题才是症结所在，这种观点是很重要。出兵朝鲜让秀吉头一次能够向全国大名统一征兵，并为此而将石高制推广到了全国。以出兵为契机，他推进了对九州的统治，实行了太阁检地。如此一来，中央集权加速进行，政权的基础也（在某种程度上）得以加强。也就是说，未完成的统一具有局限性，而秀吉试图通过对外扩张来克服这种局限。对吏僚派[1]来说尤其如此。

但是，考虑到秀吉从天正十三年起就在不断鼓吹侵略大陆，那么比起国内问题的解决办法，他会不会是以对外关系为前提来构想此事的呢？我们首先考虑国内问题，是因为将丰臣政权定义为一个确立了以土地制度、石高制为中心的近世封建制框架的政权。笔者并不否定这一看法本身，但正如前文已多

---

1 吏僚派，亦称“文治派”或“奉行派”，与以加藤清正、福岛正则等为代表的所谓“武功派”相对，长于行政管理、熟知秀吉心意的官僚心腹，类似于今日所说的技术官僚或行政官员。本身亦为武将。

次论述过的，我们应该注意到，信长及其继承者秀吉从一开始就将流通和都市定义为统一政权的基础，从而推行了重视流通和都市的政策。秀吉的政策是重商（主义的）政策，应该认为它与以石高制为基础的知行制同样重要。两项政策都是统一政权的成立基础。成为关白一事让秀吉真正掌握了外交和外贸权。当然，这件事本身并不等于“打到唐国去”的构想，但前者几乎在出现的同时或者出现后不久就完成了向后者的飞跃，这一点恰恰体现出织田、丰臣政权的特征。

秀吉的外交

下面，让我们从大体上看看秀吉打算如何与外国交往，并以此分析出兵朝鲜的背景。首先来看看当时还是外国的琉球王国。

秀吉在还是信长的部下时，就曾提出想自称为筑前守，领有筑前国（今福冈市，有外贸港博多）。秀吉的家臣龟井兹矩也在天正十年向秀吉提出想要自称为“琉球守”，然后得到了允许。后来，龟井兹矩又计划征服琉球，并得到许可。但在文禄元年，秀吉命令停止该计划，作为补偿，将中国浙江省内的台州封给了兹矩，于是兹矩自称为“台州守”。这件事听起来很荒唐，但这就是他们当时对外国的认识。攻取出云国与攻取琉球国，在龟井兹矩和秀吉的意识里并没有什么实质上的区别。在前文中对待朝鲜的态度上也是一样。显然，“台州守”与征服中国的构想有关。

秀吉命令龟井兹矩停止出兵琉球，是因为他正在通过岛津义久催促琉球臣服。岛津氏从战国时代以来就一直企图控制琉球，天正十六年，岛津氏假托秀吉之意向琉球国王去信，谎称秀吉已经统一全国，征服了朝鲜，中国和南蛮也准备派遣使者，并威胁说如果琉球继续无礼就要攻打并灭亡它。为此，琉球国王尚宁在翌年派遣使者前来祝贺秀吉实现统一，秀吉却认为这就是琉球表示顺服了。这和他对朝鲜的态度一样。

但是，岛津氏与宗义调父子的立场和应对措施完全不同。岛津借机将琉球当作自己的领国对待，强迫对方拿出七千人十个月的兵粮，还强求对方派人参加名护城的营建。文禄元年，秀吉终于同意他将琉球收为自己的与力[1]。当时秀吉说：“琉球之事，恰逢发兵大明国，本欲改易”，分封给别人，但因几年前岛津从中斡旋，琉球才前来道贺，所以决定不改易，而是将琉球交给他做与力；还让岛津转达琉球，如不出兵必将惩罚。于是，岛津巧妙利用秀吉的霸道逻辑，加强了对琉球的控制，终于在庆长十四年（1609）发动武装侵略。不过，这次行动是在德川家康的授意之下进行的。

天正十九年九月，秀吉向菲律宾吕宋岛的西班牙总督递交书

1 与力，协助、助力，通常指势力较小的武士、领主或附属于主力大名的军团，但并非其家臣。

函，要求对方进贡，并说："我国战乱百年有余，然而在我诞生之日，天现祥瑞，预示我将治理天下。我步入壮年已有十年，果然统一了全国，令朝鲜、琉球等远邦异域皆表示臣服。现在我欲征伐大明国，但此事并非我之所为，而是天命所授。菲律宾至今仍未有结交之礼相送，本应派兵征讨，但念及与其地贸易的原田孙七郎正在传达我的意向、要求进贡，所以暂不派兵。因此，明年春天你们应该派使节来肥前名护屋，若有延误，必将征伐。"

秀吉每次都会先说自己已经统一全国，再宣称其武力威震海外，朝鲜、琉球已表示臣服。他将大明和菲律宾也视为这种武力征讨的对象，然后强求对方进贡、臣服，威胁对方若不服从就要发兵攻打。文禄二年十一月写给高山国（台湾）的信函也是如此。文禄元年和文禄二年又向菲律宾送去书信，威胁对方说若不服从就要征讨，还问对方是不是想落得和朝鲜一个下场，又说等征服了大明再来收拾菲律宾易如反掌（"拇指之下"），等等，不断催促对方进贡。

既然存在原田孙七郎这样的贸易商，可以想象，当时有很多日本商人活跃于对吕宋岛贸易。类似孙七郎、吕宋（纳屋）助左卫门这样与政权有密切联系的商人也不少。他们需要政权的保护，秀吉则需要通过他们了解世界形势，在他们所活跃的世界里建立起霸权，并掌握东亚全域的流通与贸易关系。他所采取的形式就是伴随着出仕与臣服之礼的朝贡贸易，并表明不惜为此动用武力，以强求别国朝贡。秀吉充分认识到以大明为顶点的东亚朝贡贸易体制（册封体制）正在崩溃，而他以取代大明为明确的政治和军事目标。然而，要求大明朝贡是不可能的，所以他认为只能通过出兵与和谈来构筑新的贸易关系。为此才需要周边国家臣服并进贡。但是，在周边诸国看来，当然完全没有必要遵从。

“日轮之子”的逻辑

秀吉认识到要想让周边诸国臣服，仅以不遵从就攻打这种以自我为中心的话语来威胁对方，是缺乏正统性的，于是开始为自己塑造面向外国的新形象，并赋予其新的意义。这大概是负责为秀吉起草外交文书的相国寺西笑承兑的主意。这个新形象最初见于天正十八年十一月秀吉写给朝鲜国王的回信。他说自己之所以能不出几年便令六十余州臣服，是因为“予托胎（母亲怀胎）之时，慈母夜梦日轮入怀。相士（占卜师）曰：日光所及，无所不照，临壮年，必以仁风闻于八表（八方），以威名蒙于四海，何疑之有？”他把自己比作日轮（太阳）之子，借占卜师之口主张自己拥有君临日光所及之处——不仅是日本，而且是全世界——的正统性。

然后又说，“日轮之子”将“长驱直入大明国，以我朝风俗易四百余州，施帝都政化亿万斯年”，将平定大明国当作平定日本的延续，以正当化自己的行动。最后说自己进入大明时，朝鲜国王也应率士卒前来助阵。

在次年写给吕宋岛总督的信函中说自己出生时出现了治理天下的祥瑞也是这个意思，在给高山国的信函中也写了同样的内容。这就是他以武力威胁、强迫对方服从并进贡的依据。

印度副王的书信 天正十九年，由范礼安亲手交给秀吉，信中请求秀吉放宽传教士驱逐令并建立紧密联系

另一方面，天正十九年七月写给果阿的印度总督的信函却没有使用这一逻辑。大概是因为与东南亚诸国不同，他没有要求印度也服从并进贡。秀吉对基督教怀有强烈的戒备。正如天正十五年颁布的传教士驱逐令，他的核心思想是基督教是邪教，应该禁止，但可以与之贸易。他比较日本与基督教国家，在此处也使用了“吾朝神国也”一语。在这一阶段，基督教，也即南蛮世界，还不是他武力征服的对象，但在前文论及的出兵朝鲜且战况顺利之时，印度、南蛮便也成为他武力征服的对象了。

说日本是神国，是用本国的独特性与他国比较；而将平定了日本的自己称作“日轮之子”，是在强调自己君临周边国家的正统性；然后据此取代大明，使日本和自己成为东亚世界的中心。这就是秀吉的外交政策，其目的在于重组册封体制，掌握流通与贸易。

第二节 | 侵略战争的强制实行与破产

准备“唐入”

天正十八年十一月，朝鲜使节团终于得到了秀吉的回信。但他们发现应该写作“国王殿下”的地方都被写成“国王阁下”，还有“贵国先驱入朝”，将派遣使节团当作从属国的“入朝”，使节团赠送的礼物也被写成表示贡物之意的“方物”，等等，以众多不恰当的措辞对朝鲜进行侮辱。据说使节团要求重写，但未能实现。秀吉认定朝鲜已臣服，要求朝鲜充当征服大明的先导（“征明向导”），并让宗义智承担起说服对方的任务。但宗义智一方的使僧景辙玄苏（博多圣福寺住持）与使节团同归朝鲜，他知道秀吉的要求不可能被接受，于是偷换书信，对朝鲜说想借道攻打大明（“假道入明”），但朝鲜还是拒绝了。

秀吉完全不顾上述情况，执意推进出兵大陆的计划。天正十九年八月，就像为了忘记悲伤一般，他在失去三岁爱子鹤松的第二天就进行了随军僧人的选定，从自室町时代以来便参与外交事务的五山相国寺、南禅寺等寺中选出了高僧西笑承兑、惟杏永哲、玄圃灵三。他把聚乐第和京都周围的直辖地让给外甥秀次，然后命令大名为来年三月一日的出征做好准备，又命令黑田长政、小西行长、加藤清正营建名护屋城。同年八月，下达诸奉公人的身份统制令，其中也有为出兵而确保下级家臣的目的。秀次在同年十二月继任关白。而秀吉被称作太阁（关白卸任后的称呼），从此脱离朝廷的官职体系，变成自由之身，专心为侵略大陆做准备。

出兵需要从武士到包括杂务兵在内的下级奉公人，还需要从百姓中征调大量人夫、船员和水手。与此相关，在出兵当年（文禄元年）的正月，关白秀次发布有关“唐入”的五条规定：在战场上，若奉公人的侍、中间、小者、杂务兵或者人夫中有人逃跑，要将本人及其同伙就地惩办；要为人夫提供饭食；百姓受动员成为人夫后，其原有田地由所在村落负责耕种，否则全村都要受罚，等等，旨在禁止逃跑并保证耕作。

三月前后，关白秀次向六十六国（全国）发布了“人扫令”。关于“人扫”具体指什么，历来众说纷纭，还不是很明确。不过，因为同一时期毛利领、伊达领等地以村落为单位进行了户数和人数调查，甚至制作了账本，所以有人认为人扫令其实就是以村为单位的户口和身份调查。但是，当时“扫”字并没有调查之意，一般是作为放逐之意使用。所以笔者推测，人扫令大致是对秀吉在天正十九年八月所发命令（前述）的重申或补充，也就是规定新成为町人或百姓的奉公人不得停留在各町各村，不可既不奉公又不耕田。天正二十年三月，要求各村提交不得收留相关人员的誓约书（《吉川家文书》），恐怕就是对这一命令的回应。

可以预想，“唐入”行动必将遭遇诸多困难，在秀吉的命令和正月发布的五条规定之下，为了调集兵力和人夫、强制各村负责耕种出征百姓的田地，大名就采取了调查各村户数和人数的政策。现存毛利领地的相关指示书中，有要求记录每户户主姓名及其妻室、男佣女佣、子女人数并按村统计，记录奉公人和水手中有几人“唐入”、几人留守的内容。

秀吉动员了约三十万大军，分为出征大陆和驻守名护屋两队，前者主要由九州、四国、中国地方的大名和九鬼等水军组成，后者主要由东国的大名组成。除此之外，他还在京都的关白秀次身边安排了近畿、东海地方的大名，在全国建立起临战体制。三月十三日，他正式发布了部署表，将渡海进攻大陆的十五万八千八百人分为九军（参考部署表）。第一军的宗义智、小西行长以说服朝鲜为名先行，第二军及其后各军暂时待命。但是，朝鲜当然不可能接受宗义智他们的要求，拖延战术也有限度，结果在四月十二日早朝，从对马大浦出发的七百余艘战船在当日傍晚就抵达了釜山。于是，秀吉的大军在攻打大明以前先与朝鲜交战，日本称之为“文禄之役”，朝鲜则以当年干支称之为“壬辰倭乱”。

部署表

军	大名	兵力
第一军	宗义智	5 000
	小西行长	7 000
	松浦镇信 其他三大名	6 700
第二军	加藤清正	10 000
	锅岛直茂	12 000
	相良长每	800
第三军	黑田长政	5 000
	大友吉统	6 000
第四军	岛津义弘	10 000
	森吉成 其他四大名	4 000
第五军	福岛正则	4 800
	长宗我部元亲 其他四大名	20 300
第六军	小早川隆景	10 000
	毛利秀包 其他三大名	5 700
第七军	毛利辉元	30 000
第八军	宇喜多秀家	10 000
第九军	羽柴秀胜	8 000
	细川忠兴	3 500
合计	——	158 800

（出自北岛万次《丰臣秀吉的朝鲜侵略》，部分省略）

文禄之役（壬辰倭乱）初战告捷与三国构想

第一军在十三日攻克釜山城，十四日攻克东莱城，然后继续北上，二十七日在忠州击破申砬军，与第二军的加藤清正会师。

文禄之役 从左侧陆续登陆的是日本军船（出自《釜山镇殉节图》，韩国陆军博物馆藏）

在此期间，发生了加藤清正军大将沙也可因认同朝鲜风俗和中华文明之繁荣、认为秀吉的战争没有大义而率部下投降朝鲜的事件。他留在朝鲜与日本军队作战，做出了许多贡献，后来被朝鲜国王赐予官职和姓名。

但是，陆续登陆的日本军不论在战争技术还是武器装备上都超过几乎没有防备的朝鲜，形成破竹之势。五月三日早晨，第一军和第二军占领了首都汉城，宇喜多秀家、黑田长政等人随之入城。朝鲜国王听到忠州溃败的消息后，已于四月三十日从汉城逃往平壤。民众一听说这件事便火烧王宫，有人抢夺宝物，也有人向北方逃亡，都城陷入一片混乱。关于占领汉城一事，小西行长和加藤清正之间似乎曾发生过谁先谁后之争，加藤清正发给秀吉的汉城捷报上写的日期是二日。

在名护屋接到这份报告后，秀吉大喜过望，兴奋得恨不得亲自渡海。很快，十六日，他就向加藤清正发出九条命令，包括严禁日本军烧杀抢掠，让町人返回都城、农民返回村落，都城里只留下秀吉的马回与番众，其他大名军队均撤到都城外围，筹备军粮，修建秀吉的住所和道路，等等。

秀吉高兴得忘乎所以，认为马上就能征服大明。他在十八日写信将自己征服大明后的构想告诉了秀次和前田玄以。在信中，他计划封秀次为中国的关白，并将北京周围的一百国分给他，为此秀次要提早准备武器、兵粮、金银、装束等物，希望来年能尽快出征。后年，他要让后阳成天皇搬到北京，然后把北京周边的十国进献给天皇，也要分别给予诸公家知行。日本的天皇皇位则让给皇太子或现皇弟，关白之位让给丰臣秀保（秀长养子）或宇喜多秀家。让羽柴秀胜或宇喜多秀家留在朝鲜，小早川秀秋留在名护屋。这就是秀吉的三国统治构想（妄想）。他要求前田玄以命令诸公家做好陪伴天皇行幸北京的准备。天皇对此也兴致勃勃，亲自命令五山僧侣前来侍奉。另外，据秀吉的祐笔山中橘内[1]记载，秀吉希望在占领北京后定居在日明贸易港宁波，以便“夺取天竺”。

秀吉认为，“箭雨之国”、武家之国要想征服“长袖之国”简直易如反掌。从这种简单的认识出发，产生了让现天皇和现关白搬到中国、君临整个东亚的想法。重要的是，他自己打算定居在宁波。宁波是过去朝贡贸易的枢纽港口。这件事也体现

1　山中橘内，即山中长俊（1547—1607）。天正十三年被召为丰臣秀吉祐笔。祐笔，指在大名家中担当记录及编写官方文体职务的人。

出他重新构筑朝贡贸易体制的志向。只是，秀吉又是否知道，朝贡贸易体制就是早已过时的大明册封体制？

征收指出，要求人质

占领汉城后，各路军队分头推进，试图占领朝鲜八道。他们的任务是控制朝鲜全国，确保远征大明的道路，并储备兵粮。秀吉设想将整个朝鲜作为自己的直辖领，让其他大名分别做八道的代官。而大名以为那就是分给自己的知行，所以都勤于统治，试图做出实绩（参见第316页表）。宇喜多秀家驻守汉城，小西、加藤、黑田军继续北上，五月二十八日，在临津江之战中击败朝鲜军，次日攻陷开城。随后兵分两路，加藤清正进军东北端的咸镜道，小西、黑田军则于六月十五日攻入国王逃走后的平壤，获得国王丢弃的数万石兵粮。加藤清正在七月底攻入会宁，捕获两个王子，又越过豆满江[1]，攻打位于境外的乌梁海，然后撤回咸镜道南端的安边营地。在此期间，加藤清正与锅岛直茂将下属分别布置在咸镜道南部到中部的各处要塞中，锅岛直茂自己则驻扎在中间的咸兴。

大名们让禅僧随军行动，景辙玄苏和妙心寺的天荆跟随宗义智、小西行长，安国寺的惠琼跟随小早川隆景，佐贺泰长院

1 豆满江，即图们江。

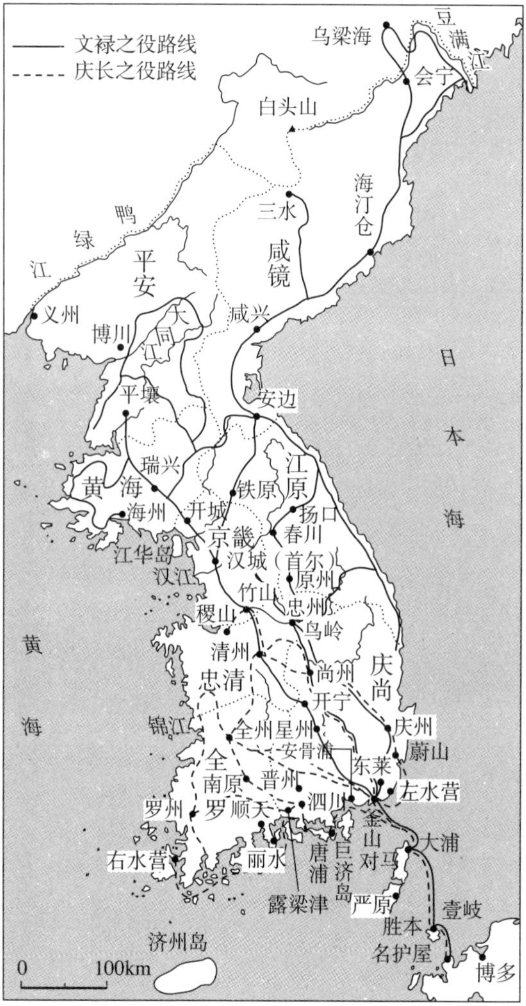
文禄之役路线
庆长之役路线
乌梁海
豆满江
会宁
白头山
海汀仓
三水
鸭绿江
平安
咸镜
义州
大同江
咸兴
博川
日本海
平壤
安边
瑞兴
江原
黄海
铁原
海州
开城
扬口
京畿
春川
江华岛
汉城（首尔）
汉江
原州
竹山
忠州
稷山
鸟岭
黄海
清州
尚州
忠清
庆尚
开宁
锦江
全州
星州
庆州
安骨浦
蔚山
全南原
东莱
晋州
左水营
罗州
罗
顺天
泗川
釜山
大浦
唐浦
巨济岛
对马
右水营
丽水
露梁津
严原
壹岐
胜本
济州岛
名护屋
博多
0
100km

文禄庆长战役进军路线

朝鲜八道的大名配置

京畿道	宇喜多秀家
忠清道	福岛正则
全罗道	小早川隆景
庆尚道	毛利辉元
黄海道	黑田长政
平安道	小西行长
江原道	森（毛利）吉成
咸镜道	加藤清正

的是琢等人跟随锅岛直茂。他们通晓汉文和儒学，负责以汉文文章的形式将日本方面的意图传达给朝鲜军民。他们宣称日本军是为了推翻苛政、施行善政、救助民众而来，服从的人将得到保护，抵抗的人则受到惩罚，所以人们可以自行回村、回家，继续耕种或者劳作，有能力的人可以获得职位，等等，试图建立起统治体制。

据北岛万次研究，可以从加藤清正控制的咸镜道了解在上述方针之下施行的具体统治政策。咸镜道远离京城，是流配之地，本来就对中央政权抱有强烈的反感。而加藤清正改变国政，表示“从今往后，不得有无道之事”，也在一定程度上使政策实施成为可能。他的政策包括让农民回村继续种地，让原有的官吏提交指出，让府、郡、县等行政单位申报包括稻米、小麦、粟谷等谷类，人参等药材，毛皮、盐、鱼类等物在内所有缴纳物品的种类和数量。实际上官吏也提交了指出，并据此制定了“朝鲜国租税牒”。北岛万次对此有详细分析。加藤还命令官吏们发誓指出的内容真实无误，并让他们写下若有违背“应斩首”的字句。隶属于锅岛直茂军的田尻鉴种在《高丽日记》中兴奋地写道，他们将人质关进大牢，以催促人们缴纳“年贡”，于是征集到了大量兵粮。

这与日本国内侵略军统治新征服地的方式基本相同。所以，很显然，加藤清正等人并不认为这是“无道”。另外也有（不得不）愿意合作的人。日本也发生过一揆势力的抵抗。对于长期以武力征讨和磔刑来处罚抵抗势力的统治者来说，像在日本那样以武力恫吓、以人质胁迫就是正义，就是“道”。但是，他们马上就会知道，这里是朝鲜，不是日本。

义军起义、明军救援

抗日义军在咸镜道掀起了暴动。在咸镜北道，从九月中旬开始，义军杀死协助日本军的朝鲜官吏，同时攻击日本军据守的城池。大明出兵救援的消息令起义迅速扩大。随后，咸镜南道也发生了“一揆”。起义军据守山中，有“数万人”向日本军射箭，还攻击日本军驻守的城寨。为此，在次年文禄二年的正月，日本军不得不放弃北道的城寨，到了二月，又被迫将所有驻军都撤回汉城。类似这样的义军起义，在日本军登陆不久后的四月下旬就已在庆尚道发生过，六月以后迅速扩大到各地。这种义军的组织者是被称作“两班”的人。这是一个高级官僚辈出的特权阶级，大部分来自地主阶层。

另外，全罗左道水军节度使李舜臣的活跃也值得大书特书。获得了船只和武器补给的李舜臣率领着水军，于五月七日在巨济岛玉浦击溃藤堂高虎的水军。同月底，又利用龟甲船和巧妙的战术，在泗川海战中对日本水军造成了沉重打击。他在六月击败龟井兹矩、来岛通总等人的水军，七月又在闲山岛海战中击溃胁坂安治等人的水军，连战连胜，对日本军的水上补给路线造成了毁灭性打击。

大明的援军在文禄元年六月中旬进入朝鲜。明朝联军在一个月后对小西行长驻守的平壤发动进攻，虽然失败了，但大明继续派遣沈惟敬等人前来支援，到了年底，还派遣李如松率领三万大军前来。文禄二年正月，平壤的小西行长和宗义智军被四万明军和一万朝鲜军——共五万人的大军包围，遭到猛烈攻击，不得不在确保了退路之后撤退。他们与驻守黄海岛的黑田长政军一起，暂时撤到小早川和吉川军驻守的开城，然后又同他们一起在一月中旬撤回汉城。其间，恰好驻守在平壤和开城之间的大友吉统听说小西军败退、小西行长战殁（误报），心生恐惧，于是弃城而逃。结果，大友吉统因放弃战线而受到秀吉的严厉处罚，在五月，以“胆小病”的罪名被改易，被毛利带回山口幽禁起来。这么做虽是为了警示其他武将，但更是为了趁机把丰后国变成秀吉自己的直辖领。

撤回汉城的日本军于一月底在汉城北部的碧蹄馆击败了南下而来的明军，但战局时进时退，陷入僵持，而且兵粮越来越少，士气逐渐低下。三月中旬，在兵粮仓被明军烧毁后，日本军更是进退维谷。此前明军已多次提出和谈，这时小西行长终于主动请求议和，与沈惟敬展开交涉。虽然朝鲜国王等人表示强烈反对，却被明军无视，和谈仍在大明的“敕使”（实际上并非受正式任命的敕使，而是明军总司令私自任命部下充当的敕使）和日本之间展开。四月十八日，日本军终于从汉城撤退。石田三成等三奉行和小西行长在大明使节的陪伴下，于五月十五日回到肥前名护屋城。

议和交涉

前一年六月，秀吉听从德川家康和前田利家等人的进言，推迟了渡海前往朝鲜的计划，改为派遣石田三成、大谷吉继、增田长盛、前野长康、长谷川秀一等人作为奉行前去传达统治方针、修整进入大明的道路和自己的住所等事宜。一行人于七月中旬抵达汉城后，召集各大名开会，传达秀吉的意见，同时也向秀吉报告了朝鲜的情势。在此过程中，他们与加藤清正、黑田长政等人产生了严重的意见分歧，一般认为，这种分歧甚至影响到后来的关原合战。总而言之，关于与明军议和的问题，三成告诉身在朝鲜前线的岛津等人，是明军和朝鲜军提出和谈，现正在小西行长军帐中交涉。同样内容的报告也传达给了秀吉。

六月二十八日，在名护屋城，双方通过禅僧的翻译进行了议和。秀吉提出了以下七个条件：

一、将大明的公主送来日本，做天皇的妃子；

二、重开勘合贸易，使官船、商船可自由往来；

三、两国高官交换大明和日本世代和平的誓词；

四、将八道中的北部四道和国都（汉城）返还给朝鲜；

五、朝鲜送王子、大臣各一人前来日本做人质；

六、将去年抓捕的两位王子送回朝鲜；

七、朝鲜国王的权臣提交誓词永不背叛日本。

上述七条文书是在完全不了解朝鲜的实际战况，在日本大胜、大明和朝鲜求和这种错误认识的基础上拟成的。大明和朝鲜当然完全不可能接受。值得一提的是，七条中有四条都与人质和誓词有关，其余两条则是关于返还领土（实际上已经放弃）和人质的，基本上与日本国内战争中胜利方在和谈时提出的条件相同。这样一来，七条所独有的内容就只有第二条恢复勘合贸易。关于勘合贸易，在四年前的天正十七年，秀吉就曾指示岛津设法说服大明重开勘合贸易，显然对此事念念不忘。

在上述和谈条件以外，秀吉还向大明说明了自己出兵朝鲜的理由。从“日本为神国也”到秀吉是“日轮之子”，统一天下不是凭一己之力而是天命所致，试图说明自己的正统性，与前面写给吕宋岛总督的信相同。然后又说自己取缔了在大明各村烧杀抢掠的日本海盗船，却没有得到感谢，这是欺侮日本为小国，所以才要出征大明；朝鲜派使者来，答应派兵时进行协助，并在日本与大明之间斡旋，却什么都没做，所以日本决定出兵，等等。此处值得关注的是秀吉从取缔倭寇、禁止海盗一事导出出兵的理由。小西行长也在朝鲜前线与大明交涉时多次提到希望通好。这样看来，秀吉的目的还是恢复与大明的贸易关系（但并不是恢复室町时代勘合贸易的形式）。

假“敕使”带着和谈成果，于二十九日起身返回朝鲜。同时，身在朝鲜前线的小西行长也与沈惟敬交涉，派家臣内藤如安扮作议和（投降）使节，带着与秀吉意旨相反的、表示臣服的伪造文书，前去谒见大明皇帝。于是，大明皇帝也派遣了册封使节，携授予秀吉“兹特封尔为日本国王”的国书和印章、冠服等物前往日本。文禄四年（1595）一月底，使节团一行从北京出发，于文禄五年九月一日在大坂城谒见了秀吉。次日，秀吉得知文书中写了册封自己为日本国王，但对自己提出的议和条件（大明皇帝并未知晓）却一条也没有提及，于是大发雷霆，和谈就此破产。

庆长之役（丁酉再乱）

在日本和大明议和期间，日本军（多数大名已撤回日本）

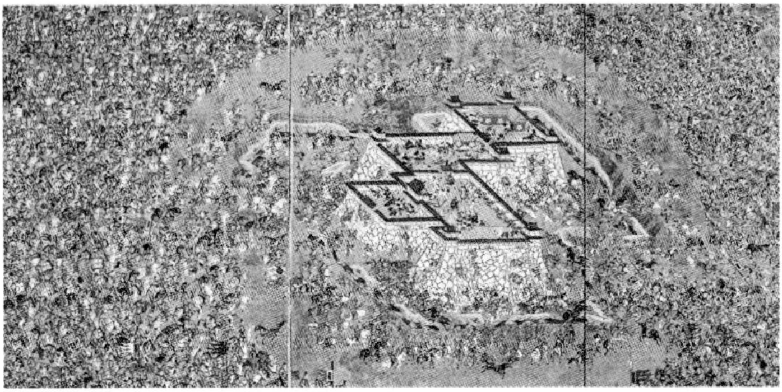

蔚山笼城图 清正等人正在筑城，遭到明、朝鲜联军包围（出自《朝鲜军阵图屏风》，财团法人锅岛报效会藏）

仍在朝鲜南部布阵，与抗日义军战斗。九月二日和谈破产后，秀吉马上指示加强朝鲜的筑城工事，补充武器和兵粮，并命令诸大名准备再次出兵。庆长二年二月，秀吉定下第二次出征的部署。第一军和第二军由互相竞争的加藤清正军（一万人）和小西行长军（加上宗义智军共一万四千七百人）交替担任，第三军还是由黑田长政军（五千人）担任，另外还有锅岛、长宗我部、毛利、宇喜多等人，共八军，兵力合计十二万余人，加上还坚守在釜山浦城等五处的两万余人，总共有十四万一千五百人。出兵规模与第一次基本相同。秀吉还派毛利重政等马回做督军，命寺泽广高负责船运。然后指示岛津先占领全罗道再向北推进。

七月，藤堂高虎等人的水军在巨济岛附近击败朝鲜水军。小早川秀秋作为总大将登陆釜山，指挥各路军队北上，从忠清道向京畿道进攻。但是九月在忠清道稷山的战斗异常激烈，日本军北上受阻。虽有一队人马前进至京畿道南端，但也只能放弃继续北上，向南撤退。宇喜多等人见状立刻引兵返回，全军在庆尚道和全罗道南部的海岸附近筑城据守，暂时维持住了侵略据点。当然，其间各地的朝鲜军及义军仍在与日本军战斗。

根据秀吉指示，十一月十日前后，日本军队开始在战略要地蔚山修筑加藤清正驻守的城寨。修筑工事由浅野幸长和毛利的家臣负责、丰后臼杵的大名太田一吉监督。突击作业不分昼夜地展开，十二月下旬，曲轮等建筑物基本完成。明朝联军恰在此时攻来，以五六万人的大军包围了城寨。几乎没有储备物资的城内马上陷入了断水断粮的困境，守城军中不断有人投降朝鲜。当时，臼杵一向宗安养寺的和尚庆念恰在城内，他是太田一吉的随军医僧。他在《朝鲜日日记》中详细记录了当时的各种惨状。十二月二十五日，天降甘雨，他写道：

滋润城中诸人口唇。

日本神国，天降怜悯之雨、润泽众人。

正因城中众人早已陷入饥饿与口渴的地狱，才会如此感动于下雨。

在这样的困境之中，连加藤清正都倾向于议和了。但此时日本军正从海陆两路前来救援，逼近围攻的明朝联军背后。联军

秀吉与北政所（出自《醍醐花见图屏风》，日本国立历史民俗博物馆藏）

疲于久战，终于在庆长三年正月四日拂晓发动总攻，试图攻入城内，然而死伤无数却未成功，最后只能全军撤退。日本军虽然得以脱困，却也没有力气追击。有了这次经验，宇喜多秀家等十三名大名写信给包括石田三成在内的四名奉行，请求放弃难守的蔚山城、顺天城（小西行长驻守）等据点，并部分付诸行动。对此，石田三成派其下属的三名督军回国汇报，秀吉听说后大怒，认为救援蔚山不力，不仅不追击，还放弃了城寨，实在太不像话。他特别斥责了蜂须贺、黑田、早川长政、竹中隆重、毛利高政等人，命令除黑田以外的四人即刻归国反省，并没收了早川长政、竹中隆重、毛利高政三人在丰后国内的知行，对三名督军则予以褒奖。

就这样，在秀吉、石田三成一派与出征朝鲜的大名之间出现了一道巨大的鸿沟。秀吉从未想到日后这道鸿沟将变成丰臣政权的坟墓。他既不慰劳前线的军士，也不关心朝鲜民众的苦难，还在三月十五日举办了极尽奢华的醍醐赏花会。然而，他不久就病倒，并于庆长三年八月十八日结束了六十二年的人生。丰臣政权隐瞒了秀吉死亡的消息，秘密从朝鲜撤兵。但明朝联军还是得知了秀吉的死讯，趁机追击，迫使岛津军在泗川城、小西行长军在顺天城应战。行长军遭到李舜臣军队的猛烈攻击，在岛津军的救援之下才好不容易脱身。李舜臣也在此次海战中中弹身亡。日本军直到十二月才基本撤退完毕。

第三节｜丰臣政权的末路

在朝鲜的残虐行为

在秀吉的征明妄想之下，有人为扩张领土而踊跃出征，也有人被强制征兵课役。他们在朝鲜烧杀抢掠，无恶不作，甫一出兵就活捉朝鲜男女送往名护屋，还在船上装满人头以炫耀战功。军中人人抓捕朝鲜男女和小孩，当作土特产送给在日本的家人，或者当作奴隶买卖。秀吉虽然发布命令禁止上述行为，却又同时命令大名，若抓住手艺精良的工匠或裁缝就马上献给他。

藤木久志认为上述对人的掠夺（抓捕奴隶）和对物的掠夺，是日本战场上同样行为在朝鲜的翻版，因此生动地表现出了内外战争的悲惨情况。当时有很多日本奴隶商人渡海到朝鲜，辗转各个战场，购买俘虏，甚至亲自抓人带回日本，卖给日本人或葡萄牙商人。在庆念的《朝鲜日日记》中，庆长二年十一月十九日有这样一条记录：

> 有上万商人从日本来到朝鲜，中有人贩，从朝鲜内陆购男女老幼，以绳连首，迫其前行。不能行走者，棍棒相伺，迫其行走，仿如阿防罗刹（地狱狱卒）追打罪人一般。

描述出了被奴隶商人买走的朝鲜人的悲惨境况。

长崎因此成为奴隶买卖的一大市场，据弗洛伊斯记载，庆长元年，他曾在长崎为一千三百名朝鲜人施洗。那些沦为奴隶的人，大多数不是被卖到东南亚去做苦力，就是在日本的村落里代替被征作人夫的百姓种地，或者在町人之家做下人、女佣，再也未能回到故乡。一般认为，像这样被强行带到日本的朝鲜人多达数万人。第二次出兵时的掠夺比第一次更残酷。

其中也有像朱子学者姜沆（后返回朝鲜）这样的人。姜沆对江户时代朱子学的奠基人藤原惺窝影响极大。另外还有许多陶工。朝鲜的陶瓷器制造技术远超当时的日本，是朝鲜人给日本带来了先进的瓷器生产技术，配合茶汤的流行烧制出合用的新茶具，有毛利领的萩烧、锅岛领的有田烧（伊万里烧）、岛津领的萨摩烧等，特征是大多在西国，也从侧面反映出西国大名是出兵主力。除了陶工，还有对书籍和活字等物的抢夺，令人强烈感受到战争同时也是对文化的掠夺。

耳冢（Daderot 提供图片）

大量士兵、义军以及非战斗人员被杀。岛津的下级家臣大岛忠泰在信中说，第二次出征时岛津军斩首了三万余人，其首级被葬于首冢，自己也杀了四人，还有人从死去的敌人怀中搜到大量金钱，等等。在这场战争中，鼻子（或耳朵）被用来代替首级，用作战功的证明。秀吉所派督军清点大名们上缴的鼻子数量，发给他们“鼻请取状”（割鼻清单），然后将鼻子用盐腌上，装进木桶，用船运给秀吉。京都方广寺旁边的“耳冢”（也叫“鼻冢”），就是集中埋葬这些鼻子的地方。庆长二年九月，秀吉以西笑承兑为导师，为“大明、朝鲜战死众人”举办了供养法会。然而，对于那些在秀吉的战争中无辜被害的人来说，这又有什么意义呢?

我们的祖先在朝鲜犯下的残忍罪行，与近代的类似行为一起，至今仍被朝鲜人记忆、讲述。

日本人民的苦恼

出兵朝鲜的军役按大名的知行石高分配。九州大名和水军大名每百石五人，中国、四国大名每百石四人（参见第 311 页部署表）。但是大名石高中，有以“台所入（家用生活费）”等名目免除军役的“无役高”（各大名不同），实际军役按扣除这一部分后的石高计算。毛利一百一十二万石，扣除无役高后剩七十三万石，按百石四人计算，共计应有三万人服军役，然后再按家臣的石高分配下去。但是，毛利征集了超出规定的士兵。这一是为了向秀吉表忠，二是想在朝鲜多得领土，所以才向家臣提出了过分要求。比如，蜷川新三郎只有三百三十六石知行，那么他所承担的军役就只有十三个人，但他却另带了二十八名“超额”士兵和八名人夫出征。相反，第二次出兵时，秋山九郎兵卫（四百三十石）未能按规定承担军役，结果被没收了知行。这样看来，渡海前往朝鲜的军队人数远远超过了丰臣政权的规定。

但是，军队的实质却令人意外。第二次出兵时，岛津计划动员 12 433 人，其中骑兵只有 262 人，仅占全体的 2%，就算这些骑兵各自承担的“人数”——4 806 人中还有 2% 是骑兵，那么全部骑兵加起来也还不到全体的 3%。主要从农民中征来的夫丸（人夫）、主要从渔民中征来的加子（水手），这些人快占到全部人数的 48%。骑兵所承担的“人数”中也包括中间、小者、杂务等其他夫丸，所以武士及其奉公人（兵）应该不足全体的一半，而且 94% 左右是步兵。筑后柳川大名立花宗茂动员的骑兵也仅有 4% 左右，近一半都是夫丸。

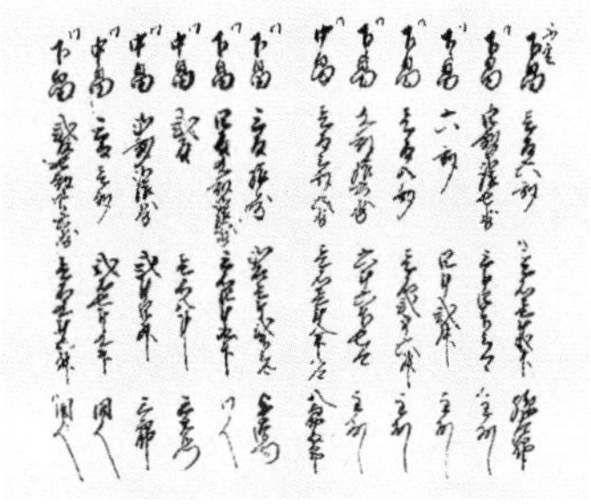

某“无主地”检地账　文禄二年，丰后国久所村所有物（大分县立先哲史料馆藏）

所以参加朝鲜战争的不光是武士，实际上过半军役都被转嫁给了农民、渔民、町人等人。而且，为了征调大量兵粮和武器等物资，年贡征收也更加严格。不仅西国大名领如此，被命令在名护屋待命的东国大名（上杉等人最后也出兵朝鲜）也是同样情况。以大友领地为例，有人不缴纳年贡，也有人一旦被要求“唐入”就提出返还土地，以拒绝承担夫役。谁都知道一旦去了朝鲜就再也回不了家乡，于是出现了回避年贡、夫役并逃亡的人。逃亡百姓增加，大友吉统的改易更是加重了这种情况。虽然政府四处通知百姓说无人耕作的田地可由村落负责耕种，没有水的田地可以改种大豆、小豆、谷子、荞麦，借钱、借米可以延期偿还，还可以借粮食给百姓，等等，但田地的荒废还是越来越严重。在当年秋天实行的检地中，名请人一栏登记为“无主”的土地占到了 30% 到 40%。且这种情况还在向全国蔓延。

岛津领在第一次出兵时应征兵一万人，但一直没有凑够。有许多人逃避军役。后来又发生了以梅北国兼为中心，包括东乡、伊集院等重要家臣参与的大叛乱，被称作梅北一揆。这是文禄元年六月的事。一揆攻打肥后佐敷城时，当地的町人、庄屋、百姓等人都同声相应。虽然这次一揆很快就被杀光政策镇压下去，但各地都在流传将要爆发一揆的谣言，弄得人心惶惶。

那些被赶到朝鲜去的人，其惨状也难以写尽。最后，让我们引用两段庆念的日记，看一看被动员参加修筑蔚山城之人的情况：

> 左右皆有铁匠、木匠棰声。手斧叮咣，吵闹至晓。

> 上至火枪手、旗手，下至步兵、亲卫队、船子、人足，都拨开浓雾，进山伐木，至傍晚披星而归，稍有不慎便遭殴打，或遇敌袭被砍头，因小事被训斥，可怜百姓，因为各种借口被砍头，头颅立在十字路口。

第一段是说铁匠、木匠被迫不分昼夜地疯狂干活。第二段是说步兵、水兵、百姓一大早就被动员上山伐木，一直干到天黑。不仅被迫干活，还要被同为日本人的同伴打骂，随时都处在遭遇敌袭、被杀害的恐怖中。另外，百姓遭受的身份歧视尤其严重，会因为很小的事情被定罪、处刑，首级被竖在十字路口示众。日记中写道，大名、武士“随意欺凌百姓，让他们挨饿”，连食物也很少分给他们，把他们“扔到山里”。

这真是出兵朝鲜“给无辜的朝鲜民众带来惨祸，让日本人民憔悴不堪”（藤原惺窝），同时也动摇了丰臣政权的统治基础。

关白秀次的失势和自杀

天正十九年年底，秀吉将关白职位和聚乐第都转让给秀次，自己则在第二年即文禄元年三月入住名护屋城，指挥朝鲜出兵。母亲大政所生病（秀吉未到即逝，八月埋葬）时，他曾回京探望，同时命人在交通要冲伏见（今京都市伏见区）修筑新城。这里被称作秀吉的隐居处。秀吉是一个善于抓住机会、身经百战、老奸巨猾的暴发户，通过排挤同辈大名建立起丰臣政权。而这样的秀吉却在天正十九年相继失去了胞弟秀长和幼子鹤松，最后只能将经验尚浅的外甥秀次（二十四岁）定为后继者。伏见城距聚乐第很近，方便秀吉作为监护人监督新关白。但是在文禄二年八月，侧室茶茶（淀殿）生下了次子秀赖，情况顿时便不一样了。

借此机会，秀吉将伏见城作为政权中枢扩建，于永禄三年正月开始动工。除了出征朝鲜的人，他向所有大名征收普请役，加快了工事。大名们也争先恐后，在城郭周围修建自己的宅邸（大部分毁于庆长元年大地震，后重建）。显然这已经不是什么隐居处了。秀吉在当年十二月将秀赖接到伏见城，朝廷也派遣了敕使祝贺。如此一来，秀次的地位就变得非常不稳定。秀次自己也陷入了窘境。秀赖出生后不久，秀吉就说要把日本国的五分之四给秀次，剩下的给秀赖，还要让秀赖和秀次的女儿结婚，等等，提倡二人共存。结果在文禄四年七月，秀

丰臣秀次像 （京都瑞泉寺藏）

次还是因为所谓的谋反罪遭到石田三成和增田长盛等人的严厉质询，被解除了关白和左大臣的职务，放逐到高野山，同月十五日被迫切腹自杀。八月二日，其子女、妻妾等三十九人在京都三条河原被处刑。近臣也遭处刑，聚乐第被拆毁，与秀次有关的一切都被抹消掉了。

这些不幸，都缘于丰臣政权主体结构的不成熟，权力过于集中于专制君主秀吉一人。关白负责传达天皇的意见，决定官位叙任，下达有关朝廷、官位、国郡制的命令，承担着特别的职责。秀吉将这些权力都转让出去后，自己却保留了课赋军役、分封知行等权限。然而，要让上述权限分属二人、并行不悖却是不可能的。结果所有权力还是集中到太阁秀吉一人手中。

这背后存在着想要推进中央集权制的石田三成等奉行的影响。在秀次自杀的一年多以前，前田玄以等三名奉行调查了秀次对藏入地的控制和年贡米的收缴情况。文禄四年二月，会津的蒲生氏乡死去后，年幼的鹤千代（秀行）虽然被允许继承领地和知行，但后来又被以家老申报的知行额有误为由没收。干预大名领地、试图正确把握藏入地的收支情况和大名的领知额，这正是众奉行的志向。

出兵朝鲜时，日本国内也实行了各种集权化政策。秀吉在没收丰后大友领地并将其变成直辖领后，为了控制该地，派了石田三成的女婿等三成的家臣前去管理。肥前名护屋的领主波多信时和萨摩的岛津忠辰也被以“胆小”为由没收了领地和知行。小早川隆景去世后的第二年，也即庆长三年，其养子秀秋被从筑前转封到越前，封地减少了。石田三成等人在文禄三年对岛津领和佐竹领提出大幅增加年贡的要求，实行了严格的检地，直接掌握了其石高，同时出任其中太阁藏入地的代官，还为自己在当地设置了知行地。可见，集权化与奉行自身力量的强化是密不可分的。

对此，大名们为了保护自己领地的独立性，开始对中央政权随意改易和转封的行为进行抵抗。其中最有代表性的就是德川家康。这种对立在秀吉统一全国的过程中就已经显露，后来又因出兵朝鲜等事更形尖锐，最后发展到关原合战中两大阵营的彻底决裂。

五大老[1]、五奉行制

在逼死秀次一事上，石田三成等奉行要承担很大责任。秀次切腹自杀的两天前，石田三成和增田长盛提交了按有血印的

1 大老，统管政务的最高执政官，是一种临时职位，地位在老中之上。

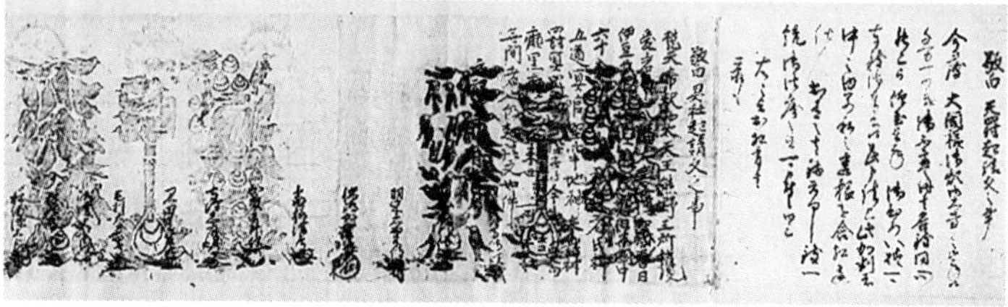

加藤清正等二十二人联名签署的血印誓约书（大阪城天守阁藏）

五条誓约书，表示将忠于秀赖、遵守太阁的法令和规定。这么做是为了安抚动摇的大名，并明确表示政权将由秀赖继承。二十日，织田信雄（常真）等人联署血印誓约书，秀赖的辅佐前田利家、宇喜多秀家等人也相继署名血印誓约书，纷纷提交给长束正家、石田三成等奉行。从江户赶来的德川家康也与毛利辉元、小早川隆景等人联署誓约书。需要大名们重新起誓忠于、服务于秀吉和秀赖（丰臣家），这说明抹杀关白一事对政权造成了严重的影响。

秀吉仍是最高掌权者，是天下之法的制定者。但在此基础上，又重新确立了以下体制：

> 坂东之法令、规定、公务，顺路宪法[1]，且交由家康代理。坂西之事，则由辉元、隆景处理。

---

1 顺路宪法，沿着正确的路走之意，按照既有规定。

这是将日本分作东、西两部分，将执法权分别交给德川家康和毛利辉元、小早川隆景。像这样，失去了关白的政权试图通过将东、西最有影响力、官位最高的大名重组进朝廷来建立新的权力体制。这也是为将来能把政权安全传给秀赖而采取的策略。但不仅如此。对于通过关白政权这种形式构建起全国统治体制的政权来说，其骨干因为关白的缺失而成了在国制上没有任何官职的人，这对政权来说是一种“异常情况”，而上述策略正是这种“异常情况”的应对法（从秀吉政权的存在方式上来说是异常。信长辞去了官职，所以有可能出现不担任朝廷官职的政权）。

但是进入八月，秀吉不得不重组政权的框架。在处死秀次妻室子女后的第二天，也就是八月三日，秀吉发布了由家康、秀家、利家、辉元、隆景以及上杉景胜六人联署的五条“御掟”和九条“御掟追加”。前者的主要发布对象是大名和小名，规定：①大名的婚姻必须取得主君同意；②禁止大名和小名交换契约和誓约书；③斗殴吵架以忍耐的一方有理；④禁止酗酒；⑤准许乘车的仅限家康、利家、景胜、辉元、隆景（秀家只有二十四岁，还年轻，故除外）以及年老的公家、长老、大名、病人等人，其他人只能骑马。

后追加的九条以公家、寺社和武士为发布对象。规定：①公家、门迹寺院应精于家道，专心于服务朝廷；②寺社应守寺法、社法，专心于修行、学问；③根据预估收成管理领知，按地头与百姓二比一的比例分配，不得荒废田地；④纳妾限于一两人；

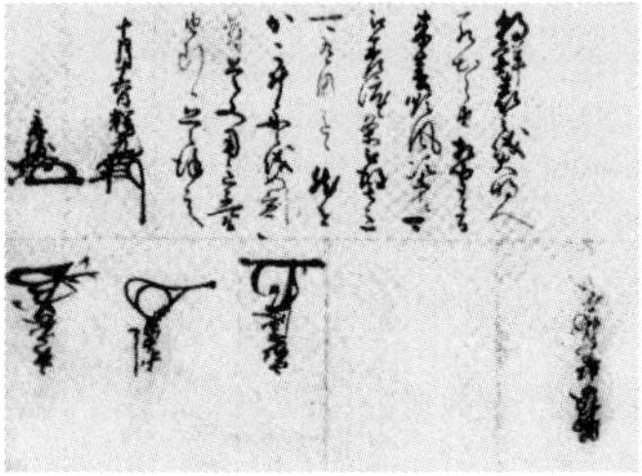

五大老的花押　上方从左向右是上杉景胜、毛利辉元，下方从左到右是宇喜多秀家、前田利家、德川家康（Alex He 34 提供图片）

⑤按知行额奉公；⑥诉状应先向十位奉行提出，奉行听取原告（诉人）和被告（论人）各自的说法之后，再由家康等六人商议，若有必要，再向秀吉申诉；⑦衣服上的纹样，除许可外，不得使用菊纹、桐纹；⑧禁止酗酒；⑨严禁蒙面往来。

上述十四条法令的内容，后被江户幕府的“武家诸法度”以及“禁中并公家诸法度”继承，是以武家、公家、寺社等统治阶级成员为对象的法律之集大成。两份“御掟”由随后被称作“大老”的六位大名联名发布。虽然说只是再次改编、整理了七月组成的政权框架，但所谓的大老制（六大老制，隆景于庆长二年六月六十五岁时死去，后为五大老）在这里才头一次以明确的形式出现。由此，家康等六人在秀吉之下组成新的政府，形成了在六人协商的基础上制定并执行法律、统辖政务的体制。虽说采取这种形式是为了应对政权的危机，但这种形式本身并不仅是为了克服危机，而且是经过反复推敲、在这种形势下所能采取的最好形式。也就是说，这种体制大概是以太政官制为原型，将秀吉和秀赖比作天皇，将家康等人比作公卿（议政官）。既然天皇、朝廷能长期存续，那么即便秀赖（天皇）还年幼，这种体制也应该能正常运转。反过来说，为了使体制正常运转，这也是唯一可行的方式。

同日，长束正家、增田长盛、前田玄以等三名奉行（财政负责人）提交了发誓严格执行藏入地审计的五条文书。此时虽然还没有形成五奉行体制，但包括上述负责诉讼的十名奉行在内，可以认为以大老为核心的奉行众制度已经整备成型。所以，可以将文禄四年八月三日视作丰臣政权末期新政权体制形成并重新开始的日子。这一体制至少将延续到关原合战。

太阁临终

庆长三年三月十五日，秀吉在醍醐寺赏过盛开的樱花之后，五月便在伏见城卧床不起。意识到自己快要死去，他在八月五日写下了送交家康等五名大老的遗书：

> 秀赖顺利成长之事，就托付给这份指示书里的各位了。除此之外，我已没有任何遗憾，以上。
>
> 再叮嘱！秀赖之事，拜托你们各位了！拜托五人众！详细事宜我已吩咐五奉行。实在是放心不下！以上。

想到年仅六岁的儿子秀赖的未来，秀吉也不禁流露出真情。他将后事都托付给五人众（五大老）和五人者（五奉行），说明文禄四年创立的新政权框架运转正常。五奉行是浅野长政、增田长盛、石田三成、前田玄以、长束正家五人，秀吉吩咐他们负责“日本国中之仪”，并指示他们联姻。这种五奉行制大概是为了维持丰臣家与政权的集权体制而在不久前创立的。选出的五奉行是既能辅佐五大老、又能发挥独立性的有能力之人。同日，五大老和五奉行均向秀赖提交了奉公和遵守法度的誓文，后来还被要求提交过几次类似的誓文。这些行动充分说明丰臣政权并不稳定。八日，秀吉把家康和利家叫到床前，托付了后事。

在此期间，诸寺社都在祈祷秀吉早日康复。十七日，方广寺的本尊——善光寺如来被送还到原来的地方安置。这尊如来是为代替方广寺毁坏了的本尊大佛而被搬来这里。传说秀吉生病就是因为随意移动了很灵验的灵佛，所以遭了报应。然而，次日，秀吉就结束了他波澜壮阔的一生。辞世之诗据传提前已经作好，但不知为何，却令人感到似乎也预言了丰臣家的未来。

> 露落露消如我身，
> 难波[1]大业梦中梦。

秀吉的死讯被封锁，一是为了保证从朝鲜顺利撤兵，二是因为国内也出现不稳定的迹象。死讯直到第二年一月五日才公

1 难波，大阪的别名。

开。在四天前的元旦，利家抱着秀赖在伏见城接受了各大名的新年贺礼。十日，遵照秀吉的遗言，秀赖与生母淀殿移居大坂城。但是，以此事为分水岭，政权内部的权力斗争浮出表面。

四月，后阳成天皇赐予秀吉丰国大明神神号和正一位官职。安置在伏见城的秀吉遗体被移送到东山阿弥陀峰的寺院。十八日秀吉的忌日当天，举行了丰国社（祭祀已成神的秀吉）的正迁宫[1]仪式，家康、辉元等大名也出席了仪式。

元和元年（1615）五月，家康消灭了丰臣家，七月拆毁了丰国社（明治时期再建），废除了秀吉的丰国大明神神号。后来，家康取代秀吉被封为神。

1 正迁宫，神社改建、修缮完毕时，将神体从临时殿迁到新殿的仪式。

第九章

江户幕府成立

第一节　关原合战

七将袭三成

本章主要论述江户幕府的成立。但我们不得不首先论述发生在庆长五年（1600）九月十五日的关原合战，因为这一战决定了从丰臣政权到德川政权的过渡。此时距秀吉去世仅仅两年，其间到底发生了什么？下面就来看一看。

吏僚派奉行忠于秀吉的意志，死心塌地推进征服朝鲜和大明的政策，主要代表人物是石田三成。而且三成以侵略战争为契机，亲自对大名领实行太阁检地，实现了石高增收（与增加军役相关），还参与处分“胆小鬼”大名，对这些大名处以改易或减封，试图将中央政权的意志推向全国，实现中央集权化。所以从第一次出兵开始，三成与出兵武将之间就已产生矛盾，至第二次出兵的蔚山守卫战后，矛盾已无法调和。当然，处罚、谴责大名战斗不力的是秀吉，但向大名下达文书的是三成，而作为督军向秀吉报告大名的行动、导致他们受罚的则是三成的女婿福原长尧，身在朝鲜前线的大名自然就将矛头对准了他们。另外，对于这次出兵，加藤清正一派和小西行长一派之间也有意见分歧，大名之间的矛盾也因而加深。

庆长四年闰三月三日，前田利家去世，上述矛盾顿时爆发。福岛正则、藤堂高虎、黑田长政、加藤清正、浅野幸长等七人在大坂谋划袭击三成，展开了行动。获知消息后，三成向常陆的佐竹义宜求助，在对方的陪伴下迅速离开大坂，逃回伏见城内自己的宅邸。一般认为三成逃进了德川家康的宅邸，但是据笠谷和比古研究，他是逃进了自己的宅邸，就位于城郭内叫作“治部少丸”的曲轮中。七大将追到伏见城，家康出面说服并安抚了七将。十日，三成在得到安全保证的情况下，被护送回自己的佐和山城。这一突发事件，给家康带来了决定性的有利形势。

在三个月前的一月十九日，发生了利家等四大老和五奉行一起追责家康的事件。因为文禄四年家康曾试图与伊达政宗、福岛正则、蜂须贺家政联姻，他们认为家康违背了“御掟”。家康显然是明知故犯，所以利家和三成他们认为有必要阻止家康为所欲为。但是利家死了，三成也被赶回了家，无人再能阻止家康。十三日，家康搬出他在伏见向岛的宅邸，住进伏见城，更加提高了自己的地位（家康已是地位最高的大老）。从此世人都将家康看作“天下殿”。

大老家康一人独大

秀吉死后，从朝鲜撤兵的命令书、针对战功颁发的感谢状、下发给大名等人的知行分封状、海盗取缔命令等文书都是由五大老联名签署的。利家死后由其嫡子利长接任。这正是秀吉所希望的政权运营方式。闰三月十三日家康搬进伏见城，也是因为秀吉死前指示说要家康在伏见执行政务，可以说是在容许范围内。但是，庆长四年七月，上杉景胜回了领国，不久前田利长也回了领国，这样，在十月一日发给堀尾吉晴的知行分封状上就只剩下三名大老的签名。三大老体制一直延续到次年四月，但之后就再也无法确认。很可能辉元和秀家也返回了领国。不过，家康在当年二月已经单独向田丸忠昌颁发了美浓四万石领知的分封状。美浓并不是家康的领国，所以他是以大老的名义颁发的。在那之后，家康也独自分封领地、独自捐赠寺社。这意味着丰臣政权已失去了应有的政权运营形式，名符其实地转变成家康专权的体制了。但是，即使如此，家康表面上还是以一介大老的身份活动。

在此前的庆长四年七月，家康曾以源家康的名义给大泥国[1]回信，欢迎对方商船往来并保证航行安全。九月七日，家康以向秀赖行重阳（九月九日）之礼为由，入住大坂原石田三成的宅邸。同月下旬，北政所搬离大坂城西之丸并移居京都后（或为家康指使），家康把西之丸变成了自己的住所。次年正月元日，诸大名在本丸向秀赖贺年后，还到西之丸向家康贺年。然后家康命令以藤堂高虎为奉行，在西之丸增建天守阁。其间

1 大泥国，北大年苏丹国。明代张燮《东西洋考》称之为大泥。日本借用之，亦称之为大泥国。是 15 世纪到 18 世纪马来半岛的一个古国。

还以谋反为由处分了淀殿与秀赖的亲信大野治长，交给结城秀康看管，并命令浅野长政蛰居。长政被处分后，五奉行中最有实力的两个人被排挤掉了。接着，五奉行之一的增田长盛报告说前田利长及其姻亲细川忠兴企图谋反，家康便利用此事弹劾二人。十一月，细川忠兴将嫡子忠利作为人质送到江户，前田利长也将生母芳春院送到江户，向家康表示了臣服。

德川家康像（狩野探幽绘，大阪城天守阁藏）

庆长四年闰三月，岛津氏老中[1]伊集院忠真因对主君杀死自己父亲一事怀恨在心，在日向的都城举兵造反（日向庄内之乱）。家康派秀吉在世时便已是九州大名取次[2]的寺泽广高前往，赋予他可视情况动员九州大名镇压叛乱的权限，并通知了所有九州大名。根据山本博文的研究，这次叛乱属于岛津领国内的私战（主从间的战争，岛津氏也认为应该亲自镇压），但家康却作为“公仪”介入，并派政府的联络人寺泽广高负责镇压，实为家康尝试亲自动员大名，可以说是关原合

1 老中，统管政务的职位。

2 取次，本义为联络人，丰臣政权中专指向各地大名传达命令并令其臣服的特定人物及相关机构。

战的预演。

就这样，实际上家康已经一人承担起了政府的职责。以丰臣政权的政务为名，排挤政敌，令其屈服，或向其他大名施恩，一步步确立自己的霸权。他的下一个攻击目标，就是一百二十万石的会津大名上杉景胜。

上杉景胜的抵抗

庆长三年正月十日，上杉景胜在伏见城突然接到从越后（九十万石）转封会津（一百二十万石）的命令。会津的蒲生秀行则被转封至下野宇都宫，领十八万石。蒲生氏乡死后，幼子秀行连自己家中的形势都控制不了，看到这种情况，秀吉将上杉景胜转封会津，期待他能牵制德川家康和伊达政宗。在告假数月之后，上杉景胜于三月六日从伏见出发，同月下旬抵达会津。进驻会津后，他马上在领内各要冲设置支城，安排重臣驻守，加强了国境的防卫。他虽然担心秀吉的病情，但因专心整治领内，在九月十七日秀吉去世一个多月后才动身上洛。然后，在十月到翌年七月之间，他履行大老的职责，之后返回领国。在京期间，他也一直操心着国内的事情，指示家臣加强防御国境，注意伊达政宗的动静，并加快支城营建。

从这里，我们可以明显看出战国自力思想的痕迹。不能完全依靠本应实现了的“丰臣和平”，必须防备可能来自他国的侵略，要靠自己的力量保卫自己的土地。话虽如此，这种想法在当时是很常见的。此时上杉的石高虽然增加很多，但同时因为吸收了蒲生氏的旧家臣，所以家臣也增加了。庆长五年二月，他决定新筑居城，下令将新城建在若松城西北三公里处的神指村，并为此搬走了十四个村落，然后进行了建设大规模城郭和城下町的突击作业。在上杉看来，他的行为没有任何该受指责之处。

对于此事，在景胜之后被转封到越后的堀秀治曾因收缴年贡米等问题与景胜发生过争论，于是在二月向家康报告说景胜正在修建新城、架桥造路、储备武器、召集浪人，准备进攻最上领和越后。三月，还发生了景胜家臣藤田信吉叛逃，向秀忠（家康三子，驻守江户城）和家康报告上杉领内情况的事件。家康看出这是个好机会，就派使者前去弹劾景胜，一一列举他的违法行为，并要求他立刻上洛请罪。对此，景胜的亲信直江兼续于四月十四日回信表达了强烈不满，并拒绝上洛。这正中家康下怀，或者说正是家康在引导事态这样发展。不等使者返回京都，家康就在四月中旬命细川忠兴、福岛正则等人为先锋征讨会津，同时让岛津义弘在自己出征后守卫伏见城。六月六日，家康将各路大将集中在大坂城西之丸，下令出兵会津，十六日进入伏见城，命令鸟居元忠等人留守，十八日从伏见出发。

这次出兵会津，参加者有福岛正则（尾张清洲）、池田辉政（三河吉田）、山内一丰（远江挂川）、中村一忠（骏河府中）、森忠政（信浓川中岛）、金森长近（飞驒高山）等东海道、东山道方面的大名，以及加藤嘉明（伊豫松前）、藤堂高虎（伊豫板岛）、黑田长政（丰前中津）、寺泽广高（肥前唐津）等四国、九州地方的大名。另外，家康还命令伊达政宗、最上义光、佐竹义宣、前田利长和堀秀治等人分别从信夫口（今宫崎县）、米泽口（今山形县）、仙道口（今茨城县）、津川口（今新潟县）等地发动进攻。

家康于七月二日进入江户城，七日召集诸将，发布了十五条军法，禁止打架斗殴，禁止在友军领地放火、抢掠。同日，他向奥羽诸将去信，说自己将于二十一日出征，并要求他们跟随。信中值得关注的另外一点是，越前敦贺的豪商田中清六负责向出羽的秋田、户泽、仁贺保等人传达家康的意向，说明清六与家康有密切联系。而正是因为这层关系，田中清六后来开始经营佐渡金山。

虽然毫无胜算，但上杉一方意识到除了与家康决战之外别无他路，于是停止营建新城，将所有部将配置在各支城，加强了防御。

石田三成起兵

石田三成认为家康出兵会津给了自己与上杉从两面夹击他

的好机会，于是准备起兵。他首先说服了从越前敦贺出发前去参加家康军的大谷吉继加入自己的阵营。七月十二日，增田长盛向家康报告了石田和大谷的行动，同时增田、长束、前田三奉行请毛利辉元火速赶到大坂。淀殿与三奉行一样，认为石田和大谷的行为是谋反，于是也请求家康返回大坂。毛利辉元和德川家康作为丰臣政权的大老，身负镇压谋反、保护秀赖的责任，所以对淀殿和三奉行来说，上杉是造反者，而家康则是作为政府代表征讨造反者。而这也是家康一直以来对外宣传的话，正因如此，他才能动员从东海到九州、四国的丰臣大名。

但是，石田三成说服了三奉行，将十六日进入大坂的毛利辉元也拉进己方阵营，并推举他为西军盟主。宇喜多秀家也加入了西军阵营。毛利辉元赶走了家康留下来的守军，自己住进大坂城西之丸。西军于十七日向各大名发出了题为“内府（家康）违逆诸行”的十三条弹劾文，列举出家康对秀吉制定的各种法令、规定、誓约的违反，并附有三奉行联署的副文，要求大名向秀吉尽忠、加入西军。文中，石田三成声讨家康无视丰臣家独断专行，希望众人遵守秀吉的法令，奉秀赖为主，恢复丰臣政权应有的形态。这份宣言成了西军的口号。

西军立刻行动，将跟随家康出征会津的诸将妻儿作为人质送进大坂城。但是因为细川忠兴的妻子伽罗奢（洗礼名，本名阿玉，明智光秀之女）拒绝并自杀，这项计划失败了。十九日，小早川秀秋、岛津义弘等人出兵攻打伏见城，遭到守城的鸟居元忠等人顽强抵抗，直到八月一日才攻克。鸟居元忠等人从伏见城向家康发出西军叛乱的急报，于七月二十四日送抵小野小山（今栃木县小山市）阵地。家康于二十五日召集诸将召开军事会议。诸武将中受秀吉照顾最多的福岛正则和黑田长政主张与家康一起行动，讨伐石田三成，于是决定掉头朝西方进军。次日，正则等丰臣系大名作为先锋从小山出发，沿东海道西下，于八月二十三日攻克织田秀信盘踞的岐阜城后，在其西方的赤坂扎营。

家康为了防备上杉，派次男结城秀康驻守宇都宫城，命令从北关东到奥羽的大名形成包围网。秀忠一度返回宇都宫加强防御，然后于八月二十四日从宇都宫出发，经中山道向西行进。其军队共有三万八千人，除榊原康政、大久保忠邻等代代侍奉德川家的大将以外，还有森忠政、仙石秀久等信州大名。但是这队人马在信州上田城遭到真田昌幸（真田嫡子信幸隶属于东军）的顽强阻击，结果没有赶上关原合战。

关原合战

家康接到攻克岐阜城的捷报后，于九月一日，亲率三万两千余大军从江户出发，十四日从岐阜转入先锋阵地赤坂。另一方的石田三成则于八月十一日进入与赤坂近在咫尺的大垣城扎营，与东军对峙。宇喜多秀家等人也赶来支援。吉川广家、毛利秀元、长宗我部盛亲、长束正家等人也在伊势与东军战斗后赶到大垣城，驻扎在城西南宫山的东麓。由此，八万人的西军和七万五千人的东军各自集结完毕。

东军为了将石田军从大垣城诱出来进行野战，故意散布要从中山道继续西进，攻克佐和山城、进军大坂的消息。石田三成等人信以为真，急忙准备到关原一带阻止东军西进。十四日夜，他们冒着大雨，慌慌张张地将大军移动到西部。得知这一消息后，家康也命令东军西进，但为了防备吉川、毛利军而将池田辉政、浅野幸长、山内一丰等人安排在后方防守。

十五日上午八时左右，东军的井伊直政、松平忠吉率军开始进攻宇喜多阵地，事先约定好的先锋福岛正则军立刻发射火枪，由此，决定天下大势的关原合战拉开了帷幕。双方一进一退，胜负难分。石田三成请求无意参战的岛津义弘出击，但岛津军却不为所动。三成按照事前约定点燃狼烟，催促南宫山阵地中的吉川广家、毛利秀元和松尾山阵地中的小早川秀秋等人发动攻击，但这些人也按兵不动。另一边，眼看到了中午都还不能决定胜负，家康开始焦虑不安，为了催促约好做内应的小早川秀秋行动而命人朝松尾山开火。秀秋这才开始进攻大谷吉继。胁坂安治、朽木元纲等人也临阵倒戈，攻击大谷的队伍。大谷吉继奋战后不敌自杀。此后，小西、宇喜多、石田等军队陆续败退，午后二时左右，西军的败北已成定局。

不仅是小早川秀秋，吉川广家也背叛了西军。为了保护毛

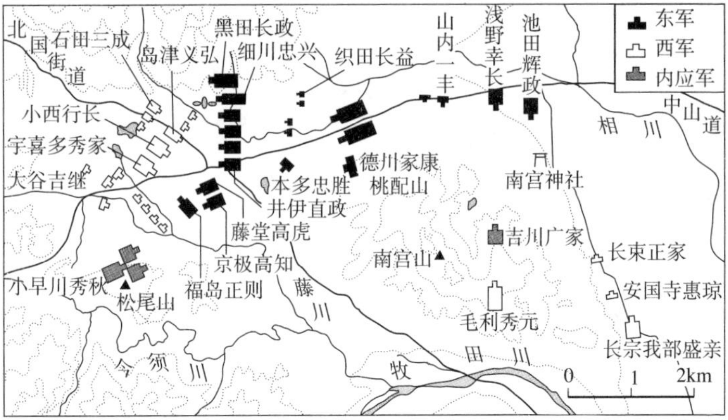

关原合战图（九月十五日上午八时左右）

利家，吉川广家在十四日合战开始前向家康辩解说，毛利辉元是被捧上西军盟主的位置，并非出自本意，希望能保他平安。对此，家康一方由本多忠胜和井伊直政在当日联名签署血印誓约书，交给吉川广家和福原广俊，保证不对毛利辉元及吉川广家动手，并保证维持其分国领地的现状。同日，也授予了小早川秀秋同样内容的血印誓约书。合战结束后的十七日，福岛正则、黑田长政也向毛利辉元转达了家康的意思。于是，毛利辉元在二十二日分别感谢福岛、黑田和本多、井伊为自己转圜，为能够继续领有分国感到高兴，并迁出大坂城西之丸，提交了今后再无二心的誓约书。

东军攻克石田三成的佐和山城，在二十四日接收了大坂城西之丸。二十七日，家康在本丸向秀赖汇报了胜果，然后进入西之丸。关于这场战争，家康、东军诸将以及淀殿等人的公开

《关原合战图屏风》 西军向画面左方撤退，东军追击（关原町历史民俗资料馆藏）

意见是，这不是丰臣与德川的战争，秀赖与战争无关，也不承担任何责任。二十一日，石田三成在伊吹山中被捕，十月一日，与小西行长、安国寺惠琼等人一起在六条河原被斩首。宇喜多秀家在伊吹山中躲藏后逃到萨摩，投奔岛津义弘，在那里待了三年。因为他娶了前田利家的女儿（秀吉养女）为妻，前田利长、岛津忠恒都为他向家康求情，他得以免于一死，在庆长十一年四月被流放到八丈岛。

上杉景胜虽然还在奥羽与最上军战斗，但在听到西军失败的消息后，也于十月一日撤兵了。

第二节 | 征夷大将军的政权

关原合战后的论功行赏

关原合战是家康作为丰臣政权大老及政府，动员丰臣大名讨伐谋反大名的一场战争。但是，其实质是为了建立德川政权而故意挑衅碍事的人，并以政府的名义将其一举击溃的战争。也就是说，家康谋划了战争，且达到了目的。反过来说，如果没有这场“定天下”的合战，就无法打开通往德川政权的道路。从这个意义上来说，秀吉所创立的五大老、五奉行制，是在无比困难的情况下所能采取的最佳且最巧妙的政权构想。但是，这种体制只有在“丰臣和平”能够绝对限制大老、大名的权力，金字塔体制绝对固定，且领国统治绝对安定的情况下才可能维持。所以，不断推行侵略朝鲜政策，不断随意改易、转封大名的秀吉，就是在自掘坟墓。

在关原一战的论功行赏中，因为上杉、毛利、宇喜多三大老成了“谋反”方，前田仅在北陆参与攻击西军，没有什么自己的功劳，所以自然就由德川家康独自决定了。

西军一方的大名不是被改易就是被减封。被改易的主要有近江佐和山十九万石的石田三成、大和郡山二十万石的增田长盛、近江水口十二万石的长束正家、备前五十七万石的宇喜多秀家、肥后宇土二十万石的小西行长、土佐二十二万石的长宗我部盛亲、美浓岐阜十三万石的织田秀信等人，此外还有八十余家大名小名，总共没收石高超过四百万石。另外，被推举为西军大将的毛利辉元因为吉川广家等人求情，虽然避免了被改易，但是说好的继续领有分国一事却遭反悔，从安艺一百二十万石减封为周防、长门三十七万石；上杉景胜从会津一百二十万石减封到出羽米泽三十万石；佐竹义宣因与上杉有通，从常陆五十四万石减封到秋田二十万石。上述两种处分合起来，共没收六百万石以上。这相当于当时全国一千八百五十万石总石高的三分之一左右，数量巨大。此外，秀吉病逝时在全国四十余国所有的丰臣家藏入地多达二百二十万石，也被削减到摄津、河内、和泉三国六十五万石余。从这点上看，丰臣家实际上沦落到了一个普通大名的地位。

与之相对，石高增加的有一百多人。其中一半都是将战争导向胜利的福岛正则等德川方的“外样大名[1]”，对他们追加的石高多达四百万石以上，几乎相当于从改易大名手中没收来的数量。主要加增情况如下页表所示，可以看出，基本上是按战争中的表现及其评价公平分配的。加藤清正虽然因在九州而没有直接参加关原合战，但是他攻占小西行长的宇土城、立花宗

1 外样大名，相对于“谱代大名”，一般指关原合战后才臣服于德家的他姓大名，原与德川家没有主从关系。谱代大名即世代侍奉德川家的大名。

接受奖赏加增的主要外样大名（单位：千石）

大名	旧领地	新领地
浅野幸长	甲斐府中 217	纪伊和歌山 395
池田辉政	三河吉田 152	播磨姬路 520
福岛正则	尾张清洲 200	安艺广岛 498
生驹一正	赞岐高松 61	同 173
加藤嘉明	伊豫松前 100	伊豫松山 200
山内一丰	远江挂川 68	土佐浦户 202
黑田长政	丰前中津 180	筑前福冈 523
田中吉政	三河冈崎 100	筑后柳川 325
细川忠兴	丹后宫津 230	丰前中津 399
加藤清正	肥后隈本 250	同 520

茂的柳川城有功，所以得到了部分肥后小西领和部分丰后领地。这次封赏的特征是，浅野、池田、福岛、山内、黑田、田中、加藤等人几乎得到原先两倍或更多的石高，成为领有一国的国持大名；即便增加量没有那么多，只要是富裕的大名都被转封到西国或者更远的西部。这不能不让人认为是有意将富裕的大名都安排到西部。这样，西国就成了清一色的外样大名，没有一个出身德川家族或者是其谱代。关于为何家康要这样配置，尚待研究。

德川家出身的大名和谱代大名占了增加石高的另外一半，约二百万石余。家康次子结城秀康从下总结城十万石转封到越前北庄六十八万石；四子松平忠吉从武藏忍十万石转封到尾张清洲五十二万石；井伊直政从上野箕轮十二万石转封到近江佐和山十八万石，等等。他们转封的意义都在于占领战略要地。

其他四十名一万石以上的谱代家臣中有一半以上都获得了增加并作为谱代大名独立。另外二十名左右不足一万石的谱代家臣被增加到一万石以上，也成为大名身份。由此，江户时代谱代大名的原型基本确立。此外，在把外样大名都安排到西国的同时，本多忠胜被转封到伊势桑名、奥平信昌转到美浓加纳、石川康通转到美浓大垣，以防备西国大名。由此，从江户到京都，东海道沿线由家臣和谱代大名控制。家康还在大和设置了许多直辖领。为了防备北方大名，他把己方派系的武田信吉安排到常陆水户领十五万石、鸟居忠政到陆奥磐城平领十万石、奥平家昌到下野宇都宫领十万石，等等。

通过这样的论功行赏，家康突破了原来从伊豆到关东的领国界限，从陆奥南端的磐城平到东海的北伊势以及近江、越前等地，都被己方派系的大名和谱代大名控制。这相当于控制了全国一半以上的物流要道。此外，家康自己的直辖领也得以扩大，据估计有四百万石左右。佐渡金山、石见银山、生野银山等金银矿和京都、奈良等都市也被纳入他的掌控。由此以来，家康成为国内最大的势力，远远超过了丰臣家族。“天下殿”更加名副其实。但是，此时家康还没有实行像江户时代那样，将己方派系的大名和谱代大名安排到全国，以监视其他外样大名这种敌视外样大名的政策，而是仅将分国扩大到畿内为止，稳扎稳打地巩固自己的立足之地，令人感受到家康的深谋远虑。

五奉行制度崩溃

然而，家康仍被束缚在丰臣政权的框架之内。我们应该注意到，关原合战后的论功行赏没有发布正式的分封状和知行目录。比如对于战功最高的福岛正则，据说是本多忠胜和井伊直政作为使者去拜访，暗示说计划把安艺和备后两国封给他，在得到正则的欣然同意之后，两名使者当场承认了他的领有权。对山内一丰，据说是榊原康政作为使者转告他“拜领土佐国”。也就是说采取了派使者口头传达的形式。笠谷和比古注意到这点并指出，这是为了模糊掉领地分配、给予的主体而有意采取的一种策略。

事实上，在九州与加藤清正一起作为东军参战的黑田如水（孝高）就写信给藤堂高虎，希望他代为拜托家康，尽可能以“拜领自秀赖”的形式领有被自己攻占的敌方领地，还请家康从中斡旋。对于受丰臣恩惠的大名来说，这场战争是为巩固丰臣政权而进行的战争，所以所领的分封权应该还属于秀赖，家康仅仅是作为大老之一执行（代行）其旨意而已。所以，尽管在关原合战以前家康也曾几次单独授予知行分封状，但这次却特意回避了授予分封状这种形式。再者，即便以自己的名义授予，接受的一方也认为是从丰臣氏手中拜领的，在家康看来，自己也还未获得能够摆脱丰臣政权大老之一的身份、明示德川氏分封的政治立场。

但是，从另一方面看来，这也意味着五大老、五奉行体制已经不再发挥作用。在关原合战以前，即便家康单独署名、授予分封状，诸奉行随后也会下发知行目录，这种手续已经制度化。比如在庆长五年春，家康将丰后的六万石领知分给了细川忠兴，随后在二月七日，长束、增田、前田三奉行便下发了知行目录。目录上写着：“奉命赐予新分封，遵内府公（家康）之旨意，阁下可领有其地知行，如本状所示。”虽然不足原本人数，但这也是依照大老、奉行制所规定手续授予的知行分封状。就这份文书而言，最初的“奉命”是指奉秀赖之命（实际决定的是家康），在秀赖的指示之下，大老家康“御一行”授予知行分封状，然后奉行再下发知行目录。

正因如此，黑田如水拜托家康从中斡旋、采取从秀赖手中拜领的形式，不是因为他是受丰臣恩惠的大名，与秀吉、秀赖的私人关系或者情感联系比较紧密，也不是因为秀赖、丰臣政权仍然存在，而是因为知行分封权归属于站在政权顶点的秀赖，授予知行分封状是以先由大老从中斡旋，再由秀赖决定这种制度化手续为前提的。但是，关原合战之后，五奉行都不在了，从制度上而言，将大老的进言传达给秀赖、授予知行目录的人也不存在了。所以家康便以派遣自己的使节口头传达自己旨意的方法解决了这一问题。这样，秀吉发挥其非凡的政治感觉创造出的五奉行制——能够直接支撑秀赖的权威和权力、保证丰臣政权长期存续的支柱——就崩溃了，这意味着丰臣政权已经名存实亡。

就任征夷大将军

丰臣政权作为关白政权起步，其权力的直接基础在于统领武家。而正因为是武家政权，所以它以知行分封和军役奉公关系为轴心，再加上朝廷的官位制度，建立起统一的金字塔体系。但是，五大老制实质上已解体，五奉行制也已崩溃，统一和统治武家的基础——由秀赖来行使知行分封权这种丰臣政权的机构已经名存实亡。不论制度上的立场和权限如何，实质上行使分封权的只有家康一人。这一点大家都心知肚明，而且谁都没有能力提出异议。以这种实绩为基础，家康的下一步棋就是出任征夷大将军。庆长七年（1602）正月，家康已从正二位升为从一位，从官位上来说也有足够的资格。

庆长八年二月十二日，六十二岁的家康在伏见城迎接敕使，接受了就任将军的宣旨，兼任右大臣。同时成为源氏的氏长者，按惯例继承了氏长者的名誉称号——淳和院、奖学院别当[1]，并被许可使用牛车兵仗。这意味着获得与室町将军同等的地位。三月，据说在家康朝觐天皇、行拜任将军之礼时，按照室町将军家的惯例设置了仪仗。家康通过自称为与镰仓幕府、

1 淳和院、奖学院原为王朝时代的机构，后由源氏的氏长者担任负责人，实为荣誉职，为各代源氏长者必兼之职。

室町幕府相同的源氏子孙而获得了源氏长者的地位，并由此获得了以武家栋梁的身份成为将军的正统性。与秀吉的关白政权不同，他选择了传统的武家政权形式，停止了信长、秀吉对新政权形式的探索，将源赖朝推出来，自称是他的继承者。他选择了最现实的路线。考虑到对知行分封、改易等家康已获得权限的行使，这是最容易就任的职位，也是能让他掌握全国统治权的职位，甚至是一个能公开宣言的职位。但还不仅如此。

秀吉死后，武家陷入分裂和抗争的危机。关原合战就是头一场大冲突，但在那之后战争的危机也没有完全消去。另一方面，在社会的底层还有大量浪人、不能继续当武士的地侍以及原来的奉公人阶层，他们心怀不平和不满，期待着发生战争。两方面的原因结合在一起，将整个国家导向战争也不是不可能，所以当下最紧要的问题是武家的团结和统一，为此就需要能够约束武士阶级的权限的正统性，而家康正是从武家栋梁、源氏将军的身份中寻求这种正统性。他应该看得出，考虑到室町幕府的功绩，这种身份不但能统一武家，甚至可能号令公家与寺社。于是，“天下殿”家康通过就任将军，从制度上确立了独立于丰臣政权的地位，建立起江户幕府这个全国政权。

德川姓和自称源氏

家康最初姓松平，与源氏没有关系。下面我们简单看看家康的生平和姓氏的变迁。天文十一年（1542），家康作为松平广忠的长子生于三河国的冈崎城（今爱知县冈崎市）。松平广忠是三河国贺茂郡松平乡的一个地方领主，室町时代曾自称贺茂氏。战国时期，今川从东边扩张，织田从西边扩张，松平处于两者的夹缝中，势力被削弱，家康小时候一直给别人当人质，永禄三年（1560）桶狭间之战后才终于回到冈崎城自立。后来，因为与织田信长结盟，成功地平定了三河国、远江国，天正十年（1582）又从信长处获得了原武田领骏河国。本能寺之变后，又将甲斐和信浓（北信四郡为上杉领）置于统治之下。这种“五国领有”的时代一直持续到天正十八年转封关东的旧北条领。其间，家康最开始以松平为姓，氏名则是源氏。后来通过关白近卫前久和京都吉田神社的吉田兼右的努力，在永禄九年叙爵从五位下，获得三河守官位，同时被允许使用德川姓和藤原氏。

德川这个姓的来源，是将松平的祖先与出自清和源氏一系的上野国新田义重（与新田义贞同祖）之子得川（德川）义季联系在了一起，家康还为此专门上奏说希望恢复原来的德川姓，获天皇恩准后才公开自称德川的。尽管不清楚这是何时捏造的故事，总之，其根据是得川义季的子孙亲氏被迫随父离开所领，四处漂泊，最后流落到松平乡，入赘当地豪族后改名松平亲氏。之所以要改姓氏，是因为他以一介国人之身平定了三河国，成了国持大名。要想立于出身将军家系的吉良氏之上，与同为将军家系的邻国大名今川氏及其他诸国大名平起平坐，就需要粉饰自己的家系和出身。而早先自称源氏，后又创造出藤原氏宗谱、改称藤原氏的原因在于，在没有将军的情况下，必须依靠关白获得官位。但除此之外，也因为三河国的原守护家一色、细川是足利系的源氏，还有吉良、今川也是源氏，要想自称为三河守、与他们对抗，从政治上来看，藤原氏是比较合适的选择。所以，在天正十四年十月上洛前夕，家康在九月发出的文书上就署名为“三位中将藤原家康”。

但是，据天正十六年的《聚乐行幸记》记载，在当时诸大名联署的三条誓词上，家康的署名是“大纳言源家康”（前一年八月叙任从二位权大纳言）。说明他不久之前又从藤原氏改回了源氏，后来就一直使用源氏。笠谷氏将家康这次对氏名的更改与同年正月义昭从备后的鞆上洛、出家并冠法号昌山一事联系起来，认为因为兼任源氏长者的足利将军家灭亡了，所以家康才以征夷大将军为志向，公然自称为源氏。这一观点虽然还有待深入研究，但若只谈家康的志向也不是不可能。然而，若将其上升到国家体制的层面，说丰臣的关白政权已经包含了实质上的德川将军制，似乎有些言过其实。因为在法令、规定和公事方面，秀吉仅仅将东国委托给了家康，西国则委托给了毛利，就是要将家康的影响力限制在东国。

关原合战后，为了当上将军，家康被迫重新调整宗谱，于是又设法得到了吉良家的宗谱。足利的祖先是上述新田义重的弟弟义康，吉良氏出自其曾孙。现在足利一族已经完全没落，那么只要自称是义康之兄、新田义重的子孙，就可以取代足利，自称为源氏长者。于是，在当上将军的八年后，庆长十六年，家康在上洛时奏请天皇追赠新田义重为镇守府将军，追赠父亲广忠为权大纳言，得到恩准。由此，家康完成了对自身宗谱的粉饰。

将军的威光与权限

在家康就任为将军的那一年四月，十一岁的秀赖晋升为正二位内大臣。秀赖的愿望自然是将来当上关白，主宰政权。但是，在关原合战那一年的十二月，摄关家的九条兼孝却就任了关白一职。这当然是家康的策略。丰臣家世袭关白两代即止，关白一职回到了藤原家手中，此事受到公家欢迎。虽然这件事并没有完全断绝秀赖将来就任关白的可能性，但毫无疑问，家康正在想方设法阻止丰臣家恢复关白政权。同时家康增加天皇家、公家的领地，提出再兴朝廷仪礼，博得了他们的欢心，所以若无家康的同意，秀赖是绝不可能就任关白的。

家康就任将军一事完全改变了秀赖和众大名的关系。比如大名的贺年礼，在关原合战结束当年的庆长六年正月，大名先向秀赖行礼，再向家康行礼。但在庆长八年正月，大名为了向家康行礼而全都集中到了伏见城。不过，家康命令他们先向秀赖贺年，他们才连夜赶到大坂，在元旦当天向秀赖行礼，二日再到伏见向家康行礼。家康就任将军后，不仅是家康本人，大部分大名在元旦都不再去大坂，而是去给家康、德川氏拜年。正是武家栋梁与将军的地位令其如此。

更重要的是，在就任将军的第二个月，家康不仅下令给自己的家臣和谱代大名，还命加藤清正、细川忠兴、前田利长、伊达政宗等大外样大名营造和扩建江户市区。为了营建适合将军居住的城郭和天下第一的城下町，第一期工事通过开挖神田山、填埋湿地和江户湾岸等工程，修筑了神田、日本桥、京桥等町人地。此举清楚地向全国表示，家康将军代替秀吉关白，拥有了以军役（知行役）的形式向全国所有大名征收普请役的权力。那之后，一直到二代将军秀忠时期，全国大名连年承担江户城的普请役，一直到三代将军家光时代才终于完成。不仅如此，他们还承担了从庆长十二年到十三年营建家康居城骏府城、庆长十四年营建名古屋城等普请役。

另一件重要的事是，庆长九年秋，家康命令全国大名提交记录领知额和物成额（年贡额）的乡账和国绘图（次年提出）。前面我们提到过，秀吉在天正十九年也让大名们提交了御前账和国绘图，所以家康相当于继承了秀吉的政策。他的目的在于向世人展示，将军作为武家栋梁代替关白，把握了诸大名的领知情况和军役赋课的基准石高，同时也掌握了全国土地的领有权。

第三节 ｜ 大坂之阵

将军世袭

就任将军当年的七月，家康将三子秀忠的长女千姬（七岁）嫁给了秀赖，一是为了完成与秀吉生前的约定，二是为了促进与丰臣家的融合。但在十二年后的大坂夏之阵，丰臣家灭亡了。这场战争后，德川政权终于坚如磐石，并在此基础上进入了“太平盛世”。下面，就让我们来看看这场带来如此转变的、武士之间最后的战争，如何以统一与“和平”为主题，为长达半个世纪的战争时代落下帷幕。

家康就任将军仅两年，就把这个职位转让给了三子秀忠，是为了向世人表明德川政权是世袭的。为了接受将军就任的圣旨，秀忠于庆长十年（1605）二月二十四日率领东国诸大名从江户出发，于三月二十一日抵达伏见城。所率军队绕道木曾路，与信浓、甲斐的部队会合，据说总人数多达十几万，其兵力之强盛、装束之豪华，令京城中看热闹的人大开眼界。四月十六日，秀忠在伏见城接受敕使宣旨，第二代将军由此诞生。

这样一来，丰臣家让秀赖接替家康主宰政权的希望就彻底断绝了。第二代将军诞生一个月后，家康通过在京都的秀吉正室（北政所、高台院）传话，要求秀赖上洛。这显然是要求秀赖祝贺秀忠就任将军（以示臣服），淀殿表示激烈反对，并回答说如果一定要逼他们上洛，那她就和秀赖一起自杀。听到这话，大坂的町人们都担心会发生战争，甚至收拾行李准备出逃。于是家康派六子松平忠辉作为新将军的名代去向秀赖道安，算是摆平了这件事。翌年，家康在上洛后向朝廷提出，今后若无幕府推举，不得授予任何人武家官位。一般认为，此举是为了排除大名通过丰臣家获得官位的可能。

就这样，丰臣家的生存空间一点点缩小，但家康对秀赖还是采取了与其他大名不同的待遇。其一是在营建江户城及其城下町时，没有让秀赖承担普请役。另外根据白峰旬的研究，庆长十一年江户城普请役的八名奉行中有两名是秀赖的家臣，说明形式上丰臣家仍旧承担着政府的部分职能。不过，这虽表明德川政权十分谨慎，一边摆出尊重丰臣家的姿态，一边加紧确立霸权，但并不能说丰臣家与德川将军家地位平等。

与此相关，不论家康还是秀忠，都没有在当上将军后马上向大名们统一下发领知安堵（承认领有）状或分封状，不像后世的将军那样只要换代就授予大名们领知朱印状，这确实是一个问题。在丰臣家灭亡两年后，元和三年（1617），秀忠在上洛时对三河以西的谱代大名和外样大名（不是全部）以及公家、寺社下发了领知朱印状。这是因为丰臣家已经灭亡。但是关原合战后，实质上实行知行分封和承认的是家康，不是丰臣家。家康也不是完全没有下发过分封状，但大多是派亲信口头传达，或者与奉行大久保长安、加藤政次、伊奈忠次联署发布。承认大名家的家督继承、制定寺法的都是德川家。丰臣家根本没有可能单独行使与之匹敌的权限。但是，丰臣家的存在，确实在一定程度上限制了将军对领知朱印状的授予。

大御所和将军

秀吉死后，家康以伏见城（一时曾在大坂城）为中心执行政务，秀忠则驻守江户城。这种形式在秀忠就任将军后还持续了好长时间。直到庆长十二年，家康才移居骏府城，以骏府城为大御所，实质上操控着幕府。同时，德川家的谱代重臣以及优秀的实务奉行都被安排在江户，以辅助秀忠执政。秀忠的属下有年寄（相当于后来的老中）大久保忠邻和本多正信，另外，还有江户奉行、关东总奉行青山忠成、内藤清成以及关东郡代伊奈忠次等人。

在骏府城家康的身边，以本多正信之子本多正纯为首，有大久保长安、成濑正成、安藤直次等人。不仅如此，家康还聘用了很多智囊，不但有金地院崇传和南光坊天海（僧侣）、林罗山（学者）、日野唯心（公家）等人，还有庆长五年漂泊到丰后的荷兰商船立弗德号[1]上的船员威廉·亚当斯（三浦按针）

---

1 立弗德号，荷兰商船 *De Liefde* 号。于 1600 年 4 月 19 日漂流到丰后国（今大分县）。船员威廉·亚当斯（William Adams，日本名三浦按针）和杨·约斯滕（Jan Joosten，日本名耶杨子）受到德川家康信任，成为江户幕府的外交顾问。

和杨·约斯滕等人。这些智囊参与了家康关于大名、朝廷、寺社、外交、贸易等许多重要政策的决策。另外，参与了幕府的金币铸造与发行以及幕府财政的后藤庄三郎光次、参与了征调军需物资和收集情报的京都吴服商和贸易商茶屋四郎次郎以及长崎奉行长谷川藤广等人也与家康关系密切，对家康的流通、贸易及外交政策都有很大的影响。

依靠这样的幕僚班子，家康主导了幕府政治。大名们甚至会请求家康承认其领知。但是在形式上，家康基本上还是先让秀忠发行安堵状、分封状，然后自己再许可，同时要求大名们效忠将军。可见秀忠所承担的将军权力作为武家栋梁、全国政权而言还有些稚嫩，家康还不得不利用前任将军的经验以及长期以来与各大名建立的个人关系来补充将军权力，说明在当时的情势下二元政治还是必要的。这既是家康从秀吉政权继承的失败中吸取的教训，也是家康善于忍耐、行事慎重的性格所致。

总之，对家康来说，重要的是如何控制外样大名以及他们集中所在的西国。他们虽然在关原合战中对家康表示忠诚，战后也接受了家康的褒奖，但那都和将军家康无关，与秀忠之间更没有任何个人层面上的关系。所以家康极度防备他们与秀赖、天皇和公家之间产生关联。家康长期居住伏见城的理由也在于此。为此，家康采取了亲自对东海以西的大名行使军役征课权和军事指挥权、让秀忠对甲信越以东大名行使同等权力的方法。这样一来，所谓的武家栋梁也成了一种二元构造。庆长十年，陪同秀忠上洛接受将军宣旨的大名成员便表现出这一点，庆长十六年陪同家康上洛的大名成员也表现出了这一点。大坂之阵也一样。家康的存在意义重大，正因为有他在，德川政权的存续基础才得以巩固。

方广寺钟铭文问题

主导并实际操控天皇的让位和即位，对统一政权来说是一种从实质上将天皇拉进己方阵营的手段，因而受到重视。庆长十六年三月，家康时隔五年上洛，是为了作为将军的名代执行从后阳成天皇到后水尾天皇的皇位交接。十七日，在京都入口处接受西国大名和公家的迎接后，家康进入了二条城。这次上洛还有两项重要的计划。其中一项是要秀赖上洛以便与其会面。他通过织田有乐（长益）向秀赖一方转达了自己的意向。在举行让位仪式的二十七日，秀赖从大坂出发，在淀住宿一晚，然后接受家康之子义直、赖宣以及池田辉政、加藤清正等人的迎接，第二天到达二条城。能够说服秀赖上洛，可谓多亏了加藤清正。而清正在见证了这次会面的三个月后便去世了。

秀赖在与家康互相行礼之后接受了盛宴款待。这次会面有秀吉正室高台院在场作陪。随后秀赖参拜了丰国神社，参观了正在重建的方广寺，然后从伏见乘船，于傍晚六时回到大坂。《当代记》记录说，当时，不仅大坂全城人心雀跃，连京畿的老百姓也兴奋不已。任谁都觉得战争的危机已经过去。

家康在举行即位仪式的四月十二日当天实施了另一项计划。他将在京的各位大名召集到二条城，让他们发誓不违背以下三条规定：第一条是“应如遵奉右大将家（源赖朝）以后代代公方（将军）的仪式一般遵奉该法令”；第二条是不得在自己的领国内藏匿违背法令和主君命令之人；第三条是如果属下武士等人犯了谋反或杀人罪，不得相互包庇。其中第二条和第三条后来被武家诸法度继承。其意义在于利用签字誓约书这种形式，让大名们发誓遵守将军的法令和主君命令。利用天皇即位之日，大概是模仿了秀吉当年行幸聚乐第时对诸大名约法三条的行为。而不得不选择这样的时机，则说明了这份誓约对于德川政权的建立来说有多么重要。

在誓约书上署名的一共有二十二人。除自己门下的越前松平忠直以外，细川、池田、福岛、岛津、森、前田、毛利、京极、加藤、浅野、黑田、藤堂、蜂须贺、山内等人都是加贺、飞驒地区以西的外样大名。而同样内容的、针对东国大名的誓约书，则在次年庆长十七年正月五日，由津轻、最上、伊达、上杉等十一位大名和佐久间、真田、小笠原、酒井等五十位大名分成两组签署。由此，除秀赖外的主要大名都在誓约书上签了名。

此后，家康开始动手消灭丰臣家。庆长十九年，他对秀赖致力于再建的方广寺大钟的钟铭寻衅。让我们先来简单回顾一下方广寺的历史。

方广寺是秀吉在京都建造大佛时，为安置大佛而修建的寺院。为了与奈良时代天皇为镇护国家而建的奈良大佛对抗，同时也为了显示自己超越天皇的权力和财富，秀吉着手在京都建立大佛。京都大佛和方广寺不但是关白镇护国家的象征，同时也具备丰臣家氏寺的性质。

然而，这座方广寺和大佛一直很不走运。虽然在天正十四年前后就开始营建，但由于寺址变更和出兵朝鲜等原因而几次中断，其间经过九年，直到文禄四年才终于建成。秀吉迫不及待，当年九月就在方广寺为已去世的父母举办了千僧供养。但是，因为急于建成，大佛不是青铜制，而是涂漆贴金箔的木像，在第二年庆长元年发生的地震中倒塌了。为此，秀吉把信州善光寺的善光寺如来请来做本尊，但传说因此遭到报应，身患重病，于是又在去世的前一天物归原处。

秀吉死后，秀赖开始了重建工程。庆长七年十二月，在用唐铜铸造的大佛快要完成时，因为铸工不小心引起大火，大佛和大佛殿都被烧毁了。但秀赖还是不死心，又着手重建，并将秀吉遗留给他的几万两黄金都毫不吝惜地投进去，铸成了一尊高达 19 米的巨大铜佛。庆长十九年四月，又铸造高达 3.2 米的巨大梵钟，硬是完成了重建工程。

负责大佛营建的片桐且元为了举办大佛开眼供养，在当年五月亲赴骏府城征求家康同意，并获准在八月三日举行。但是到了七月底一切基本准备就绪时，家康却突然下令延期举办，并要求把梵钟铭文和大佛殿的上梁匾[1]文送来审查。结果，家康认为铭文中的“国家安康”是想用“安”字分隔“家康”，而“君臣丰乐”则有以丰臣为君、享乐天下之意，都是对德川家的诅咒。起草铭文的禅僧和片桐且元火速赶赴骏府城辩解，但家康根本不见他们。所谓梵钟铭文问题本来也不过是家康消灭丰臣家的一个借口。

方广寺钟铭文（京都市东山区）

大坂冬之阵、夏之阵

片桐且元想要找到双方都能接受的折中办法，但是在家康巧妙的离间策略之下，他在大坂阵营中被孤立，终于在十月一日退出了大坂城。家康立刻决定攻打大坂，命令远江、三河以西的大名出阵，他自己也在十月十一日从骏府城出发，于二十三日进驻京都二条城。但是，他命令受丰臣恩惠的福岛正则、黑田长政、加藤嘉明、平野长泰留守江户。这大概是为了防止他们向大坂一方通风报信。秀忠命令东国大名出征，自己则于二十三日从江户出发，十一月十日进驻伏见城。家康早就为这一天做好了

1 上梁匾，日语为“栋札”。上梁时记载该建筑各种信息的木牌。

准备，他从英国、荷兰等国的商人手中购买了欧洲制造的大炮，还通过亲信商人囤积了炮弹用的铅和火药，兵粮也很充足。

而大坂一方则是在家康的挑衅之下被迫应战，所以只能匆忙征调军需物资。除了从周边地区征购大米外，还征收了福岛正则、黑田长政、加藤忠广（加藤清正之子）等大名在大坂城下町所藏的大米和商人的大米，合计二十万石左右，储备在城郭内。同时购买了许多火药。兵力方面，尝试鼓动福岛正则等曾经接受丰臣恩惠的大名加入己方阵营，但都没有成功。没有一个以自家存续为第一要务的大名加入丰臣一方，这大概就是丰臣方最大的误判。代替他们成为丰臣阵营主力的是大量的浪人和日用（短工）等人，其数量远超大野治长、大野治房两兄弟和木村重成等丰臣家的直属家臣。这些人都是以金银雇用来的。但其中也有真田幸村、长宗我部盛亲、后藤又兵卫基次、毛利胜永、明石扫部等大名级浪人，他们得到了分封领知的承诺，于是在夏之阵中表现得格外英勇。总之，包括城中的妇女、城下町的町人、周围的百姓在内，共有超过十万人在包含了一部分町人地的大坂城总构内进行守城战。

冬之阵于十一月中旬开始，德川阵营用近二十万大军把大坂城包围得水泄不通。但大坂城不愧为天下名城，四周以坚固的总构环绕，易守难攻。进入十二月，德川阵营的本多正纯、后藤光次和丰臣阵营的大野治长、织田有乐开始议和，但没有进展。十七日，敕使来到位于茶臼山的家康大本营，提议由天

《大坂冬之阵图屏风》 德川军包围了大坂城（德川美术图馆藏）

皇出面调停，但遭到家康拒绝。后来丰臣阵营倾向于接受非常苛刻的和谈条件，据传是因为全副武装指挥守城的淀殿居所被家康军炮击，坚强的淀殿一下子失去了斗志。

十八日，淀殿之妹——已故的京极高次之妻常高院出城，与家康侧室阿茶局交涉，三天之后和谈终于成功。和谈的争议点之一——让淀殿去江户做人质这一条虽然没有了，但增加了拆除总构与三之丸、二之丸并回填护城壕沟的条件。德川一方立刻开始拆除，甚至强行回填本来由丰臣一方负责的二之丸壕沟。丰臣阵营本来就有很多人对议和很不满意，到了三月，他们又把壕沟挖开，纠集了大量浪人准备战争。四月，家康和秀忠下令再次攻打大坂城。

四月底，大坂夏之阵开始。丰臣阵营因为大坂城仅剩下本丸，不可能据城抵抗，便在大坂南部摆开阵势，攻击德川军。后藤又兵卫、毛利胜永、真田幸村、长宗我部盛亲、木村重成等人在道明寺（今大阪府藤井寺市）、八尾（今大阪府八尾市）、若江（今大阪府东大阪市）等地奋勇作战。五月七日，真田幸村率部冲进家康的大本营，奋战至力竭而亡。大野治房虽逼近了秀忠的大本营，仍终至败退。午后四时，大坂城本丸起火。大野治长将秀赖的正室、秀忠之女千姬带出城，并请求秀忠饶秀赖母子一命，但被拒绝。五月八日，秀赖母子与大野治长、治长之母大藏卿局等人在大坂城内的山里曲轮自杀。当时秀赖年仅二十三岁，据说淀殿也只有四十九岁左右。秀赖之子国松（八岁）逃到伏见，被抓捕后在京都六条河原斩首。七岁的女儿则被送到镰仓东庆寺为尼（天秀尼）。至此，丰臣家族灭亡。

淀殿断然拒绝向家康臣服。与其母阿市相似，她的结局代表了战国女性的一种生存方式。与之相对，高台院在秀吉死后落发出家，终日为夫君祈福，在目睹了丰臣家的灭亡之后，直到宽永元年（1624）才以七十六岁高龄去世。她的生存方式，同样也是战国女性所选择的道路之一。

结束语

庆长二十年（1615）五月，以大坂夏之阵的终结为标志，战争时代结束了。自 1467 年爆发应仁之乱起，一百五十年的时间过去了。室町幕府灭亡，几乎所有的守护家也随之灭亡，武士取而代之，构成了新的统治阶层。他们中的大部分原本以村落为生活和经济基础，现在却成为都市生活者，居住在城郭周边的指定地区。

在京都之外，统一政权的首都以城郭为中心、有计划地建立起来，并以成为各个政权时期的全国最大城市为目标。而其迷你版则是各大名领地的城郭。这一都市理念诞生于信长时期，成型于秀吉时期，决定了各地都市的基本形态。城下町以外的町也基本上得到重建。在这个时代，武士从自身的立场出发，探索都市的理想形态，创造并改造了都市。都市作为武士和町人（商人、工匠）的居住空间，与村落明确区分开来，通过都市建设吸收了士、工、商，并形成按身份和阶层区分的空间。而除此以外的地方则被称作村落，从前的寺内町等作为市区的地方，只要没有被认定为町，也被看作村落，即使该地有经商和从事手工业的人，他们也不可能获得町人身份。构成村落的基础是百姓（农民）。

像这样，以村和町为基本统治单位，所有人都拥有某一种身份，不同身份之间的移动被严格禁止，并诞生了相应的身份制度，下克上的现象终于消失了。将军地位至高无上、政治权力集中于武士身份的社会体制由此形成。家康耗费了最多的心力去创造这种制度，最终形成了在将军和幕府的控制下，武士、天皇、公家、僧侣、百姓、工匠、商人、秽多、非人等人按照各自的身份或共同体与地区形成社会和组织，各司其职的社会秩序。表面上看这是一种极端精致和巧妙的统治体制。至今仍束缚着我们的“官家”意识以及中央政府对许可权的独占都与这种体制有关。

通过将各种身份的人限制在各自的活动场所中，这种体制终于得以完成。但是，村和町这种共同体和自治组织基本上从室町时代起便已经形成，其中，有人专事耕作，有人精于经商，还有人同时从事两种行当。政权既非想要解散这样的共同体，也不是要破坏居民的自治意识。他们只不过是通过检地重新构筑了与共同体的关系而已。即便原来的市区被重新规定为村，其中的居民被规定为百姓，经营商业、手工业、运输业、金融业的人也并没有被从村中完全排挤出去，商业作物的制造、加工业的经营仍在继续。生产和生活在很多层面得以维系。所以其内部矛盾和对立也仍然存在。是居民自己承担起了解决这些矛盾和对立的运动。

这样看来，我们可以认为，这五十年来统一政权的战争和政策，将武士、奉公人从村落和町人地中剥离出来，封闭在一个狭小、闭塞的金字塔里，结果将其余更加广阔的空间（当然，这只不过是一种有条件的“和平”空间）都在实质上开放给了被统治的人。

附　录

年表

公历	年号	天皇	将军	日本	世界
1568	永禄十一年	正亲町	义荣 义昭	二月，三好三人众推举足利义荣为第十四代将军。织田信长攻打北伊势，以三男信孝为神户具盛养子。 九月，信长拥戴足利义昭入京。义荣病殁（31）。 十月，义昭就任第十五代将军。信长废除分国关所。 十二月，武田信玄攻克骏府城，今川氏真逃至远江挂川。	
1569	永禄十二年			一月，三好三人众攻打本圀寺足利义昭。 三月，信长发布选钱令。信长允许路易斯·弗洛伊斯居住在京都。 五月，今川氏真将挂川城交给德川家康（今川家灭亡）。 六月，北条氏康与上杉辉虎结成相越同盟。 十月，信长平定伊势，以次男信雄为北畠养子。	
1570	元龟元年			六月，信长、家康在近江姊川打败浅井长政、朝仓义景（姊川之战）。	

续表

公历	年号	天皇	将军	日本	世界
				九月，本愿寺显如与信长开战。 十一月，伊势长岛一向一揆杀死织田信兴。	
1571	元龟二年			一月，武田信玄平定骏河。 六月，毛利元就殁（75）。 九月，信长火烧延历寺。 十月，信长向京都町人发放借米，利润进献给天皇。北条氏康殁（57）。 十二月，北条氏政与上杉谦信断交，与武田信玄和解。	这一年，西班牙占领马尼拉（菲律宾）。
1572	元龟三年			九月，信长颁发声讨足利义昭的十七条意见书。 十一月，信长与谦信结盟。 十二月，细川藤孝接受三条西实枝讲授古今。信玄在远江三方原击败家康（三方原之战）。	
1573	天正元年			二月，义昭举兵。信长在御所包围义昭，烧毁上京后和解。武田信玄殁（53）。 七月，义昭在山城槙岛再次举兵，后失败。信长驱除义昭（室町幕府灭亡）。信长任命村井贞胜为京都所司代。	

续表

公历	年号	天皇	将军	日本	世界
				八月，信长平定越前，逼迫朝仓义景自杀（41）。攻克并消灭近江小谷城的浅井长政（29）。浅井旧领被分给羽柴秀吉。	
1574	天正二年			一月，越前一向一揆击退信长部将，控制一国。 六月，武田胜赖攻陷远江高天神城。 九月，信长消灭长岛一向一揆。 十一月，医师曲直濑道三著医书《启迪集》。 同年，信长将据传为狩野永德所画《洛中洛外图屏风》赠给谦信。	
1575	天正三年			三月，信长发布德政令，取消了门迹、公家的债务。 五月，信长、家康在三河长筱打败武田胜赖（长筱合战）。 七月，长宗我部元亲平定土佐。 八月，信长镇压越前一向一揆，制定国掟。 十一月，信长出任从三位权大纳言、右近卫大将。	

续表

公历	年号	天皇	将军	日本	世界
1576	天正四年			二月，义昭移居毛利领地备后鞆。信长修筑并移居安土城。 五月，信长命筒井顺庆统治大和。与谦信、显如结盟。 七月，毛利辉元军击败信长水军，为本愿寺运送兵粮。京都南蛮寺改建。	
1577	天正五年			二月，信长攻打纪伊杂贺众。 六月，信长定安土城下町为乐市。 九月，谦信攻陷能登七尾城，在加贺打败柴田胜家。 十月，织田信忠攻打大和信贵山城，逼迫松永久秀父子自杀。羽柴秀吉受信长之命出征中国地区。 十一月，信长出任右大臣。	
1578	天正六年			三月，上杉谦信殁（49）。 五月，谦信养子景胜和景虎争夺家督之位（御馆之乱）。 四月，信长辞任右大臣、右大将。	

续表

公历	年号	天皇	将军	日本	世界
				六月，上杉景胜与武田胜赖结盟（越甲同盟）。 七月，毛利攻打播磨上月城，尼子胜久自杀（26）。 九月，北条氏政定武藏世田谷新宿为乐市。 十月，摄津有冈城的荒木村重背叛信长，与显如结盟。 十一月，信长水军用九鬼嘉隆监造的铁船击败毛利水军。信长征讨荒木村重。岛津义久在日向高城、耳川打败大友义镇（宗麟）。	
1579	天正七年			三月，上杉景胜攻打上杉景虎，景虎自杀。 五月，信长在安土城下裁定净土宗和法华宗宗论。 七月，明智光秀平定丹波。耶稣会远东观察员范礼安抵达肥前口津。 十月，宇喜多直家背叛毛利，投靠信长。	
1580	天正八年			一月，秀吉攻打别所长治，长治自杀。 闰三月，本愿寺显如与信长和解。 四月，大村纯忠向耶稣会捐赠长崎、茂木两地。 六月，英国商船到达平户。	八月，西班牙吞并葡萄牙。

续表

公历	年号	天皇	将军	日本	世界
				八月，信长命令拆毁大和等地城寨。信长驱逐佐久间信盛父子。 九月，信长命大和寺社、武士提交所领指出。 十一月，柴田胜家镇压加贺一向一揆。同年春夏，诸国两次流行疫病。奥尔冈蒂诺在安土建教堂。	
1581	天正九年			二月，范礼安谒见信长。正亲町天皇观览信长举办的马会。 四月，信长命堀秀政征收和泉指出。 五月，京都发生大洪水，四条大桥被冲毁。 八月，信长斩杀数百名高野圣。 十月，秀吉攻陷鸟取城，吉川经家自杀。 十二月，武田胜赖移居甲斐韭崎新府城。同年，藤堂高虎镇压但马一揆。	十二月，应义昭请求，朝鲜为京极晴广取得勘合铜印。
1582	天正十年			三月，信长攻甲斐，守军武田胜赖自杀（37）。信长制定甲斐、信浓国掟。 五月，信长命织田信孝出征四国。秀吉包围备中高松城的清水宗治。	一月，大友、大村、有马向罗马教皇派遣少年使节团（天正遣欧使节团）。

续表

公历	年号	天皇	将军	日本	世界
				六月，明智光秀突袭本能寺，信长在本能寺被迫自杀（49），信忠在二条御所被迫自杀（26）（本能寺之变）。秀吉命宗治自杀，与毛利辉元和解，在山崎之战中击败光秀。光秀被农民所杀（55）。召开清洲会议，定织田秀信为织田家后嗣。 七月，秀吉实行山城检地。 八月，长宗我部元亲平定阿波。 十月，在甲斐对峙的家康与北条氏直和解。	
1583	天正十一年			三月，岛津义久驱逐传教士。 四月，秀吉在近江贱岳击败柴田胜家。前田利家投降秀吉。胜家（62）在越前北庄城与夫人阿市自杀。秀吉平定加贺、越中。 七月，各国遭遇大雨、洪水。 八月，秀吉向诸将分配领国。 九月，秀吉开始修筑大坂城。同年，路易斯·弗洛伊斯开始著述《日本史》。	

续表

公历	年号	天皇	将军	日本	世界
1584	天正十二年			三月，织田信雄与家康结盟，与秀吉断交。秀吉出兵。家康在清洲见信雄，布阵小牧山（小牧、长久手之战）。龙造寺隆信在肥前岛原与岛津交战，战败身死（56）。 四月，家康在尾张长久手击败秀吉军。 五月，秀吉许可重建延历寺。 六月，西班牙商船首次抵靠平户。 十一月，秀吉与信雄和解。 十二月，家康与秀吉和解，送次子秀康为秀吉养子。	
1585	天正十三年			三月，秀吉镇压纪伊的根来、杂贺一揆。 五月，秀吉赠本愿寺大坂天满地。 七月，秀吉出任关白，改姓藤原。长宗我部元亲投降秀吉，四国平定。 十月，秀吉命岛津义久等九州大名停战。秀吉举办禁中茶会。 十一月，近畿、东海大地震。	二月，天正遣欧使节团谒见罗马教皇格列高利十三世。
1586	天正十四年	后阳成		四月，秀吉为建京都方广寺大佛殿向诸国征收木材。	

续表

公历	年号	天皇	将军	日本	世界
				五月，家康迎娶秀吉之妹。 六月，上杉景胜在大坂城臣服于秀吉。 十月，家康在大坂城臣服于秀吉。 十二月，家康移居骏府城。秀吉出任太政大臣，获赐丰臣姓。	
1587	天正十五年			一月，羽柴秀长废除奈良、郡山的座。 三月，秀吉从大坂出发，平定九州。 五月，岛津义久投降秀吉。 六月，秀吉发布伴天连（传教士）驱逐令。 八月，肥后国人、百姓爆发一揆，攻打佐佐成政的隈本城。 九月，秀吉从大坂移居京都聚乐第。 十月，举办北野大茶会。同年，铸造“天正通宝”铜币。	
1588	天正十六年			四月，后阳成天皇行幸聚乐第。秀吉没收长崎教会领，任命锅岛直茂为长崎代官。 闰五月，为承担肥后一揆之责，秀吉命佐佐成政自杀。 七月，秀吉发布刀狩令和海盗停止令。	这一年，英国海军击败西班牙无敌舰队。

续表

公历	年号	天皇	将军	日本	世界
				九月，秀吉废除铁匠、木匠等工匠的座。同年，京都金工后藤德乘受秀吉之命铸造“天正大判”。	
1589	天正十七年			六月，伊达政宗消灭芦名氏。 七月，秀吉命上杉景胜、佐竹义重讨伐伊达政宗。 十一月，秀吉烧毁京都南蛮寺。北条违反秀吉裁定，抢夺真田领国上野名胡桃城。秀吉命诸大名做好来春讨伐北条的准备。	
1590	天正十八年			三月，秀吉从京都向小田原进发。 四月，秀吉包围小田原城。 六月，范礼安带回遣欧使节团，印刷机传入。 七月，北条氏直投降秀吉。秀吉将关东北条领封给家康。秀吉出发平定奥州。 八月，家康入江户城。秀吉命令奥羽检地。 九月，狩野永德殁（48）。出羽爆发一揆。 十月，葛西、大崎爆发一揆。 十一月，秀吉在聚乐第接见朝鲜使节团。	

续表

公历	年号	天皇	将军	日本	世界
1591	天正十九年			一月，秀吉命沿海诸国建造兵船。丰臣秀长殁（52）。 闰一月，范礼安率遣欧使节团谒见秀吉。递交葡属印度总督书信。 二月，千利休自杀（70）。 四月，天王寺屋（津田）宗及殁。 七月，秀吉告知印度总督禁止基督教，要求贸易。 八月，秀吉发布身份法令（天正十九年令）。 九月，陆奥的九户政实叛乱被镇压。秀吉要求菲律宾朝贡。秀吉命令出征朝鲜。 十月，开始营建肥前名护屋城。 十二月，秀吉让关白位于秀次。	
1592	文禄元年			一月，秀吉部署朝鲜远征军。 三月，秀吉前往名护屋。 四月，小西行长的第一军从对马出发。 六月，梅北国兼在肥后举兵，被镇压。同年铸造“文禄通宝”。肥前天草刊行基督教版《平家物语》《伊曾保物语》《基督要理》（*Doctrina Christiana*）。	五月，小西行长占领汉城。 六月，行长等占领平壤。 九月，行长与明军沈惟敬和谈，休战。

续表

公历	年号	天皇	将军	日本	世界
1593	文禄二年			一月，蛎崎庆广到名护屋参战，秀吉承认其对虾夷岛的所有权。 六月，秀吉向大明使者提出七条和谈条件。菲律宾总督使者在名护屋谒见秀吉。 八月，丰臣秀赖出生。 十月，秀吉等人在内里紫宸殿表演能乐。 十一月，秀吉要求高山国（台湾）朝贡。	一月，日本军兵败平壤。 四月，行长接受沈惟敬的和议条件，休战。日本军从汉城撤退。
1594	文禄三年			二月，秀吉、秀次等人在吉野赏花。 三月，秀吉开始扩建伏见城。拆除山城淀城。 九月，秀吉在萨摩、大隅、日向实行检地。 十月，常陆实行检地。同年，数名基督徒在长崎被处刑。	十二月，小西行长使者内藤如安向大明皇帝保证和谈。
1595	文禄四年			一月，秀吉命上杉景胜加快开发越后、佐渡金银山。 七月，秀吉逼丰臣秀次（28）在高野山自杀。家康、毛利辉元等向秀赖发誓效忠。 八月，家康等六人联署五条御掟、九条追加御掟。石田三成成为近江佐和山十九万石大名。	一月，大明册封使从北京出发。

续表

公历	年号	天皇	将军	日本	世界
1596	庆长元年			一月，秀吉命毛利辉元、小早川隆景、吉川广家等人修筑淀川河堤。 闰七月，丰后发生大地震、大海啸。畿内大地震。伏见城、方广寺等建筑毁坏。 八月，西班牙帆船圣费利佩号（*San Felipe*）漂流到土佐。秀吉没收该船全部货物。 九月，秀吉在大坂城会见明使，拒绝大明册封，决心再次出兵朝鲜。 十二月，秀吉在长崎处决二十六名基督徒（二十六圣人殉教）。	一月，小西行长与沈惟敬从釜山出发前往名护屋。
1597	庆长二年			一月，秀吉第二次出兵朝鲜。 二月，秀吉部署朝鲜远征军。 三月，秀吉制定五人组、十人组制度。制定《长宗我部元亲百条》。 四月，秀吉制定诸国麦年贡比例。小濑甫庵《医学正传》刊行。 五月，路易斯·弗洛伊斯（65）殁于长崎。 六月，秀吉命小西行长、加藤清正等人开始进攻朝鲜。	七月，小西行长等人在巨济岛打败朝鲜水军。 九月，朝鲜水军的李舜臣在鸣梁打败日本水军。 十二月，明朝联军围攻蔚山城。

续表

公历	年号	天皇	将军	日本	世界
				七月，秀吉移善光寺如来像到方广寺大佛殿。 八月，足利义昭殁（61）。	
1598	庆长三年			一月，秀吉将蒲生秀行从会津转封到宇都宫，将上杉景胜从越后转封到会津。 三月，秀吉在醍醐寺赏花。 七月，秀吉命家康等人发誓效忠丰臣秀赖。 八月，五大老和五奉行联名签署誓约书。秀吉返还善光寺如来像。秀吉殁于伏见（62）。朝鲜的日本诸武将受命撤军。 十二月，日本军基本撤退完毕。	一月，毛利秀元等人救援蔚山守城军。 十一月，明、朝水军阻止日本军撤退。李舜臣战死。
1599	庆长四年			一月，秀赖从伏见城移居大坂城。前田利家等人以违反秀吉法令为由诘问家康。次月和解。 闰三月，前田利家殁（62）。加藤清正、黑田长政等人计划攻击石田三成。三成退往佐和山城。 四月，天皇赐秀吉丰国大明神神号。丰国社举行正迁宫。 九月，家康入驻大坂城西之丸，开始执政。	

续表

公历	年号	天皇	将军	日本	世界
1600	庆长五年			二月，上杉景胜在会津城西筑神指城。春日山的堀秀治将此事报告给家康。 三月，家康会见漂流到丰后的荷兰商船上的英国人威廉·亚当斯。 六月，家康为出征会津离开大坂城。诸大名跟随。 七月，家康在江户制定出击会津的军法。三成举兵。毛利辉元被推为西军盟主，进入大坂城西之丸。从属于家康的福岛正则等人率军从下野小山西进。 八月，西军攻陷伏见城，鸟居元忠战死。 九月，东军在美浓关原大败西军（关原合战）。 十月，三成、小西行长、安国寺惠琼等人在京都被处刑。辉元被减封至周防、长门两国。 十二月，长宗我部盛亲（因参与西军被改易）遗臣发动的浦户一揆投降。	五月，被俘虏并带到日本的朝鲜儒者姜沆回国。同年，英国东印度公司成立。
1601	庆长六年			一月，家康完善东海道传马制。 二月，家康封诸谱代家臣为大名，配置在关东、东海地区。	十月，家康写信给菲律宾总督，并回信给安南国，联络创立朱印船制度之事。

续表

公历	年号	天皇	将军	日本	世界
1602	庆长七年			三月，家康从大坂城移居伏见城。 五月，家康裁定高野山学吕方和行人方的争论。在伏见设立银座，铸造丁银、小粒银。 六月，家康将佐渡金山收归直辖。 八月，上杉景胜从会津减封至出羽米泽，领三十万石。板仓胜重成为京都所司代。 二月，本愿寺东西分立。 四月，岛津氏久得到家康对萨摩、大隅、日向的所领承认。 六月，家康将金泽文库典籍转移到江户城中的文库。交趾船到达肥前，赠礼物于家康。 七月，佐竹义宣从水户转封秋田。 八月，漂流的西班牙船在土佐清水冲与日本船交战。家康返还被俘船员，保证保护西班牙人。 十二月，家康在关东发布禁止杀害百姓等法令。重建中的方广寺大佛殿被烧毁。同年，海北友松画成《山水图屏风》。	六月，菲律宾总督承诺保护朱印船，同时要求保护修道士。同年，荷兰东印度公司成立。

续表

公历	年号	天皇	将军	日本	世界
1603	庆长八年		家康	二月，家康出任征夷大将军（江户幕府开始）。 三月，通过诸大名的普请役，江户市区建成。制定关东乡村掟，规定逃散农民回村和直接申诉等事宜。 四月，丰臣秀赖出任内大臣。出云阿国在京都表演歌舞伎。 七月，德川秀忠之女千姬出嫁秀赖。同年，《日葡辞书》成书。	一月，家康写信给柬埔寨国王，通知创立朱印船制度。
1604	庆长九年			一月，松前庆广从幕府处获得与虾夷地交易的特权。 三月，黑田孝高殁（59）。 五月，制定丝割符法。 八月，秀吉七周年忌日，丰国社举办临时祭礼，京都町人热衷于风流舞。 十二月，从关东到九州太平洋沿岸大地震、大海啸。同年，修整东海、东山、北陆三大街道，设置一里冢。	七月，朝鲜国王允许对马居民在釜山经商。 闰八月，菲律宾总督请求家康允许传播基督教。

续表

公历	年号	天皇	将军	日本	世界
1605	庆长十年		秀忠	三月，家康会见朝鲜国使节，命本多征信、西笑承兑负责议和。家康刊行活字版《东鉴》。 四月，秀赖出任右大臣。家康辞任征夷大将军，秀忠接任。 五月，家康要求秀赖上京遭拒绝。同年，诸大名向幕府提交国绘图和乡账。	
1606	庆长十一年			三月，家康前往伏见。幕府要求诸大名增筑江户城。 四月，幕府上奏朝廷，授予武家官位须有幕府推举。宇喜多秀家被流放八丈岛。 八月，角仓了以在山城大堰川开舟运。 十二月，幕府铸造“庆长通宝”，停止使用永乐钱。	
1607	庆长十二年			二月，出云阿国在江户表演歌舞伎。 三月，上杉氏家老直江兼续刊行《文选》。 四月，林罗山仕幕府。 闰四月，幕府命诸大名修筑江户城天守阁和石墙。	

续表

公历	年号	天皇	将军	日本	世界
				五月，朝鲜使节到达江户城，与秀忠交换国书，日朝恢复国交。 七月，骏府城竣工，家康入住。同年，角仓了以开富士川舟运。出羽院内银山开辟。	
1608	庆长十三年			五月，京都的角仓素庵与本阿弥光悦合作刊行《伊势物语》（嵯峨本）。家康驱逐骏府的女性歌舞伎与游女。 六月，狩野光信殁。 十二月，再次命令停止使用永乐钱，公开规定永乐钱、恶钱、黄金的交换比例。同年，伏见银座迁至京都，大坂亦设银座。	五月，菲律宾总督请求幕府保护西班牙人并允许布教。同年，有马晴信的商船船员在澳门被葡萄牙人所杀。
1609	庆长十四年			五月，两艘荷兰商船抵达平户，要求通商。 七月，幕府许可荷兰商船贸易。 八月，荷兰人在平户开商馆。 九月，家康请求漂流到上总的菲律宾原总督德·维韦罗（Rodrigo de Vivero）与墨西哥贸易、派遣矿山技师。幕府没收西国大名五百石以上的大船。	三月，岛津氏久出兵琉球。朝鲜国王与宗义智缔结己酉条约。 五月，琉球王尚宁被捕，被押送至鹿儿岛。 七月，幕府命岛津管辖琉球。

续表

公历	年号	天皇	将军	日本	世界
				十二月，有马晴信击沉葡萄牙商船马德里·德·迪乌斯（*Madre de Deus*）号。与葡萄牙的贸易中断。家康写信给西班牙国王，承诺保护贸易。同年，姬路城大天守阁竣工。	
1610	庆长十五年			二月，长谷川等伯殁（72）。 八月，岛津氏久陪同琉球王谒见家康和秀忠。 十二月，家康写信给大明福建总督，请求颁发勘合符。同年，太田牛一《信长公记》刊行。	六月，京都商人田中胜介受家康之命，出航墨西哥。
1611	庆长十六年	后水尾		三月，家康上洛，在二条城会见秀赖。 四月，家康向西国诸大名展示三条法令，要求其提交誓词（武家诸法度前身）。 五月，田中胜介乘坐墨西哥总督使节比斯卡伊诺（Sebastián Vizcaíno）的船归国。比斯卡伊诺向家康、秀忠请求允许测量沿岸、进行贸易，并禁止荷兰人贸易。 十一月，准许大明商人在长崎经商。	
1612	庆长十七年			一月，秀忠向东国诸大名展示三条法令，要求其提交誓词。	

续表

公历	年号	天皇	将军	日本	世界
				三月，幕府禁止基督教，拆毁京都教堂。 四月，宫本武藏在岩流岛决斗中战胜佐佐木小次郎（岩流岛决斗）。	
1613	庆长十八年			六月，幕府制定公家法度、紫衣敕许制、“诸寺入院法度”。 九月，家康会见英国人约翰·赛里斯（John Saris），向英国国王回信，允许英国通商。	九月，支仓常长作为伊达政宗的遣欧使节从陆奥月浦出港。
1614	庆长十九年			七月，家康下令方广寺大佛开眼供养延期。 十月，家康命诸大名出征大坂（大坂冬之阵）。 十二月，两军议和。	九月，高山右近等基督徒被驱逐国外。
1615	元和元年			四月，家康命诸大名再度出征大坂（大坂夏之阵）。 五月，大坂城被烧毁。秀赖（23）、淀殿等人自杀。 六月，海北友松殁（83）。古田织部被怀疑勾结丰臣一方，被迫切腹自杀。 闰六月，发布一国一城令。 七月，家康命令拆除丰国社。制定武家诸法度、禁中并公家诸法度、“诸宗诸本山法度”。	一月，支仓常长谒见西班牙国王。九月，支仓常长谒见罗马教皇保罗五世。

参考文献

（为方便读者检索，本书对原书参考文献各条目均予保留，作者名、书名、论文名、刊物名及出版社名等均按原文照录。）

全书相关

朝尾直弘『大系日本の歴史 8　天下一統』（小学館、一九八八年）

朝尾直弘『将軍権力の創出』（岩波書店、一九九四年）

朝尾直弘他編『日本の近世』1～4（中央公論社、一九九一～九二年）

安良城盛昭『日本封建社会成立史論』上·下（岩波書店、一九八四·一九九五年）

池上裕子『戦国時代社会構造の研究』（校倉書房、一九九九年）

池上裕子他編『クロニック戦国全史』（講談社、一九九五年）

泉澄一『堺と博多』（創元社、一九七六年）

稲葉継陽『戦国時代の荘園制と村落』（校倉書房、一九九八年）

井上光貞他編『日本歴史大系』3（山川出版社、一九八八年）

『岩波講座日本歴史』近世 1·2（岩波書店、一九六三年 / 一九七五年）

『岩波講座日本通史』近世 1·2（岩波書店、一九九三年）

勝俣鎮夫『戦国時代論』（岩波書店、一九九六年）
京都市編『京都の歴史』4（学芸書林、一九六九年）
小島道裕「戦国・織豊期の城下町」『日本都市史入門』II（東京大学出版会、一九九〇年）
小葉田淳『日本鉱山史の研究』（岩波書店、一九六八年）
佐々木潤之介編『大系日本国家史』3（東京大学出版会、一九七五年）
高木昭作『日本近代国家史の研究』（岩波書店、一九九〇年）
永原慶二『大名領国制』（大系・日本歴史 3）（日本評論社、一九六七年）
永原慶二監修『戦国大名論集』全 18 巻（吉川弘文館、一九八三～八五年）
永原慶二編『大名領国を歩く』（吉川弘文館、一九九三年）
仁木宏『空間・公・共同体』（青木書店、一九九七年）
林屋辰三郎『天下一統』（日本の歴史 12）（中央公論社、一九六六年）
藤木久志『織田・豊臣政権』（日本の歴史 15）（小学館、一九七五年）
藤木久志『雑兵たちの戦場』（朝日新聞社、一九九五年）
藤木久志『村と領主の戦国世界』（東京大学出版会、一九九七年）
藤田達生『日本中・近世移行期の地域構造』（校倉書房、二〇〇〇年）
堀新「織豊期王権論」『人民の歴史学』一四五号（二〇〇〇年）
三鬼清一郎『鉄砲とその時代』（教育社、一九八一年）
水林彪『封建制の再編と日本的社会の確立』（山川出版社、一九八七年）
水本邦彦『近世の村社会と国家』（東京大学出版会、一九八七年）
宮川満『太閤検地論』I～III（御茶の水書房、一九五九～六三年）
山本博文『幕藩制の成立と近世の国制』（校倉書房、一九九〇年）
ルイス＝フロイス　松田毅一・川崎桃太訳『日本史』1～12（中央公論社、一九七七～八〇年）
歴史学研究会他編『講座日本史』4（東京大学出版会、一九七〇年）

歴史学研究会他編『講座日本歴史』4（東京大学出版会、一九八五年）
脇田修『近世封建制成立史論』（東京大学出版会、一九七七年）

第一至第三章（织田政权期）

浦長瀬隆「一六世紀後半西日本における貨幣流通」『ヒストリア』一〇六号（一九八五年）
奥野高広『織田信長文書の研究』全三冊（吉川弘文館、一九六九～八八年）
奥野高広·岩沢愿彦校注『信長公記』（角川書店、一九六九年）
神田千里『信長と石山合戦』（吉川弘文館、一九九五年）
佐藤進一『花押を読む』（平凡社、一九八八年）
立花京子『信長権力と朝廷』（岩田書院、二〇〇〇年）
谷口克広『信長の親衛隊』（中央公論社、一九九八年）
内藤昌『復元安土城』（講談社、一九九四年）
平井良直「安土城天主5階の空間構成に関する一試論」『日本歴史』五七〇号（一九九五年）
藤田達生『本能寺の変の群像』（雄山閣出版、二〇〇一年）
藤本正行「信長の戦国軍事学」（JICC〔ジック〕出版局、一九九三年）
堀新「織田権力論の再検討」『共立女子大学文芸学部紀要』44集（一九九八年）
堀新「織田信長と武家官位」『共立女子大学文芸学部紀要』45集（一九九九年）
脇田修『織田政権の基礎構造』（東京大学出版会、一九七五年）

第四至第八章（丰臣政权期）

石井慎二編『逆転の日本史　つくられた「秀吉神話」』（洋泉社，一九九

七年）
市村高男『戦国期東国の都市と権力』（思文閣出版、一九九四年）
岡本良一『大坂城』（岩波書店、一九七〇年）
北島万次『豊臣政権の対外認識と朝鮮侵略』（校倉書房、一九九〇年）
北島万次『豊臣秀吉の朝鮮侵略』（吉川弘文館、一九九五年）
小林清治『秀吉権力の形成』（東京大学出版会、一九九四年）
酒井紀美『日本中世の在地社会』（吉川弘文館、一九九九年）
佐久間貴士編『本願寺から天下一へ　大坂』（よみがえる中世2）（平凡社、一九八九年）
中野等『豊臣政権の対外侵略と太閤検地』（校倉書房、一九九六年）
中村栄孝『日鮮関係史の研究』中（吉川弘文館、一九六九年）
原口泱泰『名護屋城の謎』（光陽出版社、一九九九年）
播磨良紀「太田城水攻めと原刀狩令」『封建社会と近代』（同朋舎出版、一九八九年）
藤木久志『豊臣平和令と戦国社会』（東京大学出版会、一九八五年）
藤田達生「豊臣政権と国分」『歴史学研究』六四八号（一九九三年）
山口啓二『幕藩制成立史の研究』（校倉書房、一九七四年）
山口徹『日本近世史商業史の研究』（東京大学出版会、一九九一年）
吉田ゆり子『兵農分離と地域社会』（校倉書房、二〇〇〇年）
脇田修『秀吉の経済感覚』（中央公論社、一九九一年）
渡辺武館長退職記念論集刊行会編『大坂城と城下町』（思文閣出版、二〇〇〇年）

第九章

笠谷和比古『関ヶ原合戦』（講談社、一九九四年）

笠谷和比古『関ヶ原合戦と近世の国制』(思文閣出版、二〇〇〇年)
北島正元『江户幕府』(日本の歴史 16)(小学館、一九七五年)
白峰旬「慶長十一年の江戸城普請について」『織豊期研究』二号(二〇〇〇年)
辻達也『江户開府』(日本の歴史 13)(中央公論社、一九六六年)
中村孝也『徳川家康文書の研究』全六冊(日本学術振興会、一九五八～七一年)
藤井譲治『江户開幕』(日本の歴史 12)(集英社、一九九二年)

出版说明

“讲谈社·日本的历史”是日本讲谈社出版的日本通史系列丛书，由日本史学家网野善彦领衔撰写，邀请各领域的一流学者，讲述日本从旧石器时代到平成年间的历史，共二十六卷。

在日本出版界，各大出版社都曾在不同时期出版过日本通史系列。“讲谈社·日本的历史”问世前，中央公论社于1965年至1967年出版的“日本的历史”系列二十六卷本，是日本通史系列丛书中的权威作品。对于这些日本通史读物，文艺评论家三浦雅士曾指出，若以时间为基轴阅读，即可窥见历史观随时代迁移呈现出的变化。中央公论社的“日本的历史”代表着战后二三十年的研究结晶，“讲谈社·日本的历史”呈现的则是直至当代的研究动向，在承袭前人的基础之上，还有新时代独有的创新之处，兼具权威性与前沿性。

整体而言，该丛书呈现了日本历史发展的主要脉络，也涉及各个时期的学术性问题和专题性问题。考虑到完全引进的工程量与中国市场的实际情况以及中国读者的阅读偏好，此次出版的中文版主要选择呈现历史脉络的卷册，剔除了部分学术性或专题性较强的卷册。选取的十卷本既呈现了日本学者从内部看待自身的独特切入点，涉及的内容亦包罗万象，读者可从中获得对特定时代的全景式了解。

因编者和译者能力有限，本书难免出现各种错误，敬请广大读者提出指正。

图书在版编目（CIP）数据

织丰政权与江户幕府：战国时代 /（日）池上裕子著；何晓毅译 . -- 上海：文汇出版社，2021.5
（讲谈社·日本的历史）
ISBN 978-7-5496-3445-3

Ⅰ . ①织… Ⅱ . ①池… ②何… Ⅲ . ①日本－中世纪史－战国时代（日本）Ⅳ . ① K313.34

中国版本图书馆 CIP 数据核字 (2021) 第 030675 号

织丰政权与江户幕府：战国时代

作　　者／〔日〕池上裕子
译　　者／何晓毅
责任编辑／苏　菲
特邀编辑／高　云
装帧设计／尚燕平
内文制作／张　典
出　　版／文匯出版社
上海市威海路 755 号
（邮政编码 200041）
发　　行／新经典发行有限公司
电　　话／010-68423599　邮　　箱／editor@readinglife.com
印刷装订／山东韵杰文化科技有限公司
版　　次／2021 年 5 月第 1 版
印　　次／2021 年 5 月第 1 次印刷
开　　本／787×1092　1/32
字　　数／256 千
印　　张／13.5

ISBN 978-7-5496-3445-3
定　　价／78.00 元

版权登记图字 09-2021-0095